何以华夏

1500件文物里的华夏文明

学术顾问 / 宫长为　　作者 / 温而新团队

序 言

泱泱华夏，浩浩神州，人文荟萃，物象丰隆。

中华民族具有五千年文明发展史，中华文明是世界上唯一没有中断、延续至今的文明。源远流长的华夏文明发轫于何时何地？华夏文明的长河如何绵延流淌至今？很长一段时间里，以上问题笼罩在历史的迷雾中。

新中国成立尤其是改革开放以来，中国考古事业发展一日千里，特别是"国家夏商周断代工程""中华文明探源工程""考古中国"等一系列重大工程的开展，为实证我国百万年的人类史、一万年的文化史、五千多年的文明史提供了坚实支撑。几代考古人的接续努力、一系列重大考古发现和丰硕的研究成果，"延伸了历史轴线、增强了历史信度、丰富了历史内涵、活化了历史场景"，更为溯源中华文明历程，揭示五千多年文明史起承转合的发展脉络奠定了深厚根基。

作为考古成果的重要载体，文物是历史的见证者，也是解读历史的窗口。正是基于对文物内涵价值的深刻观照，上海科学技术文献出版社策划了《何以华夏》一书，通过1500幅文物图片串联起华夏文明的华彩乐章，以文物为支点，窥探华夏文明在历史变迁中的面貌演变，揭示其自发形成而壮大的客观规律和内生动力，以期回答书名之问——何以为华夏，何以而华夏。

具体言之，本书的意义主要体现在以下几方面：

以物为证，呈现星汉灿烂的文明图景

收藏在博物馆里的文物遗存，陈列在中华大地上的历史遗迹是华夏先民留给我们的宝贵遗产，是璀璨华夏文明的实物见证。通过文化瑰宝讲述华夏文明故事，是本书的出发点。

在整体构架上，本书没有采用通常的以时间为轴的叙事方式，而是按文物内涵意义的不同，分类编纂成10章。通过10个维度，描摹出华夏文明的大致图景：《文明之光》聚焦火这一人类最早支配的自然力的利用与控制，描绘人们如何走出蒙昧与蛮荒，以星星之火点亮文明之光；《文明之源》以原始崇拜到宗教信仰的流变为对象，揭示中华民族精神世界的源头；《文明之基》关注为文明

战国玉梳

五年相邦吕不韦戈

发展提供物质基础的经济生产，展现了中国古代从采集狩猎到刀耕火种再到精耕细作的生产方式发展历程；《文明之华》重点介绍了服饰、装扮等生活美学要素，读者可在服章之美中感知华夏文明的锦绣烂漫；《文明之魂》着眼文字这一记录、承载文明的工具，介绍其书写和应用的变迁，呈示文字中蕴藏的华夏文明精魂；《文明之名》陈述了作为中华文明之名片的陶器、瓷器的发展过程，再现国之瑰宝的绝代芳华；《文明之韵》荟萃我国古代在绘画、书法、雕刻、建筑等诸艺术门类的宏富成就，读者可以从中领略国风雅韵的魅力；《文明之道》以中国古代经济交流、交易为考察对象，展现自古以来华夏文明与异域文明交流往来之繁盛。《文明之戎》汇集我国古代武器及军事相关的器物图片数百张，再现曾经领先世界的中国古代冶金技术；《文明之智》历数医学、度量衡、天文等领域的重要发明创造，彰显华夏先人的卓越智慧。

以上种种，虽然不能涵盖华夏文明成果的全部，但窥斑见豹，我们期望，通过激活文物所承载的文化记忆，呈现华夏文明之恢宏璀璨、博大精深，进而强化身为华夏子孙的身份认同。

以物说史，勾勒波澜壮阔的历史脉络

文物定格了历史的截面，也串联起历史的轨迹。尽管本书在整体框架上采用横向的平行叙事，但在各篇章内部，时间作为一条暗线贯穿始终。翻阅各章节，读者沿历史轴线而上，不仅看到器物的形制演变、技艺的发展沿革，也读到思想观念的嬗递与跃迁、社会形态的交替与更迭。从文物出发，梳理、明晰华夏文明的脉络走向与演进格局，力证华夏文明绵延不断的连续性，昭示华夏文明多元一体的统一性，是本书的逻辑肌理。

突出的连续性是中华文明最鲜明、最基础的特质。中华文明是全世界唯一的长期延续发展而从未中断的文明类型。"如果不从源远流长的历史连续性来认识中国，就不可能理解古代中国，也不可能理解现代中国，更不可能理解未来中国。"本书即以文物说史，通过多维度还原华夏文明弦歌不辍的文化记忆，印证华夏文明文脉绵长、薪火永续。以文字为例，书中展现了从商代甲骨文、西周金文、秦篆到汉隶、魏碑、楷书、行书、草书等的汉字演变过程。从中可见，汉字书体几经变化，但象形、指事、会意、形声等造字方法一以贯之。汉字的持久稳定性，使博大精深的华夏文化得以记录、保存和传承。文字，也成为华夏文明代代相承、活态发展的鲜明印证。文化符号的承袭又是一例。从简约抽象的"中华第一龙"红山文化玉猪龙、古拙粗犷的商代玉龙，到纹饰精美的战国玉龙，至秦汉以后龙形样式遍布各类日用器物和建筑部件，及至成为皇权威严的象征，中华民族对龙图腾的崇拜千年不绝。透过物质遗产，我们看到的是华夏文明绵延不断的精神血脉。

统一性是中华文明与生俱来的特性。纵观中国历史，虽然几经分合，但从多元走向一体的统一性始终是其发展进程的主线。见诸文物，一个耳熟能详的例证是，新疆和田地区出土的"五星出东方利中国"汉代织锦护臂。这件发现于西域地区的文物，不仅反映了古代丝绸之路的繁荣盛景，也证实了各地区文化深度交融、各民族命运休戚与共的史实。这一特性早在遥远的中华文明起源阶段即已显现。回溯文明滥觞时期，以玉器为基础构建起来的文化体系，是中华文明从"满天星斗"到多元一体的演进格局的历史见证。本书中提及的红山文化、良渚文化、石家河文化，分别散布于辽西河流域、长江下游、长江中游，却都以精美的玉器辉映史册，形成了较一致的"以玉为贵"理念，从其出土玉器来看，无论是玉器形制还是社会功能都存在诸多共性，显示当时南北方之间的密切联系。"越来越多的考古资料表明，距今6000年前后，史前中国多地同步发展并相互影响。"（苏秉琦）"多地的社会上层之间存在远距离交流。"（李新伟）这些文化圈层在交流、碰撞和融合中趋同性显著增强，最终融汇为统一的多民族国家。良渚文化虽然最终走向衰落，但其文化因素已汇入中华文明长河，其玉礼器制度等文化遗产在后世历代依然清晰可辨，成为穿越历史的回响，也成为华夏文明多元一体的生动实例。

以物载道，彰显中华民族精神特质

器以藏礼，物以载道。见证历史变迁的器物，也是探寻华夏文明精神特质的密码。

以文物为支点，我们不仅试图展现文明发展历程，更希望以物见人，由器物而洞见个体如何在宏阔的历史进程中追寻生命价值、迸发内在创造力，考察不同时代华夏人民所展现的一脉相承的精神风貌，进而以物见道，揭示文物在功能价值、审美价值之外的精神价值，发掘蕴藏于历史深处的中华民族精神底色。

透过文物，我们窥见中华文明的创新性。在5000年的文明发展史中，中华民族创造了闻名于世的物质文明成果，深刻影响着世界文明的进程。我们的先人在算学、天学、舆地学、农学和医学等方面形成了系统化的知识体系，取得了以四大发明为代表的一大批发明创造。历数华夏文明的辉煌成就，我们在感佩先人卓越智慧的同时，也看到华夏文明如何在不断积累、创造、扬弃、出新中前进，看到华夏先民倾注于器物中的精诚之心。这其中包括披荆斩棘的开拓精神、辉光日新的进取品质、精益求精的匠人意志、自强不息的精神气质、革故鼎新的使命担当、与时俱进的求新品格，它们融入华夏先民血脉，推动华夏文明"在继承和创新中不断发展，在应时和处变中不断升华"，创造出一个又一个文明高峰。

透过文物，我们感受中华文明的包容性。"中华文明

西周铜匜

西周玉鱼鹰

战国鹰顶金冠饰

具有突出的包容性，从根本上决定了中华民族交往交流交融的历史取向。"在物质层面，西汉翼马纹铜当卢、东汉罽袍、唐代玛瑙杯、元代玉龙、宋代航海纹青铜镜、明代青玉玻璃镜框、清代镀金铜胎珐琅钟，件件文物，是不同文化交汇、碰撞、融合的生动见证，折射出华夏文明自古而今的开放姿态、包容四海的雍容气度；在思想文化层面，体现释、道、儒三教合一的悬空寺，融合满、汉、藏、蒙等多民族文化特色的雍和宫，吸收印度、波斯等异域艺术风格的云冈石窟，以及作为文化互鉴的璀璨明珠、四大文明交汇之地的敦煌石窟群，座座历史遗存，描绘出中华大地上不同文化互通互鉴、美美与共的多彩画卷。各宗教信仰多元并存、各民族文化深度交融、各思想流派百花齐放，华夏文明在博采众长、兼容并蓄的格局气象中成其大、就其深。同时，本书还着重关注了华夏文明包容性的物质基础，在"文明之道"一章中，聚焦货币、道路等促成文明交流的基本要素，就其发展与演变历程作了详尽介绍，由此揭示中国古人开创的丝绸之路和海上丝绸之路，如何在传播和沟通东西方经济文化中发挥重大作用。

透过文物，我们读懂中华文明的和平性。象征君子之德的玉器，是华夏文明和平性的具象表达，其"润泽以温"的特性体现了中华民族温柔敦厚的性格特质、仁恕宽厚的伦理思想、崇德尚义的价值追求、中正平和的处事准则、和谐平衡的审美取向。其中，"礼天地四方"的玉礼器，寄寓着中国古人天人合一的宇宙观。"以苍璧礼天，以黄琮礼地"，借由文物，我们看到古人对天地万物的敬畏，对天地和顺、宇内安宁的向往和追求。编钟等礼乐器则是和合思想的集中体现。五音相合而成调，华夏先人制礼作乐，构筑世间秩序纲纪的同时，也使万物各安其位、并行不悖、和谐共生。器物背后，和而不同、协和万邦的贵和精神，贯穿于中华民族历史发展进程，成为一种民族心理积淀。

"礼天地于璧琮，展仁德于美玉，藏礼乐于青铜，极工艺于陶火，淬坚毅为剑锋。"文物，承载着中华民族的精神基因，凝结着中华民族的精神气韵，熔铸着中华民族最深层的精神追求，这些都是华夏文明区别于其他文明的独特精神标志。

鉴往知来，向史而新。"何以华夏"，不仅是对所来之路的叩问，也是对将往之处的思索。我们期待，通过讲好华夏文明故事，解码华夏文明基因，揭橥华夏文明的根与魂，回答何去何从的时代之问；期待更多读者通过阅读本书，感受华夏文明亘古亘今的精神魅力，坚定身为中华儿女的自信，增强阔步向前的底气，"让璀璨的中华文明照亮民族复兴之路"。

2024.04

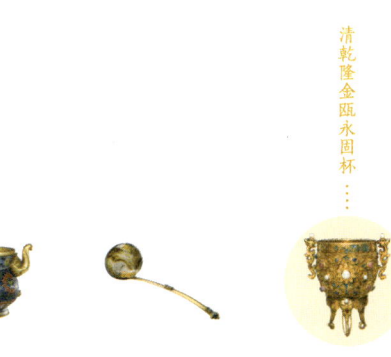
清乾隆金瓯永固杯

清华日晷

前 言

本书由温而新团队历时四年编撰而成，团队六名成员分别是吴应快、李海涛、房兰花、李京伟、王凤垒、宋伟。四年时间，团队走遍了国内近百家博物馆以及数十处历史名胜古迹，拍摄照片数万张。

中国文化源远流长，华夏文明博大精深。本书立足中国视角，以中国文物为载体，通过历史文物透视其背后社会的人、事、时、地，借助中国元素、中国文化和中国故事，诠释万千年的华夏文明脉络。在知识内容设计上，本书共分为十个主题：《文明之光》《文明之辉》《文明之基》《文明之华》《文明之魂》《文明之名》《文明之韵》《文明之道》《文明之戎》《文明之智》。打开本书，每页都是"专题小展览"，详细介绍了用火、烹饪、畜牧、农耕、信仰、文字、陶瓷、服饰、艺术、建筑、冶金、交通、贸易、医学、科技等华夏文明成果。

华夏文明具有突出的连续性，本书帮助读者从源远流长的历史连续性来认识中国，进而理解古代中国、现代中国和未来中国。书中内容涵盖从70万年前的北京猿人遗址开始到10万年前的山西许家窑文化遗址，从裴李岗文化到磁山文化，从仰韶文化到河姆渡文化，从良渚文化到龙山文化，从齐家文化到二里头文化，到夏、商、周、秦、汉、魏、晋、南北朝、隋、唐、宋、元、明、清等朝代。

缂丝三多佛包火镰

"大清嗣天子宝"金玺

华夏文明具有突出的创新性，本书收录1500件文物，来自300家博物馆，包括禁止出国展览的国宝、全国各地博物馆的镇馆之宝、国家一级文物、世界文化遗产、世界非物质文化遗产等，许多文物是近代以来中国考古发现的最高成就，它们也是华夏文明在历史上的最高成就，体现了华夏文明守正不守旧、尊古不复古的进取精神。

华夏文明具有突出的包容性，本书不仅仅是文物的介绍，还穿插历史名人趣事、典故，帮助读者提升对华夏文明的认知。书中还设计了华夏文明所独有的300个知识点、200个成语、100首诗词以及120个小问题。

华夏文明的连续性、创新性和包容性为中国式现代化奠定了深厚底蕴。了解华夏文明，传承华夏文明，发展华夏文明，是实现中华民族伟大复兴的必由之路，亦是此书最大价值之所在。

2024.04

清乾隆画珐琅三阳开泰手炉……

清乾隆银制奶茶壶……

东青釉描金天鸡花浇……

目录 CONTENTS

东汉错银铜牛灯

玉龙

序言	002
前言	006

文明之光　001

利用自然火	002
创造火	004
用燧生火	004
火镰生火	006
使用火	008
烹饪	008
照明	012
取暖	016
控制火	018
古代消防	018

文明之辉　021

祖先崇拜	022
天地信仰	024
图腾崇拜	026
龙	026
凤鸟	028
儒释道	030
儒教	030
佛教	032
道教	034

文明之基　037

采集	038
捕鱼	040
狩猎	042
畜牧	044
六畜	044
农耕	056
早期农业	056
深耕细作	058
收割加工	060
粮食精加工	062
粮食存储	064
饮食文化	066
油盐茶点	066
酒器	068
饮酒器	070
盛器	072
餐具	074
餐桌	076

文明之华　079

衣服制作	080
材料	080
纺织	084
缝纫	086
古代服饰	088
衣裳	088
鞋履	090
发饰	092
首饰	094
梳妆打扮	096
梳篦	096
镜子	098

文明之魂　103

文字	104
汉字	104
其他民族的文字	108
文字书写	110
简牍和刀削	110
笔和印刷术	112
墨和砚	114
纸和造纸术	116
文字应用	118
荣耀金文	118
不朽碑文	120
风骚匾文	122

清代犀角雕螭纹杯

彩绘骑马女陶俑

商代"亚醜"钺

文明之名　125

陶瓷的制作	126
史前陶器	128
从陶到瓷	132
隋唐陶瓷	134
宋代瓷器	136
元明清陶瓷	138
中国瓷器对世界的影响	140

文明之韵　143

绘画	144
岩画陶画	144
漆画壁画	146
帛画纸画	148
书法	150
雕刻	152
篆刻	152
石雕	154
玉雕	156
其他	158
建筑	160
巢居的起源与发展	160
砖瓦	162
其他建材	164
明宅	166
代表作品	168
音乐	170
吹奏乐器	170
弦乐器	172
敲击乐器	174
伎乐俑	176
博弈	178
民间艺术	180

文明之道　183

交通	184
陆路	184
水路	188
水上交通工具	190
陆路交通工具	194
其他陆路交通工具	198
交易	200
贝币	200
早期铜币	202
圆形方孔钱	204
钱范	206
黄金	208
白银	210
纸币	212
契约	214

文明之戎　217

军事装备	218
弓弩	218
矛	220
戈	222
戟	224
青铜剑	226
钢铁剑	228
刀	230
匕首	232
非常规武器	234
防具	236
车骑	238
火器	240
军事令牌	242

文明之智　245

医学	246
计量	248
度	248
量	250
衡	252
计时工具	254
星象占卜	256
天文仪器与历法	258

附录　261

史前文明年表	262
中国朝代表	264
千家博物馆推荐	266

002
利用自然火

006
创造火 > 火镰生火

012
使用火 > 照明

004
创造火 > 用燧生火

008
使用火 > 烹饪

016
使用火 > 取暖

控制火 > 古代消防

文明之光

火，是人类文明之光，可以说人类文明的发展与火息息相关。

本章从中国的火神开始介绍，一睹70万年前北京人的用火遗迹，数千年前仰韶人保存火种的陶罐，以及古人用以创造火的燧石、钻木、铜镜、火镰、照明灯具、烹饪灶具、取暖火炉、灭火消防器具等文物，展现中国古代人类从利用火、创造火、使用火到控制火的历史发展，体现了古人的智慧结晶和审美。

火对于人类文明的发展至关重要，人类还使用火烧荒种地，用火制作陶器，用火冶炼金属，用火制作火药武器，还用火作为动力，发展出火车、汽车、飞机、火箭……这些都有待你去探索和发现。

利用自然火

人类最早使用的火种来自大自然，陨石撞击、火山喷发、森林自燃、闪电都会引发大火，从而为远古的人类提供了火种，人类将火带到山洞，在利用火的过程中学会保存火。

▲ 北京猿人用火场景模拟

大约50万年前，北京猿人已经学会了使用火，并学会保存火种，但他们还不能创造火，主要从自然界获取火种。

尺寸　长17cm　宽9cm
时间　距今约30万年

周口店猿人遗址烧骨 ▶

用火烹饪食物，可以改善食物的滋味，使食物更容易消化吸收。火还能消灭食物中的病菌和寄生物，让饮食更加健康。

尺寸　长57cm　宽20cm
时间　距今70万~20万年

▲ 周口店猿人遗址灰烬

在原始社会早期，人类还不能创造火。北京人从自然界获取火种后，在洞内生起篝火，不断地添加燃料，让火不熄灭。北京人用火遗迹中灰烬成堆、成层状分布，说明北京人具备很强的保管和利用火的能力。

北京人遗址中发现了大量的烧土、烧石、灰烬和烧过的各种动物骨骼等用火遗迹，这块灰烬里面含有多种动物化石和灰烬，说明人类曾在这里用火生活很长时间。

◀ 中国最大铁陨石"银骆驼"

尺寸　长258cm　宽189cm　高176cm
重量　30t

雷击火 ★

打雷时，闪电的温度可以达到17000~28000摄氏度，是太阳表面温度的3~5倍。在所有引发森林大火的非人为因素中，闪电是最多的一种。

陨石火 ★

流星是行星进入大气层燃烧的现象，行星碎片由于地球引力进入大气层，与空气摩擦，表面温度达到几千摄氏度，落地的瞬间会引发大火，陨石是没有燃烧完的"流星"。

火山火 ★

火山喷发，是一种奇特的地质现象，喷出的岩浆短时间内从火山口向地表释放，看上去像是整座山都在燃烧，因此称为"火山"。火山喷发会引燃附近的森林，流出的岩浆温度大约900~1200摄氏度，能够烧毁周围的一切植物。

仰韶文化灰陶火种罐

火种罐是专门用于保存火种的器物，将炭火放入陶罐中，封住底部小孔，就可以长时间保存火种。使用时将小孔打开，往里吹气，炭火又会重新燃烧起来。

火种罐不仅能用于保存火，还能将火转移到更远的地方。

时间　距今约 6000 年

"祝融号"火星车

2021 年，中国首辆火星车被命名为"祝融号"，"祝融号"火星车的高度有 1.85 米，重量在 240 公斤左右。火神祝融登陆火星，寓意点燃中国星际探测的火种，指引人类对浩瀚星空、宇宙未知的接续探索和自我超越。

中国有三位火神，分别是发明钻木取火的燧（sui）人氏，教会人们用火耕种的炎帝以及上古神话中掌管火的祝融。

钻木取火——燧人氏 ★

上古的时候，老百姓吃瓜果、河蚌、蛤蜊，生吃这些食物又腥又臊，吃了常常生病肚子疼。有一个圣人教人们钻燧取火，这些食物煮熟以后就没有腥臊味了，老百姓非常高兴，于是拥戴他为部落领袖，称为"燧人氏"。

刀耕火种——炎帝 ★

传说，刀耕火种是由炎帝发明的，因此炎帝又称神农氏。刀耕火种是上古时期的一种耕种方法，把地上的草烧成灰做肥料，就地挖坑下种。刀耕火种使得人类慢慢摆脱了原始的采集生活，而逐渐发展为更高级的农耕文明。

掌火之官祝融 ★

祝融作为神话传说中著名的火神，也是商周时期掌管火的官员。祝融代表火的基本属性，既是火神，也是古代掌管火源的官职火正的称呼。在春秋战国时被一些诸侯、氏族追认为先祖，因此祝融也被认为是华夏先祖之一。

五大连池

位于黑龙江省五大连池市，有 14 座火山，五大连池得名于五个相连的火山堰塞湖，是中国境内保存最完整、最典型、时代最新的火山群，已成为中国第一个火山自然保护区。其中两座火山喷发于 1719~1721 年，是中国最新的火山。

问题：

70 万年前，北京猿人会生火了吗？

答案：不会。

创造火 - 用燧生火

火的创造是人类文明的一大进步,也被视为人类从旧石器时代进入新石器时代的标志之一。对火的创造意味着人类已经可以摆脱对自然之火的依赖,从此开始改造和征服自然。

燧是中国古代取火的工具,主要有木燧、金燧。木燧的本质是通过木头摩擦生热起火;金燧的本质是一面凹面镜,聚集太阳光使易燃物燃烧,取火于日,也称阳燧。

▸商周时期钻木与燧木

钻木取火,指硬木棒对着木头摩擦或钻进去,靠摩擦取火。

钻木取火有多种方式,其中徒手法最简单也最为原始,新疆吐鲁番洋海墓地出土的钻木取火器就是用于徒手钻木的。

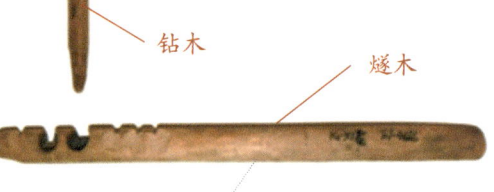

尺寸　钻木长 13cm
　　　燧木长 15cm

诗中有"火"

离离原上草,一岁一枯荣。
野火烧不尽,春风吹又生。

《赋得古原草送别》
唐·白居易

黎族钻木取火技艺▲

海南省保亭黎族苗族自治县黎族钻木取火技艺是国家级非物质文化遗产代表性项目。取火时,用脚踏住钻火板,将钻杆插在木穴内,以双手搓动钻火棒或弓,使机械能转为热能,产生火星。火星沿槽而落,点燃芯绒、芭蕉根纤维、木棉絮等引燃物。当引燃物冒烟时,迅速将之拿起来吹风助燃,从而引出火来。

◂宋代阳燧镜

尺寸　长 13cm　径 8cm

火犁取火 ★

火犁取火和钻木取火是同样的原理,都是利用摩擦生热取火。火犁生火需要找一块软木,在木头上划出一条沟,然后用一根硬木在沟中来回摩擦,动作有点像犁地,因此称为"火犁"。通过摩擦会产生黑色的木炭碎屑,当热量足够高时,这些炭屑就会被点燃,生成火种。

阳燧取火 ★

凹面镜的原理是光线的反射,它可以把光线聚焦到一点,从而产生高温使物体燃烧。2008 年北京奥运会圣火在希腊奥林匹亚的赫拉神庙前点燃,采用的也是凹面镜取火方式。

春秋早期鸟虎纹阳燧

青铜在春秋战国以前属于贵重物品，因此，古人认为利用阳燧生火具有一定的神圣性。

尺寸　直径 7.5cm

薪火相传

柴烧尽了，火种仍可流传。用来比喻学问和技艺代代相传。

唐代阳燧▶

尺寸　边长 14cm

西汉铜阳燧▼

阳燧是周代开始用的取火工具，它是用青铜制成的凹镜，对着太阳光，将日光从凹镜内反射到艾绒、麻等引火物上，使其燃烧生火。

冰镜生火 ★

除了铜镜，古人发现冰也可以聚集太阳光，于是他们把一块冰削成扁圆形，两个侧面鼓成球面，将它举起来，使其一个侧面对着太阳。这样，阳光穿过冰块后汇聚成一点，在那里放些艾草一类干燥的易燃物，这些物品会被慢慢点燃。

由于冰镜是用冰做的，放在太阳下很快就会融化，因此这种方法并不实用。冰镜生火的原理类似今天的放大镜，放大镜也叫凸透镜。

尺寸　直径 8cm

寒食节起源于春秋时期，是中国的传统节日，习俗是禁火寒食，古时候有的地方会把上一年保留下来的火种熄灭，重新获取新的火种。

诗中有"寒食"

寒食花开千树雪，清明火出万家烟。
《清明日登城春望寄大夫使君》
唐·王表

问题：
你知道吗，阳燧取火有什么缺点？

答案：晴天的时候才能使用。

创造火 - 火镰生火

火镰的历史可以追溯至新石器时期，早期的火镰其实就是铁片与燧石，通过摩擦碰撞产生火星，从而将易燃物点燃。清朝以后，火镰逐渐发展为一种实用性很强的佩饰，甚至成为一种身份的象征。

▲ 清代缂丝三多荷包火镰
尺寸　长 10cm　宽 8cm

▶ 河姆渡文化燧石

燧石俗称火石，用坚硬的石头敲击燧石会产生火花，从而点燃干枯的植物。

时间　距今 7000~5000 年

火镰的核心部件是镰刀形的钢条，火镰套内装有燧石和火绒。火镰除了用来生火，还可系于腰间作为精美的服饰，是身份的象征。使用时，从火镰套中取出火绒和燧石，反复让钢条刃部与火石摩擦使之发热，然后用力向下猛击火石，擦出的火星会点燃垫在火石下面的艾绒。

火绒一般用艾蒿、棉花等易燃物制作，点燃后再将其熄灭，保存于火镰盒中。

清镀金嵌松石珊瑚火镰盒 ▲
尺寸　长 6.5cm　宽 4.5cm　高 1.2cm

尺寸　长 8cm　宽 7.2cm
　　　厚 4.1cm

煽风点火

扇起风，使点燃的火烧旺起来。比喻鼓动、唆使别人干坏事。

▼ 清珊瑚银鎏金镶铜火镰
尺寸　宽 16cm　高 8cm

黄振效款象牙雕海水云龙纹火镰套 ▶

这是乾隆御用火镰，主要用于把玩。火镰盒子的材料是象牙，外面雕刻有龙纹，内部设有软囊，装有火镰、火石和火绒。

◀ 清代"双喜"字火镰

清代"双喜"字火镰是清宫大婚时所用的实用品，也是清代宫廷日常的随身用品。形状近似于方形小包，顶部有系绳的镀金半圆环，可用绳子悬挂在身上或装入特制的荷包中，随身携带。

尺寸　长 9cm　宽 6cm

金累丝嵌松石火镰套

清代，火镰套成为男子出门时的随身之物，许多火镰套做工精致，外观美丽，颇具观赏价值。

尺寸　长 8.7cm　宽 6.5cm

星火燎原

一点儿小火星可以把整个原野烧起来。常比喻一开始力量很弱，但前途无限。

▲ 清代包革镶银火镰

尺寸　长 9.5cm　宽 6cm
　　　厚 1cm

▶ 清代蒙古铁火镰

尺寸　长 7.5cm　宽 5cm

清代镶银梅花火镰 ▼

尺寸　长 10cm　宽 7cm

火镰的使用一直持续到民国中期，随着火柴和打火机的问世、普及，火镰也慢慢退出了历史的舞台。

现代打火机的原理与火镰类似，由打火石、棉芯和易燃的煤油构成，使用时通过砂轮与打火石的摩擦产生火花，点燃沾有煤油的棉芯。

问题：

你知道吗，古人为什么要把火镰做得精致美丽？

答案：火镰除了可以打火，还是身份地位的象征。

使用火 – 烹饪 – 灶炉釜（fǔ）甑（zèng）

当人类学会了用火，便告别了茹毛饮血的时代，慢慢掌握了让食物变得更美味的技巧。在篝火上烧烤可能是最原始的烹饪技术，而在这基础上古人发明了用于煮的釜和用于蒸的甑。

灶神 ★

火进入人类居所后，逐渐产生了灶，人与火朝夕相处，形成了更为密切的关系。人的生活离不开火，离不开灶。人们崇拜火，进而也崇拜灶，也就自然产生了灶神。

灶神传说是玉皇大帝封的"九天东厨司命灶王府君"，负责管理各家的灶火。灶神是汉族民间最富代表性、最有广泛群众基础的流行神祇，寄托了人们辟邪除灾、迎祥纳福的美好愿望。

仰韶文化陶釜、灶

在 7000 年前的新石器时代，烹饪技术已经得到了一定的发展，后世常用的蒸、煮、炖、烤、烙等烹饪方法都已经出现。这件陶灶由釜和灶构成，可以在灶内生火，釜内进行烹煮。由于体积不大，可以自由搬用，十分方便。

尺寸　灶高 16cm　口径 30cm
　　　釜高 11cm　口径 16cm
时间　距今约 7000~5000 年

河姆渡文化陶釜 ▶

釜一般都是圆底而无足，必须安置在炉灶之上或是以其他物体支撑，河姆渡人主要用它来煮米饭或者炖煮鱼虾肉类等食物。

尺寸　高 26cm　口径 12cm
时间　距今约 7000~5000 年

破釜沉舟

出自《史记·项羽本纪》，项羽率兵渡江后，把饭锅打破，把渡船凿沉，比喻不留退路，做事果决。

汉代龙首青铜灶

整体由灶、烟筒、釜、甑分制组合而成，一个灶台上放三个锅的造型，反映了当时饮食种类丰富。龙头为装饰，表明龙的崇拜在汉代已经较为流行。

甑
釜

尺寸　高 44cm　长 40cm

◀ 昙（tán）石山文化网纹陶釜

昙石山文化是福建古文化的摇篮和先秦闽（mǐn）族的发源地。昙石山人生活在海洋与河流的交汇处，鱼、虾、牡蛎、花蛤、海螺等生物是重要的食物来源，使用陶釜烹煮十分重要。

尺寸　高 9cm
时间　距今 5500~4000 年

釜底抽薪

本义是说把锅底的柴火抽掉，使其无法加热；比喻从根本上解决问题。这个成语表明了釜的用途。

河姆渡文化陶甑

古人将有底部有孔的器皿称为甑，相当于现代的蒸锅。与釜组合使用。

尺寸　高 13cm　口径 25cm
时间　距今 7000~5000 年

尺寸　高 17.4cm　口径 16.5cm　底径 9.3cm
时间　距今 4500~4000 年

另起炉灶
炉灶指炉子和灶，都是家庭中必备的炊具。比喻舍弃旧事物，重新来过。

三里桥文化陶甑

陶甑一般与釜组合使用，利用水蒸气将食物蒸熟，这种烹饪方法不会将食物煮烂，同时可以避免食物粘在陶器上造成浪费。

春秋青铜灶
青铜灶由灶体、釜、甑，以及四节烟筒组成。

汉代陶制烧烤炉
这是一件仿制青铜烧烤炉的陶器，汉代流行将炉灶作为陪葬品，烤架上的食物是烤蝉。

尺寸　高 162cm
　　　长 46cm
　　　宽 38cm

尺寸　长 19cm　宽 14cm
　　　高 15cm

尺寸　高 31cm　口径 46cm

西汉烧烤炉
烤炉是汉代常用的烤制肉食的器具，这件烤炉壁上各铸有两对小猪。

尺寸　边长 27cm　高 11cm

汉代铁釜
釜是现在所使用的锅的前身，产生于新石器时期，商周时期有青铜釜，秦汉以后随着冶炼技术的发展，出现了铁釜。

蒸蒸日上
像蒸汽一样不断向上升腾，形容学业或事业不断进步，向上发展。

问题：
你知道吗，甑是用来煮食物的还是蒸食物的？

答案：蒸。

使用火 – 烹饪 – 鼎鬲镬（fù）甗（yǎn）

新石器时代，鼎是当时主要的炊具之一。商周时期盛行青铜鼎，有圆形三足，也有方形四足。青铜鼎多在礼仪场合使用，进而成为国家政权的象征，而日常生活主要还是陶鼎。秦汉以后，鼎就退出了饮食领域。

二里头文化陶鼎 ▼
二里头文化属于夏代，是陶鼎向青铜鼎过渡的阶段，这件鼎是商周时期青铜圆鼎的原型。

尺寸　高20.5cm　口径20cm
时间　距今3800~3500年

尺寸　高35.8cm　口径23.3cm
时间　距今7000~5000年

三足鼎立
意思是像鼎的三只脚一样，各立一方，比喻三方面对立的局势。

◀ 仰韶文化陶鹰鼎
陶鹰鼎不仅是一件珍贵的艺术品，而且是一件实用器物，动物是原始艺术创作的重要题材，在一定程度上也反映了原始人的图腾崇拜观念。

商代乳丁纹青铜方鼎 ◢
乳丁纹青铜方鼎是商代早期（距今约3400年）已知最大的青铜方鼎，足中空，与鼎腹腔相通。这件鼎说明到了商代早期，鼎已经成了国家王权的象征。

尺寸　高100cm　长62.5cm
　　　口宽61cm
重量　重86.4kg

一言九鼎
指一句话重于九鼎；形容说话极有分量。

尺寸　高51cm　口径43.5cm

良渚文化扁足陶鼎 ▼
良渚时期的鼎身有釜形、罐形和盆形，釜形适用于煮饭，罐形适合炖汤，盆形相当于"平底锅"，适用于煎炒，考古学家曾在良渚盆形鼎的内壁中检测到了动物的脂肪酸，推测其可能用来烹煮肉食。

鼎兼具釜和灶的功能，三条腿便是灶口和支架，腹下烧火，其内烹煮食物。

西周逨（lái）鼎 ◣
商周时期，鼎是权力与荣耀的象征，鼎内的铭文详细记述了周王命逨辅佐长父，征伐戎狄有功，受到周王室册封、奖励，逨铸造此鼎用于纪念。

尺寸　高31.6cm
　　　口径23.2cm

问鼎中原
公元前606年，楚庄王派军队来到周王室附近的洛阳，向使者询问周朝鼎的大小与重量。鼎是国家权力的象征，问鼎中原有企图夺取天下的意思。

春秋战国青铜镬 ▶
镬是北方游牧民族常用的炊具，是草原文化的代表器物之一。

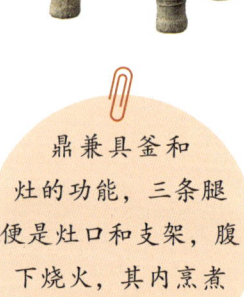

尺寸　高50cm
　　　口径33.2cm

二里岗文化陶鬲（lì）▶

鬲的样子像鼎，腿部中空，是古代先民日常生活使用的一种炊器，兼具灶和釜的功能，最早出现在新石器时代晚期，主要在黄河中上游地区使用，商周以后演变为宗庙祭祀用的礼器。

尺寸　高 22.7cm
　　　口径 18.2cm
时间　距今 3600~3300 年

商代作册般甗▶

作册般甗记载了商朝和东夷的战争。这场战争发生于公元前11世纪，商纣王先后征服了山东、江苏地区的各个东夷部落。

尺寸　高 44.3cm
　　　口径 27.2cm

▼ 夏家店下层文化陶鬲

鬲与鼎不同之处是鬲的足部是中空的，可以增加与火接触的面积，能更快地加热。

尺寸　高 27cm
　　　口径 16cm
时间　距今约 4000~3300 年

甑
鬲

▲ 商代环带纹甗

甗的下半部分是鬲，上半部分是甑，是一种组合炊具。

尺寸　高 61.5cm　宽 47.4cm

传说夏禹铸造了九鼎，代表九州，作为国家权力的象征。夏朝被商汤所灭之后，这九个鼎迁到了商朝的都城亳邑（今河南商丘），周武王灭商后，九鼎又迁到西周首都洛邑（今洛阳）。一直到战国末年，秦昭襄王攻陷东周王都洛邑，九鼎下落从此不明。

商代"妇好"三联甗 ▼

三联甗的下方由三个中空的鬲连通而成，用于煮水，上方是三个青铜甑，可同时蒸三份食物。

清代乾隆珐琅甗 ◥

这件甗仿自青铜器中甗的造型，是一件清廷的装饰品。

尺寸　高 17.4cm
　　　口径 8cm

尺寸　高 68cm　宽 27cm
　　　长 103.7cm

赋中有"釜"

庖（páo）丁鼓刀，易牙烹熬。
水欲新而釜欲洁，火恶陈而薪恶劳。
九蒸暴而日燥，百上下而汤鏖（áo）。
《老饕（tāo）赋》宋·苏轼

问题：

你知道吗，为什么"一言九鼎"中九鼎是最高了？

答案：因为一言九鼎，大于九言八鼎，大于八言七鼎，……大于二言三鼎，大于一言二鼎。

使用火 – 照明 – 青铜油灯

因为黑暗，人类的视觉受到限制，黑暗是未知的，所以人们会感到害怕。白天的太阳、夜晚的月亮都是远古人类崇拜的对象，而有了火，人类也就从此点亮了黑夜。

> 从文明角度，万家灯火这个成语可以理解为文明的繁荣，灯具的大量使用意味着文明已经发展到了相当高的程度。

> 油灯通过灯芯来点燃，早期的燃料主要是动物的油脂。

战国跽（jì）坐人铜灯

战国时期，中国尚处于奴隶社会，举灯人谦卑、恭顺的形象反映了主人崇高的地位。

跽是古人的一种坐姿，臀部贴脚后跟，腰伸直。

尺寸　高 48.9cm　盘径 23.7cm

战国人形铜灯

商周时期青铜主要作为礼器，战国以后，青铜器逐渐成为日常用品，照明用的青铜灯大量出现，发展成了一种极具装饰效果的艺术品，常见的造型有人、动物、树等。

尺寸　高 21.3cm　盘径 11.5cm

油尽灯枯
指灯油熬干了，火也灭了。比喻生命衰竭直至老死。

◀ 战国鸟柄铜灯
尺寸　高 13.2cm　盘径 16.6cm

西汉扶桑树形铜灯

扶桑树是古代传说中太阳栖息的神树，九个太阳住在下枝，一个太阳住在上枝，由神鸟驮着。

尺寸　高 85cm　底径 20cm

> 古代有"金乌负日"的神话传说，神鸟金乌驮着太阳从东边飞向西边，也就有了日出日落。

尺寸　长 23cm　高 18.6cm

◀ 西汉羊尊铜灯
羊灯，是指做成羊的形状的灯具。中国古代"羊"与"祥"通用，以羊形作灯象征吉祥。

> 无烟灯，流行于汉代。灯腹中空，使用时盛满水，用于吸纳火焰燃烧产生的烟尘。

西汉鎏刻龙纹铜缸灯 ▼
尺寸 高 58cm 宽 35cm

◀ 西汉长信宫灯
这是中国最著名的灯具之一，宫女身体中空，可以贮水，用于吸纳烟尘和灰烬。

尺寸 高 48cm

尺寸 高 53cm

◀ 西彩绘雁鱼铜缸灯
灯罩为两片弧形板，可以开合挡风和调节亮度，鱼身、雁颈和雁体中空相通，可以容纳烟尘灰烬，各部分可以拆卸以便清洗。

东汉错银铜牛灯 ▼
汉代错银铜牛灯出土于江苏扬州，原理上与长信宫灯一样，牛腹中空可以容纳烟尘，这种环保型的铜灯在当时的汉朝全境都十分流行。

西汉羽纹铜凤灯 ◢
这盏灯出土于广西合浦县，中原文化的影响在汉朝时已经远抵岭南地区。

尺寸 高 33cm 长 42cm
底径 15cm

尺寸 高 46.2cm
长 36.4cm

> 东汉时期，汉明帝为了弘扬佛法，每年正月十五夜在宫中和寺院"燃灯表佛"，此后点灯习俗流传至民间，并发展为盛况空前的元宵灯节。

问题：
你知道吗，无烟灯为什么会无烟？

答案：盛中装水，可以吸纳烟尘和灰烬的缘故。

使用火 - 照明 - 瓷灯烛台

汉代以后，随着陶瓷技术的发展，陶瓷灯开始大量普及开来，许多制作精美的陶瓷灯台还被用作明器陪葬。与此同时，古代上层社会开始普遍使用更加洁净、亮度更高的蜡烛作为主要的照明工具。

尺寸　长 31.7cm　高 24.9cm　宽 15.5cm

西汉红绿釉陶灯

这盏灯的顶部是神鸟金乌，古人认为太阳是由神鸟金乌背负的，象征"日"；底部则是月亮上生活的兔和蟾蜍，象征"月"；日和月组合，寓意"明"，指引光明的方向。

尺寸　高 27.8cm

三国吴青瓷羊尊烛台

这件羊尊的头顶圆孔用于插蜡烛，汉代时南越王曾将蜡烛作为贡品，三国时期的蜡烛仍属奢侈品。

尺寸　高 92cm

> 东汉以后，灯笼逐渐成为一种重要的照明工具。灯笼以细木为骨架，镶以绢纱，民间则以纸作为灯笼的防风材料。灯笼经过2000余年的发展，综合了绘画、剪纸、竹木等工艺，成为中国文化中喜庆的象征。

▼ 三国青瓷熊灯

三国两晋以后，灯的设计不再采用复杂的雕塑形式，而趋向简约实用。

"有熊氏"是上古华夏部落中的一个氏族，熊也是一个古老的中华图腾。

尺寸　高 11.5cm　盘径 9.7cm

◀ 东汉彩绘陶百花灯

百花灯，又称"树形灯""连枝灯"，是中国古代灯具中最独特的灯具形制之一，它以树的形状为基本造型，多姿多彩、内涵丰富。

尺寸　高 3.7cm　口径 13cm　底径 6.8cm

> 中国古代有"事死如事生"的葬俗，照明对于古人来说是非常重要的一件事情，因此古代墓葬中有大量的灯具出土。

唐代邛窑绿釉灯盏 ▲

夹层中空可注水降低油灯的热度，减少油的过热挥发，以达到省油的目的，因此这种灯也被称为是"省油的灯"。

> 精美烛台的出现，意味着蜡烛已经逐渐取代油灯成为照明用具。

唐代邢窑白瓷莲瓣座灯台 ▶

尺寸　高 30.4cm　口径 6.5cm

蜡烛 ★

在汉朝的时候南越曾向汉高帝进贡蜡烛,一直到唐朝蜡烛仍是朝廷贡品之一,在上层社会才能使用。到了宋朝,蜡烛是与西夏的边境贸易商品之一,说明蜡烛仍是较为贵重的物品。明清之后,蜡烛才逐渐走进寻常百姓家。

蜡烛主要用石蜡制成,在古代,通常由动物油脂制造。与油灯相比,蜡烛携带、使用都更加方便,燃烧时间更长,火焰也更亮。

明崇祯青花花卉纹瓷灯

随着瓷器技术的进步,明清时期也出现各种漂亮的灯具和灯罩,使灯的装饰作用更加突出。

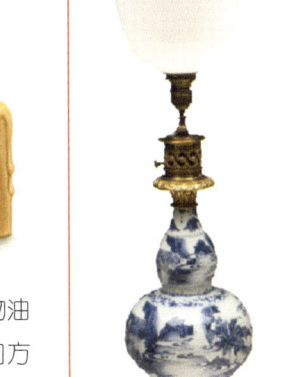

尺寸　高 67cm

清乾隆粉彩开光镂空花卉纹灯罩 ▼

尺寸　高 29.7cm　口径 10.8cm
　　　足径 11.2cm

◀ 隋代银烛台

尺寸　高 18cm

元宵节,中国民间有"观灯猜谜"的习俗。灯谜:铁公鸡(打一成语)。答案是一毛不拔。

尺寸　高 131cm
　　　宽 27cm
　　　底座长 23cm

诗中有"蜡烛"

相见时难别亦难,东风无力百花残。
春蚕到死丝方尽,蜡炬成灰泪始干。
《无题·相见时难别亦难》 唐·李商隐

清代掐丝珐琅落地烛台

这是一件掐丝珐琅灯台,掐丝珐琅是中国古代工艺品中最晚形成的著名品种,它大约于13世纪末叶由阿拉伯国家传入中国,在明清时期成为一种重要的宫廷御用工艺。烛台最引人注目的地方是番人形象,深目高鼻,胡须浓密,单腿跪地,双手托抱观音瓶,托举起烛台。

唐代诗人李商隐有"何当共剪西窗烛,却话巴山夜雨时"的诗句。诗人为什么要剪烛呢?当时蜡烛烛芯是用棉线搓成的,直立在火焰的中心,由于无法烧尽而炭化,所以必须不时地用剪刀将残留的烛芯末端剪掉。

问题:
你知道吗,省油的灯,为什么会省油?

答案:通过水降低油温,减少挥发。

使用火 - 取暖

火在人类文明的发展过程中起到了非常重要的作用，最原始的功能包括照明、取暖、烹饪，火可以驱赶野兽，可以用来烧荒农耕，近代工业革命蒸汽机的动力也是来源于煤炭的燃烧……

人类的身体不像动物一样长有浓密的毛发，这可以增加排汗散热能力，使得人类可以不停地奔跑，比如马拉松选手可以连续跑42.195公里，甚至更远。然而，人类却无法靠皮肤抵御寒冷，有了火，人类可以在寒冷的北方过冬，大大拓展了生存空间。

篝（gōu）火 ★
泛指通过累积木材或树枝搭好的木堆或高台而点燃的火堆，这是原始人最早的取暖方式。

尺寸　口纵 45cm　口横 36.6cm　高 11.3cm

尺寸　口长 8.6cm　口宽 8.5cm　底长 7.6cm　底宽 7.3cm　高 7.9cm

"张鸣岐"款提梁手炉 ▲
底部有篆书"张鸣岐制"，张鸣岐为明代中晚期制炉大师，其所制铜炉，深受宫廷赏识，人称"张炉"。

春秋"王子婴次"青铜炉 ▲
内壁有七字铭文"王子婴次之燎炉"，"燎"是烧烤的意思，"炉"一般指烧炭之器。这件炉既可用于烧烤，也可以用于取暖。

早期的燎炉功能十分接近于篝火，既用来烧烤食物，也用来取暖。

尺寸　长 73.5cm　宽 53cm　高 22.5cm

明景泰蓝云龙纹瑞兽火炉 ▲
明代非常流行使用火炉，火炉制作工艺已有很大提高。这件火炉既可以摆放在大殿中央，也可以用于暖脚。

鼓洪炉燎毛发
向大炉子里鼓风去烧烤毛发，比喻事情非常容易做到，出自《后汉书·何进传》。

尺寸　最大长 27.8cm　最宽处 27cm　盘高 8.5cm　提链长 19.4cm

▼ 清掐丝珐琅八吉祥纹火盆
火盆一般放置于大殿或者居室的中央，生炭取暖。

尺寸　高 21cm　口径 51.7cm　底径 31.5cm

秦提链方盘 ▲
提链炉在当时是用来取暖和烧烤的，冬天时，在盘内摆放木炭等燃料，可以用来取暖。

与提链炉一起出土的还有一柄叉，用来穿肉块，放在炉上烧烤。

"可怜身上衣正单，心忧炭贱愿天寒。"诗句出自白居易《卖炭翁》，说明唐代贵族在冬天普遍用炭取暖，卖炭的老翁为了让炭多卖出点价钱，希望天气更寒冷一点。

战国镂空蟠凤纹铜熏炉

尺寸　高 6cm　口径 6.5cm

熏炉在中国古代是一种多用途的炉子，在夏天可用以驱蚊，冬天可以取暖，同时也可以给衣物熏香。

> 冬天时，在香炉内放入燃烧的木炭，可以用于暖手，并由此发展成了手炉。

诗中有"火炉"

绿蚁新醅酒，红泥小火炉。
晚来天欲雪，能饮一杯无？
《问刘十九》　唐·白居易

这首诗中的"红泥小火炉"既用于烫酒，也用于取暖。

西汉错金博山炉

尺寸　高 26cm　腹径 16cm　足径 9.7cm

汉代通过丝绸之路的贸易，香料流入中国，香炉在汉代盛极一时。博山炉可营造群山中烟雾缭绕缥缈的氛围，因此得名。

清乾隆画珐琅三阳开泰手炉

尺寸　高 18cm

这件手炉上绘有三只羊喻为"三阳开泰"，阳指《周易》中的阳卦，三阳开泰表示冬去春来，阴消阳长，有吉祥之象。

手炉 ★

一种冬天暖手用的小炉，因可以捧在手上，笼进袖内，所以又名"袖炉"。明代以后，手炉开始盛行。

词中有"香炉"

金炉犹暖麝煤残。惜香更把宝钗翻。
《翻香令》　宋·苏轼

火炕 ★

指北方用砖、坯等砌成的睡觉的床，下面有洞，连通烟囱，冬天可以烧火取暖。考古人员在河北保定徐水东黑山遗址发现的火炕，其年代最早可到西汉时期。

明代鎏金铜印花手火炉

尺寸　长 16cm　宽 8.5cm　高 10cm

清乾隆朱漆描金龙凤纹手炉

尺寸　高 13.7cm　口径 15~9.6cm

该手炉以龙凤为纹饰，又以红色漆为底衬，具有浓重的宫廷色彩和皇家气息。

问题：

你知道吗，中国的哪几座城市被称为火炉？

答案：重庆、武汉、南昌、长沙。

控制火 - 古代消防

木结构是中国建筑的最主要特点之一，尤其是宫殿的建设往往会用到大量的木头，一旦着火就被燃烧殆尽。中国古代的城市一般设有专业的消防员，通过在高处观察来确定火情的位置，以便及时施救。

火灾 ★

在人类发展的历史长河中，火，燃尽了茹毛饮血的历史；火，点燃了现代社会的辉煌。火给人类带来文明进步、光明和温暖。但是，它有时是人类的朋友，有时是人类的敌人。失去控制的火，就会给人类造成灾难。

▶ 大地湾遗址火灾木炭

这些木炭是两座大型房屋烧毁后的遗存，是中国新石器时代建筑火灾的最早物证。

尺寸　直径约 1cm
时间　距今约 6000 年

◀ 商代记录火灾甲骨

这块甲骨上记载了中国最早的火灾：公元前 1339~ 前 1281 年商代武丁时期，一名奴隶夜间放火焚烧了奴隶主的三座粮仓。

尺寸　长 17cm　宽 10cm

北京故宫太和殿 ▼

在现存的古建筑群内，其中火灾次数最多的地方，当数故宫。根据史料记载，故宫在 400 年间发生过 80 多次火灾。

故宫建于 1420 年，次年故宫的三大殿便被一场大火完全烧毁，紧接着在随后的一年乾清宫也毁于大火。

故宫容易发生火灾的主要原因是故宫建筑主体是易燃的木结构，由于故宫是古代最高的建筑，特别容易遭受雷击，从而引起大火。

人力唧筒"飞龙" ▶

清代的消防队叫"水龙局"，分为扛龙夫和挑水夫，一架水龙配备水桶十担。水龙利用杠杆原理，将水喷向高处进行灭火。

尺寸　长 320cm　水箱长 75cm
　　　宽 55cm

东汉时期"戒火东井"陶井栏 ▼

东汉时期陶井栏，上面有"戒火东井"四个字。这件文物表明汉代已经有了专用的消防水井，肩扛旗幡者很可能是当时的专职消防员。

尺寸　高 11.1cm　宽 17.2cm
　　　长 23.6cm

民国报警钟 ▲

钟身铸有文字"报警钟"，此钟原悬挂在广西南宁市的望火楼，用于火灾报警。

尺寸　直径 49.5cm
　　　高 39.5cm

警钟长鸣
报告发生意外或遇到危险的钟，比喻持久地保持警惕性。

清代鎏金消防铜缸 ▼

故宫每座大殿门前或是沿城墙摆放一定数量的消防水缸，据统计，故宫里面原本有 308 个大水缸，现存 231 个。大水缸下面都有一个圆形的底座，冬天时可以添加炭火防止缸里的水结冰。

◀ 明代莲花型太平缸

尺寸　高 100cm　最大直径 149cm
　　　缸壁厚 9cm

尺寸　高 120cm　宽 166cm

清代消防水桶 ▶

尺寸　高 45cm

水缸是中国古代的一种重要防火设施，平常需要将水注满，以备灭火之用。

清代木制唧筒 ▼

唧筒采用活塞式真空泵工作原理，将汲水口插入水中，拉动压杆吸水，推出压杆喷水灭火。

唧筒每装一次水即可使用一次，射程可达 20 米，但出水量小。唧筒的优点是便于携带，单人即可操作。

尺寸　宽 11cm　长 100cm

问题：
你知道吗，消防水缸在冬天结冰了怎么办？

答案：增加炭火水缸。

022
祖先崇拜

026
图腾崇拜 > 龙

030
儒释道 > 儒教

024
天地信仰

028
图腾崇拜 > 凤鸟

032
儒释道 > 佛教

文明之辉

儒释道 > 道教

信仰是人们对某种思想、宗教或追求的信奉敬仰，是人类精神文明的起源。

中国是一个统一的多民族国家，信仰的内容十分丰富，其发展是一个漫长的演变过程，从早期的创始神信仰、天地信仰、太阳信仰到龙与凤的成型，既连贯，又有所发展。

春秋时期，中国出现了诸子百家的争鸣局面，最终儒教、道教脱颖而出，孔子、老子对东亚乃至世界有着十分深远的影响。东汉时期，从印度传入中国的佛教逐渐发展为主流信仰之一，形成了"儒释道"的三教格局。

总之，中华文明有着自身独特的多元信仰：祖先崇拜使得清明节成为中国人最重要的节日之一；天地信仰所体现的"天人合一"是中国最重要的古代哲学思想之一；龙是中华民族的图腾；儒家思想至今影响着中国乃至亚洲许多地区的世界观、社会伦理和生活方式……

祖先崇拜

中国自古以来就有对原始祖先的崇拜,史前时期的有巢氏、燧人氏、伏羲氏、炎帝、黄帝被尊奉为中华民族的人文始祖,缅怀祭祀祖先的清明节至今仍是十分重要的节日。

祖先崇拜和神灵崇拜不太一样,对神灵崇拜是希望祈求一些好处,但对祖先的崇拜一般展示的是一种孝道。

> **诗中有"清明"**
> 清明时节雨纷纷,
> 路上行人欲断魂。
> 《清明》 唐·杜牧

尺寸　高 222cm　上宽 106cm
　　　下宽 81cm

清明节 ★
清明节源自上古时代的祖先信仰与春祭礼俗,是中华民族最隆重盛大的祭祖大节。唐宋以后,清明节在全国范围盛行并设扫墓假期。

女娲补天 ★
相传远古时代,天塌地陷,世界陷入巨大灾难,女娲修炼五色石补好了天空,万物才得以安居,因此被称为大地之母。

唐代彩绘伏羲女娲(wā)图 ▶
伏羲是华夏民族人文先祖之一,与燧人氏、炎帝并称三皇。相传他仰观天文,俯察地理,创造了八卦。八卦是中国古老文化的深奥概念,是一套用三组阴爻阳爻组成的哲学符号。

相传伏羲和女娲人首蛇身,兄妹俩居住在昆仑山上,为了繁衍后代,兄妹两人结为夫妻,缔造了人类。相传女娲造人,女娲以泥土仿照自己样子创造人类,又替人类立下了婚姻制度,因此女娲是被民间广泛而又长久崇拜的创世神。

▲ 仰韶文化红陶人面像
原始人类常常认为神和自己长得一样,因此人面像是早期信仰文化之一。

尺寸　残高 15.3cm　宽 14.6cm
时间　距今 5200 年

商青铜兽面具 ▼
纵目人面像是古蜀人的文化信仰,突出的眼睛和夸张的大耳朵是古代蜀人对自己祖先的神化表现。

尺寸　高 66cm　长 138cm　宽 85cm

尺寸　高 3.9cm　宽 2.6cm
　　　厚 0.8cm
时间　距今 4000 年

马家窑文化石雕人面像 ▶
马家窑人有灵魂和祖先崇拜的习俗,这件人面像用石头磨制而成,眼、鼻、嘴用黑、白两色骨头装饰。

新石器时代青灰石雕女神坐像

这件雕像的整体形象是一位孕妇，体现了新石器时代母系社会对女性的崇拜。

尺寸　高 38cm　宽 22cm　厚 20cm
时间　距今 6000~5000 年

家谱 ★

家谱是中国特有的文化遗产，是中华民族的三大文献（国史、地志、家谱）之一，在汉族有悠久的历史。家谱不仅记录着该家族的来源、迁徙的轨迹，还包罗了该家族生息、繁衍、婚姻、文化、族规、家约等历史文化的全过程。

红山文化红陶女神像

大约在四五万年前的旧石器晚期，中国原始社会进入了母系氏族社会。母系社会是建立在母系血缘关系上的社会组织，在母系社会中，孩子只知道自己的母亲是谁而不知道自己的父亲是谁，因此同一氏族中共同的血缘祖先和崇拜对象是母亲、外祖母。

在原始社会的母系氏族，母亲是一家之长，氏族由女儿传承，因此女性崇拜是这一时期的特征。

尺寸　高 14.6cm　宽 9.1cm　厚 7cm
时间　距今 6000~5000 年

晋祠圣母殿 ▲

晋祠是中国现存最早的皇家祭祀园林，晋国宗祠；圣母殿是晋祠的主殿，殿内供奉的是西周时周武王的妻子、周成王和唐叔虞的母亲、姜子牙的女儿邑姜。

宗祠，即祠堂、宗庙、祖庙、祖祠，是供奉与祭祀祖先或先贤的场所。宗祠制度，产生于周代。上古时代，宗庙为天子专有，士大夫不得建宗庙。到宋代，著名理学家朱熹提倡家族祠堂。

陶塑雕题纹面人头像

这是 7000 多年前生活于淮河流域的古淮夷人形象，纹面起源于原始文化，是用改变身体的方式作为沟通神界的语言，也是当时的人们对于精神世界的一种追求与信仰。

在母系社会，部族首领往往还充当女巫或者祭祀的角色。

尺寸　高 6.3cm　宽 6.5cm　厚 2.9cm
时间　距今约 7300 年

尺寸　口长 112cm　口宽 79.2cm　高 133cm

太庙 ▲

太庙占地面积 13.9 万平方米，是明清两代皇帝祭祖的地方，是中国现存较完整的、规模较宏大的皇家祭祖建筑群。

> **诗中有"祭祀"**
> 武侯祠堂常邻近，一体君臣祭祀同。
> 《咏怀古迹》 唐·杜甫

"后母戊"青铜方鼎 ▶

对祖先的祭祀是商人非常重要的一项活动，后母戊鼎是商王为祭祀母亲而制造的，重 832.8 公斤，是中国目前已知最重的青铜器。

> **诗中有"祭祖"**
> 王师北定中原日，家祭无忘告乃翁。
> 《示儿》 宋·陆游

天地信仰

天地信仰源于对自然界的原始崇拜，是人类最原始的信仰之一，天、地、人是中国古代宇宙观最基本的三要素。中国自古就有"敬天法祖"的信仰，在古代先民眼中，天地哺育众生，是最高的神，民间称天为"天老爷""天公"。

岱（dài）庙 ▲

岱庙位于山东省泰安市泰山南麓，俗称"东岳庙"。始建于汉代，是历代帝王举行封禅大典和祭拜泰山神的地方。

泰山封禅 ★

泰山祭祀是古代帝王在泰山举行的祭祀天地的仪式。仪式包括"封"和"禅"两部分，所谓"封"就是在泰山之顶聚土筑圆台以祭祀上天；所谓"禅"就是在泰山之下积土筑方坛以祭祀大地。

祭天是帝王的特权，但登封泰山要求的档次更高。自古以来，只有受命帝王或盖世英主才有资格举行这一大典。据史书记载，先后有6位帝王在泰山封禅，分别是秦始皇嬴政、汉武帝刘彻、汉光武帝刘秀、唐高宗李治、唐玄宗李隆基、宋真宗赵恒。

皇帝也被称为"天子"，泰山封禅表示皇帝受王命于天，向上天报告帝王的功绩，体现了"天人合一"的中国传统文化。

> **天诛地灭**
> 比喻罪恶深重，为天地所不容。

尺寸　阳部直径 28cm
　　　高 6cm

◀ 商青铜太阳形器

商周时期，古蜀人有专门的仪式祭祀太阳，太阳轮是这种信仰的图腾纹饰之一。

太阳轮上有小孔，专家推测是用绳挂起来，作为太阳的象征接受人们顶礼膜拜。

> **诗中有"天"**
> 不敢高声语，恐惊天上人。
> 《夜宿山寺》唐·李白

尺寸　高 38.5cm
　　　口长 29.8cm
　　　口宽 23.7cm
重量　重 13kg

> 太阳崇拜是以天体为对象的自然崇拜中的一种，原始人类认为太阳具有能使万物复苏、生长的超自然力量，中国各地史前文化或奴隶制文化时代都有祭祀太阳的文物发现。

清乾隆温凉玉圭 ▼

温凉玉圭是乾隆皇帝为恭贺其母孝圣宪皇太后寿辰，东巡泰山拜谒岱庙时御赐。玉圭是祭祀礼器的一种，这件玉圭因为上下两半截的密度不同，用手触摸时密度高的上半截手感清凉，密度低的下半截手感温和。

尺寸　长 92.5cm
　　　宽 29.5cm

◀ 大禾人面纹方鼎

这是一件祭祀天地的礼器，内壁有铭文"大""禾"二字，寓意稻谷丰收。在农业社会，祈求天地之神来获得风调雨顺、农业丰收是国家最重要的祭祀事件之一。

玉琮 ★

玉琮（cóng）是一种内圆外方筒型玉器，象征天圆地方。古时人们认为万物皆有灵性，而玉则是山川的精华，是上天给予人类的恩赐，可以沟通天地鬼神。所以玉经常被作为一种礼器，而玉琮作为一种祭祀的神物，天圆地方的造型表达出人们对天地的朴素认识和理解。

良渚文化玉琮▶

这是目前所见最高的玉琮，良渚人在祭祀仪式中用玉琮与天地进行沟通，是一种祭祀法器。

尺寸　高 49.7cm

尺寸　高 7.5cm　面长 8.5cm
　　　射径 9.8cm　孔径 6cm

◤良渚文化人面纹玉琮

天地沟通是良渚人的信仰之一。中国古代认为天意能支配人事，人事能感动天意。

> **天公不作美**
> 比喻天不成全美事，多指要进行的事情因刮风下雨而受到了影响。

问题：
你知道吗：泰山祭天的建筑物叫什么？

答案：封禅。

祭天 ★

祭天作为人类祈求神灵赐福攘灾的一种文化行为，曾经是中国古代先民生活中的重要组成部分。中国从传说中的"三皇五帝"时代至清末，一直举行祭天典礼，绵延五千余年。

天坛祭祀 ★

天坛，建于明朝永乐时期（1420年），是世界上最大的祭天建筑群。天坛坛墙南方北圆，象征天圆地方。自明永乐十九年起始，共有22位皇帝亲御天坛祭祀。1913年冬至，袁世凯在北京天坛举行祭天仪式。

祈年殿◣

祈年殿是天坛的主体建筑，按照"敬天礼神"的思想设计的，殿为圆形，象征天圆；瓦为蓝色，象征蓝天。

祈年殿是皇帝祭天祈谷的祭坛，既表达了皇帝"奉天承运"统治权力，也寓意了人们对天的祈求，表达了人们对风调雨顺、五谷丰登的期盼。

圜（yuán）丘▲

圜丘是皇帝举行冬至祭天大典的场所，又称祭天坛。

图腾崇拜 - 龙

"图腾崇拜",这是原始人类对"自我身份"的一种认同。只不过这种认同把崇拜对象放在了动物身上,说明了当时人类自身力量的渺小还不足以战胜凶猛的兽类,并希望自身也能够像狮子、老虎等猛兽一样变得无比强大。用"图腾"作为身份标志,人们认为自己是某种动物的后裔,并祈求这种动物来庇护和保佑自己的氏族。正是这种渴望"保佑"的需求,使"崇拜文化"开始向真正意义上的宗教转化。

十二生肖是中国人的动物图腾标志,每个人都拥有自己的图腾:鼠、牛、虎、兔、龙、蛇、马、羊、猴、鸡、狗、猪。龙是中华民族的象征,也是国家的图腾形象。商代甲骨文中已有结构完备的"龙"字,龙的图案和传说可追溯到更遥远的史前文化。

故宫建筑龙饰 ▲

紫禁城是皇帝的居所,装饰最多、气势最盛的图案是龙纹,除了殿堂之外,皇帝的服饰、家具、钟表、文房用具、杯盘器皿乃至仪仗兵甲等等各类器物,到处舞动着各式的龙纹。

红山文化玉龙 ▲

这条玉龙是中国已知时代较早的龙的形象之一,吻部像猪,因此也叫玉猪龙。这是早期的龙雏形,没有龙角和龙爪,也没有龙鳞。

尺寸 高 26cm

龙 ★

龙是中国古代传说中的神异动物,据记载"角似鹿、头似驼、眼似兔、项似蛇、腹似蜃、鳞似鱼、爪似鹰、掌似虎、耳似牛",能走,能飞,能游泳,能兴云降雨。华夏民族的先祖炎帝、黄帝,传说中和龙都有密切的关系,因而中国人自称为"龙的传人"。

◀ 龙形佩

龙形佩饰在战国时期达到鼎盛,成为战国时期最具代表性的玉器之一。

尺寸 长 10cm 宽 5.3cm

词中有"龙"

还是旧时游上苑,
车如流水马如龙,
花月正春风。
《忆江南·多少恨》
南唐·李煜

真龙天子 ★

龙是中国古代传说中最神通广大的动物,汉代以后,龙更被象征为有圣德的君王。帝王被称作"真龙天子",为世人中间的最尊贵者。

尺寸 长 21.4cm 宽 10.9cm 厚 0.9cm

玉镂雕龙形佩 ▶

这件龙形玉佩的周身被小鸟环绕,展现"龙飞凤舞"的画面。战国时期的楚国已经形成了成熟的龙、凤图腾文化。

龙飞凤舞

形容山势的蜿蜒雄壮,也形容书法笔势有力,灵活舒展。

尺寸 高 5.1cm 长 7.5cm

◀ 商代玉龙

龙是商代造型艺术中重要的主题,常见于青铜器、玉器、骨器的装饰中,这条龙已经有了"龙角"。

舞龙 ★

舞龙俗称舞龙灯，源自古人对龙的崇拜，每逢喜庆节日，以舞龙的方式来祈求平安和丰收就成为全国各地汉族的一种民俗文化。

龙生九子 ★

囚牛、睚眦（yá zì）、嘲风、蒲牢、狻猊（suān ní）、赑屃（bì xì）、狴犴（bì àn）、负屃（fù xì）、螭吻（chī wěn）。

画龙点睛

原指给龙画上眼睛，龙就飞走了，形容绘画技术高超。比喻写文章或讲话时，在关键处用几句话点明实质，使内容更加生动有力。

叶公好龙

楚国有位叶公，特别喜欢龙，龙听说后下来找他，他吓得跑走了。比喻不是真正的喜欢。

西汉 S 形龙形玉佩

西汉时期的龙已经初具雏形，这件玉龙已经有着龙须、龙角、龙爪等显著特征。

尺寸　高 19.6cm
重量　重 2.1kg

尺寸　高 17.1cm
　　　宽 10.8cm

金代铜坐龙

铜坐龙是金代早中期皇室御用车饰，女真族入主中原后建立了金朝，受中原先进文化的影响，龙也成为金代帝王喜爱的王权象征之物，这件金代铜坐龙见证了中华民族多民族、多地域、多文明的文化融合与发展。

尺寸　高 4.8cm　长 5cm
　　　宽 1.9cm

玉坐龙 ▶

龙集合了多种动物的图腾信仰，反映华夏民族是由不同信仰的部落融合而成的，元代蒙古族入主中原后，也将龙作为图腾信仰之一。

尺寸　高 34cm　长 28cm
重量　重 2.8kg

唐代鎏金走龙

这条走龙的形象，说明古人认为龙不仅可以行走于地面，也能飞行于天上。

尺寸　长 18cm　高 10.8cm

唐鎏金铁芯铜龙 ▶

唐代，龙的形象已经定型：蛇身，有爪，龙头有龙角、龙须。同时，龙变为皇帝的专属，真龙天子特指皇帝。

明代金龙 ▼

明代以后，龙变得更加精美与华丽。

尺寸　长 4cm　宽 2.5cm
重量　重 0.0098kg

问题：

你知道吗，龙具有哪些动物的特征？

答案：鹿角、驼头、蛇颈、鱼鳞、鹰爪、虎掌、牛耳、兔眼、每须。

图腾崇拜 - 凤鸟

鸟崇拜在世界各地是一种普遍现象,中国最早的神鸟图腾与太阳崇拜有着密切关系,古人将百鸟之王称作"凤凰",简称"凤",后将"凤"作为雄鸟,而"凰"作为雌鸟。

相传凤凰为最美的鸟,飞动时百鸟相随。在古代被尊为百鸟之王。凤凰是人们心目中的瑞鸟,吉祥太平的象征。古人认为时逢太平盛世,便有凤凰飞来。

尺寸　外径 12.5cm　内径 5.3cm
　　　厚 0.02cm

商代古蜀国太阳神鸟金饰 ▲

四只神鸟围绕着太阳飞翔,体现了古蜀人对太阳与鸟的信仰与崇拜。

◀ 河姆渡文化"双鸟朝阳"纹牙雕

"双鸟朝阳"图案是河姆渡文化的标志之一,反映了7000多年前古人对太阳的崇拜,他们认为鸟与太阳有着某种十分紧密的联系:太阳的东升西降是靠神鸟背负飞翔实现的。

尺寸　长 16.6cm　宽 6.3cm
　　　厚 1.2cm

传说,"羽人"是蚩尤所领导的九黎族中的一族,认为是自己的祖先是神鸟。

良渚文化玉鸟 ◢

江南地区靠近东海,在古代神话传说中,东海是鸟的国度,有"人面鸟身"之神,与这个神话传说有密切关联的良渚人,正是崇拜鸟的民族。

尺寸　长 5.5cm　宽 5.8cm
　　　厚 0.78cm
时间　距今 5000~3700 年

青铜鸟头 ▶

这件巨大的鸟首是古蜀人图腾崇拜的遗存。鸟与古蜀人的关系极为密切,几代蜀王都以鸟为名。

尺寸　高 40.3cm
　　　纵径 38.5cm
　　　横径 19.7cm

鸟可以飞翔于天地之间,古人认为鸟具有沟通天地之能力。

赋中有"凤凰"

一日不见兮,思之如狂。
凤飞翱翔兮,四海求凰。
《凤求凰》 西汉·司马相如

百鸟朝凤
指君主圣明而天下依附,后也比喻德高望重者众望所归。

凤鸣朝阳
凤凰在早晨的阳光中鸣叫,比喻有才能的人得到发挥的机会。

尺寸　长 13.8cm　宽 3.2cm
　　　厚 0.8cm

商代玉凤 ▶

《诗经·商颂·玄鸟》中记载:"天命玄鸟,降而生商,宅殷土芒芒。"从文献记载来看,商人崇尚玄鸟,认为自身是玄鸟的后代。

商代古蜀国青铜鸟 ▶
尺寸　高 34cm　宽 19.2cm

▶ 西周象牙雕凤鸟

这件象牙雕神鸟出土于巫山双堰塘巴文化遗址，巴人认为自己的祖先是神鸟，因此凤鸟的形象在巴人图腾中有着极其崇高的地位。

神鸟围绕着太阳飞翔，体现了古蜀人对太阳与鸟的信仰与崇拜。

尺寸　长 3.5cm
　　　宽 3cm
　　　高 4.7cm

诗中有"凤"

桐花万里关山路，雏凤清于老凤声。
唐·李商隐

▶ 西周玉鸟

尺寸　长 6.2cm　宽 4cm

◀ 陕西省宝鸡市周原遗址凤鸣岐山雕像

岐山是周朝的发源地，也叫西岐，地方是陕西省宝鸡市岐山县。传说周文王在岐山时，有凤凰来岐山。

凤鸣岐山

是指周朝将兴盛前，岐山有凤凰栖息鸣叫，人们认为凤凰是由于文王的德政才来的，是周兴盛的吉兆。

尺寸　高 12cm

商代古蜀国鸟身人首神像 ▼

鸟身人是古蜀人心目中神的形象，古人常常神赋予拟人化的特征。

◀ 晋侯鸟尊

在周朝时，人们认为凤鸟有吉祥寓意，这件鸟尊腹底铸有铭文"晋侯作向太室宝尊彝"，说明该器为晋侯宗庙祭祀的礼器。

尺寸　高 39cm　长 30.5cm
　　　宽 17.5cm

▶ 西周巨冠玉鸟

尺寸　高 5.5cm　宽 3.6cm
　　　厚 0.55cm

凤毛麟角

凤凰的羽毛，麒麟的角。形容珍贵而稀少。

问题：

你知道吗，传说中的凤凰栖息在什么地方？

答案：梧桐树，凤栖梧桐。

儒释道 - 儒教

以"三教"统称儒释道，始于北周时期，约公元6世纪中后期，中国文化逐渐形成儒释道三足鼎立之势。"儒"指的是儒家，是孔子开创的学派，也称"儒教"，居于主流思想体系地位，其影响波及朝鲜半岛、日本、中南半岛等地区；"释"是古印度（今尼泊尔境内）释迦牟尼创立的佛教，又称释教，世界三大宗教之一；"道"指的道教，道教是把古代的神仙思想、道家学说、鬼神祭祀以及占卜、禁咒等综合起来的产物。

儒教以"儒家思想"为最高信仰，后人为了与道家思想的道教区分，从南北朝开始叫作"儒教"。从汉代至清代，儒（孔）教一直是国家宗教。

▲ 孔子燕居图轴

作者　元·赵孟頫

孔子 ★

孔子名丘，字仲尼，春秋时期鲁国（今山东省曲阜市）人，儒家学派创始人，被列为"世界十大文化名人"，祭祀孔子的"祭孔大典"已经成为和中国祖先神祭祀同等级别的大祀。

思想 ★

德不孤，必有邻。——《论语》
大学之道，在明明德，在亲民，在止于至善。——《大学》
得道者多助，失道者寡助。——《孟子》
人无远虑，必有近忧。——《中庸》

代表作 ★

四书是《论语》《孟子》《大学》《中庸》的合称，它蕴含了儒家思想的核心内容，是儒学认识论和方法论的集中体现。

《论语》是由孔子及其弟子言行而编成的语录文集，集中地体现了孔子及儒家学派的政治主张、伦理思想、道德观念、教育原则等，《论语》的思想主要有三个：伦理道德范畴——仁，社会政治范畴——礼，认识方法论范畴——中庸。

山东曲阜孔府 ▲

孔府是孔子的世袭衍圣公的后代居住的府第，主要为明、清两代建筑，包括厅、堂、楼、轩等463间，共九进院落，是一座典型的中国贵族门户之家，有号称"天下第一人家"的说法。

山东曲阜孔林 ▲

孔林，又称至圣林，是孔子及其后裔的家族墓地，与孔府、孔庙统称"三孔"。孔林埋葬孔子长孙已至第七十六代，旁系子孙已至七十八代，它是儒家思想在漫长的中国封建社会里所居统治地位的产物。

孔庙 ★

即孔子庙,又称作文庙,是纪念中国伟大思想家、教育家孔子的祠庙建筑,传统的中国城市都有文庙。孔庙作为一种礼制性建筑物,既是祭祀孔子及先贤先儒的专用场地,也是儒学传播的重要载体。

南京夫子庙、曲阜孔庙、北京孔庙和吉林文庙并称为中国四大文庙。

山东曲阜孔庙 ▶

曲阜孔庙初建于周敬王四十二年(前478),是第一座祭祀孔子的庙宇,以皇宫的规格而建,是中国四大古建筑群之一,1994年被列入世界文化遗产名录。

北京孔庙 ▶

始建于元大德六年(1302),为中国古代元、明、清三朝皇帝祭祀孔子的场所,北京孔庙的碑林记录了明清两代科举考试中的进士及第者计51624人(含状元、榜眼、探花),如于谦、袁崇焕、林则徐、沈钧儒等。

江苏南京夫子庙 ▶

南京夫子庙位于南京市,为供奉祭祀孔子之地,是中国第一所国家最高学府、中国四大文庙之一,不仅是明清时期南京的文教中心,同时也是居东南各省之冠的文教建筑群。

吉林文庙 ▶

始建于乾隆元年(1736),为中国四大孔庙之一,吉林文庙的建立是清朝政府对汉文化传入东北地区的认可,汉文化与东北少数民族文化互通有无的历史见证。

罢黜百家,尊崇儒术 ★

罢黜百家,尊崇儒术,是董仲舒于元光元年(公元前134年)提出的治国思想,在汉武帝时开始推行。它维护了封建统治秩序,神化了专制王权,因而受到中国古代封建统治者与历代儒客推崇,成为两千多年来中国传统文化的正统和主流思想。

君权神授、三纲五常、仁政等等更有利于提高君王的统治,在汉武帝看来,儒家思想更适合作为一种新的统治思想,因此这种在后世封建王朝中延续流传了两千多年的思想正式被统治阶层列为正统。

尺寸 长44.7cm 宽20.8cm 高41.5cm

清奉天诰命盒 ▲

此件器物用于保存皇帝圣旨,是孔府与朝廷保持密切联系的佐证。

祭孔是古代皇帝塑造正统与权威的重要途径。为在文化上确立自己的正统性,清初帝王选择通过祭孔,传递出清朝皇帝是天下人的皇帝的政治话语。

问题:
儒家思想的主张有哪些?

参考:仁、德。

儒释道 - 佛教

公元前 6 世纪至前 5 世纪，佛教由释迦牟尼创建于古印度，因此也简称为"释"。汉朝时，佛教传入中国。

古刹 ★

刹（chà）是梵语"刹多罗"的简称，表示寺庙佛塔，古刹即古老的寺庙。

河南洛阳白马寺 ▶

汉朝时，佛教由印度经由南丝绸之路传入中国，洛阳白马寺通常被认为是中国佛教的发源地。

白马寺距今已有 1900 多年的历史，位于今河南省洛阳市，现存的遗址古迹为元、明、清时所留。

江苏苏州寒山寺 ▶

寒山寺位于苏州市姑苏区，唐太宗贞观年间（627~649），由当时的名僧寒山、希迁两位高僧创建。唐代诗人张继题了《枫桥夜泊》一诗后，寒山寺闻名天下。

河南嵩山少林寺 ▶

北魏时期，是中国佛教发展的鼎盛期。太和十九年（495 年），孝文帝为印度高僧跋陀尊者在嵩山创建了少林寺。少林寺是中国佛教禅宗祖庭和中国功夫的发源地之一，有"天下第一名刹"之称。

西藏拉萨大昭寺 ▶

大昭寺位于拉萨老城区中心，是一座藏传佛教寺院，是藏王松赞干布于 7 世纪吐蕃王朝的鼎盛时期建造的，在藏传佛教中拥有至高无上的地位。大昭寺已有 1300 多年的历史，寺内供奉的是文成公主从大唐长安带去的释迦牟尼 12 岁等身像。

尺寸　高 23cm　宽 20cm

清代游戏济公 ▲

济公是南宋高僧，后人尊称为"济公活佛"。他破帽破扇破鞋垢衲衣，貌似疯癫，不受戒律拘束，嗜好酒肉，举止似痴若狂，却是一位学问渊博、行善积德的得道高僧。

诗中有"寒山寺"

月落乌啼霜满天，江枫渔火对愁眠。
姑苏城外寒山寺，夜半钟声到客船。
《枫桥夜泊》唐·张继

诗中有"寺"

千里莺啼绿映红，
水村山郭酒旗风。
南朝四百八十寺，
多少楼台烟雨中。
《江南春》唐·杜牧

佛教 ★

佛教分大乘和小乘。小乘讲的"佛",一般是用作对释迦牟尼的尊称。大乘除指释迦牟尼外,还泛指一切觉行圆满者。

西安大雁塔南广场玄奘雕塑

玄奘(602~664),唐代高僧,中国汉传佛教唯识宗创始人,也是小说《西游记》中唐僧的原型。贞观三年(629),他从长安出发,经敦煌至新疆,再从中亚辗转到达印度,历时十七年,将大小乘佛经带回长安。

苦海无边 回头是岸

是佛教语,意指尘世如同苦海,无边无际,只有悟道,才能获得超脱。亦以比喻做坏事的人只要彻底悔改,就有出路。

日本奈良唐昭提寺鉴真坐禅像

鉴真(688~763),唐代高僧,亦称"过海大师",东渡日本弘扬佛法,被尊为日本律宗初祖。

问题: 藏传佛教的信徒怎么称呼?

答案:喇嘛。

佛教四大名山 ★

山西五台山和浙江普陀山、四川峨眉山、安徽九华山并称中国佛教四大名山,分别是文殊菩萨、观世音菩萨、普贤菩萨、地藏菩萨的道场。

山西五台山 ▶

五台山的寺院分为青庙和黄庙。青庙亦称和尚庙,僧侣大都为汉族,一般穿青灰色僧衣,称青衣僧。黄庙亦称喇嘛庙,属于藏传佛教,信教喇嘛均穿黄衣,戴黄帽,称黄衣僧。五台山是中国唯一一个青庙(汉传佛教)黄庙(藏传佛教)比邻共处的佛教道场。

浙江普陀山 ▶

普陀山,位于浙江省舟山市普陀区。据佛教传说,唐大中年间有一印度僧人来此,亲睹观音菩萨现身说法,授以七色宝石,故称此地为观音显圣地。

四川峨眉山 ▶

汉朝时,佛教经南丝绸之路由古印度传入峨眉山。南北朝时期,世界佛教发展重心逐步由印度转向中国,四川一度成为中国佛教禅宗的中心。宋朝时期,宋太祖赵匡胤派遣继业去印度访问,回国后铸造了重62吨,高7.85米的巨型普贤铜佛像,供奉于今万年寺内,成为峨眉山佛像中的精品。

安徽九华山 ▶

九华山相传为地藏菩萨应化的道场,佛教认为地藏菩萨是"大孝"和"大愿"的象征。唐代中国佛教进入鼎盛时期,九华山佛教因运始兴,僧人相继进山弘法。

儒释道 - 道教

东汉时期，张道陵创立道教后，把老子尊为道祖，倡导老子的"道"的思想，并融入得道成仙思想。

道教以道为最高信仰，把《道德经》奉为经典，尊道贵德。认为道是产生天地万物的本源，宇宙、阴阳和万象万物都是由道化生的。道教主张以清静无为、不争寡欲的态度对待世俗生活，通过各种道术修炼，与道合一，成为长生不死的神仙。

> 道可道，非常道。
> 名可名，非常名。
> 上善若水，
> 水善利万物而不争。

老子 ★

姓李名耳，道家学派创始人和主要代表人物，后被道教尊为始祖，称"太上老君"。在唐朝，被追认为李姓始祖。

老子在政治上，主张无为而治、不言之教。在权术上，讲究物极必反之理。在修身方面，讲究虚心实腹、不与人争的修持，是道家性命双修的始祖。

道德经 ★

《道德经》是春秋时期老子所著的哲学作品，论述修身、治国、用兵、养生之道，后人建立道教后把《道德经》作为道经。据联合国教科文组织统计，《道德经》是除了《圣经》以外被译成外国文字发布量最多的文化名著。

▸ 常阳太尊石像

约从北魏起，老子被尊为太上老君。唐代皇室姓李，因此追老子李耳为先祖，道教极其兴盛，常阳太尊石像在唐开元七年（719年）雕凿而成。

尺寸　高1.5m

宋代铜铸鎏金九天玄女组像 ◂

九天玄女是中国古代神话中的传授过兵法的女神，也是一位正义之神，经常铲恶除暴，是道教中一位重要的女神仙。

尺寸　通高70~73cm

◂ 明代真武大帝铜像

朱棣夺取皇位后，认为是真武大帝显灵，大力推崇道教，使得明代真武大帝的信仰达到鼎盛。

尺寸　高42cm

尺寸　高68.5cm
重量　重44.2kg

明正德款铜鎏金彩绘戎装真武坐像 ▴

真武大帝又称玄天上帝、玄武大帝，是中国神话传说中的北方之神，为道教神仙中赫赫有名的玉京尊神，明朝以后尊崇真武大帝，在全国影响极大。

▶ 玉道教符铭册

元代崇尚道教，出现了王重阳、张天师等道教领袖。"符咒"是道教用来祈福消灾的道具，玉符是最高等级的神符。

尺寸　长 16.3cm　宽 7.1cm　厚 2.5cm

▶ 清代道教玉令牌

令牌是我国道教的诸多法器中的重要一种，其含义借鉴了令牌在古代军事上的用途，把它作为道士在举行法事时号令鬼神听从自己命令的象征，举起令牌高呼，就表示可以召唤相应的"天兵天将"来到法坛供自己差遣；放下令牌猛拍桌面，就表示对鬼神下达命令。

尺寸　长 15.1cm　宽 6.2cm　厚 2.3cm

湖北武当山 ▼

1994 年，武当山被联合国教科文组织列入《世界遗产名录》，明代朱棣通过"靖难之役"夺得帝位，自称真武神保佑，下令敕建太和宫，建成后嘉封武当山为"大岳太和山"，使得武当山位尊五岳之上，成为全国道教活动中心，持续了二百多年的鼎盛局面。

武当山古建筑群规模宏大，气势雄伟。据统计，唐至清代共建庙宇 500 多处，庙房 20000 余间。武当金殿位于海拔 1612 米的天柱峰顶，是我国最大的铜铸鎏金大殿，殿高 5.5 米，宽 5.8 米，进深 4.2 米。紫霄宫是武当山保存较完整的皇家庙观建筑群，主体建筑是明成祖朱棣下令重建的紫霄殿，是武当山保存下来的唯一的一座重檐歇山式木结构殿堂。

武当山建筑群的历史变迁见证了道教在中国的兴盛与衰亡。

河南洛阳老君山 ▼

老君山被认为是道教始祖老子归隐修炼的场所，距今已有两千多年人文历史，是道教中历史最长的山脉。北魏始于其上建老君庙以纪念。贞观十一年（637 年），唐太宗重修景室山铁顶老君庙，赐名"老君山"，成为道教主流全真派圣地。

四川青城山 ▶

东汉汉安二年（143 年），张道陵到达青城山，在此结茅传道，创立了中国的本土宗教——道教，使青城山成为了中国道教名山。

急急如律令

急急如律令原意是事情太急需要立即处理，犹如律令奔走一般。在道教施法仪式中，"急急如律令"作为念咒的结束语，有照法令迅速执行的意思。

问题：

你知道吗，"三教九流"中的三教是哪三教？

答案：儒教、佛教、道教。

038 采集

042 狩猎

056 农耕

040 捕鱼

044 畜牧

066 饮食文化

文明之基

"民以食为天",食物是人类文明的物质基础,正是因为有了足够的食物,人类才有更多的时间用于创造辉煌灿烂的精神文明。

人类获取食物的最原始方式是采集,主要以植物的果实、根、茎、叶为生,偶尔也能吃到狮子、鬣狗等食肉动物吃剩的大型动物的肉。在人类学会用火去除腥臊之后,河蚌、螺蛳等贝类也成为古人的一种美食。

进入石器时代,人类学会了渔猎,如北京山顶洞人可以凭借陷阱和石头制作的武器捕捉鹿、犀牛、羚羊、盘羊、三门马、象等以及鸟类,偶尔也能捕食一些大型猛兽。与此同时,古人还学会制作了渔网、鱼镖、鱼钩、鱼沪等各种捕鱼工具。

进入新石器时代以后,古人已经开始畜牧和农耕,畜牧和农耕的发展使得人类的食物来源变得稳定,粮食甚至开始大量剩余,不再为吃不饱而发愁了。

粮食的剩余进一步推动了畜牧的发展,同时人类也开始利用剩余的粮食酿酒,同时食物烹饪的方法进一步得到提升,吃变成一种社交与礼仪。

采集

近代以来，考古人员通过对远古人类粪便化石的研究发现，在旧石器时代，人类采集食物的范围十分之广，除了植物的根、叶、茎、果，还有昆虫、蜥蜴、蛇、小型啮齿类动物等。

农业的出现与发展和采集有着十分紧密的联系，当人类有意识地将采集来的果实种子种植在居住地四周时，原始的农业便诞生了。

北京猿人遗址朴树籽

朴树籽是北京猿人大量采集并食用朴树果的远古遗存。朴树果，味道甘甜，是一种较为理想的食物。

时间　距今 70 万～20 万年

良渚文化南酸枣核

南酸枣分布于浙江、福建、湖北、湖南、广东、广西、云南、贵州等处，果实甜酸，可生食，良渚人采集南酸枣作为食物之一。

时间　距今约 5000～3700 年

良渚文化桃核

桃子原产中国，果肉肥美多汁，是新石器时代被广泛采集和食用的水果，桃树至今在中国被广泛种植。

时间　距今约 5000～3700 年

囫囵吞枣

把枣整个咽下去，不加咀嚼，不辨滋味。比喻对事物不加分析思考。

桃子在中国有着十分悠久的种植历史，《诗经》以桃花比喻女子的美貌："桃之夭夭，灼灼其华。"

◀ 磁山文化核桃壳

磁山文化核桃比现在核桃略小，是中国原产的核桃。

尺寸　直径约 2cm
时间　距今约 7000 年

时间　距今 7000～5000 年

河姆渡文化橡子 ▶

河姆渡文化已有发达的稻作农业，不过，采集仍然是获取食物的重要手段，采集对象包括橡子、菱角、桃子、酸枣、葫芦等。橡子富含淀粉，由于含有少量鞣酸，吃起来会有苦涩的味道。在过去漫长的岁月中，中国许多山区一直将橡子作为主要食物。

◀ 浙江上山文化稻谷

上山文化位于浙江省中部的钱塘江上游流域，研究结果表明，大概在8200年到13500年前，中国的长江流域即出现了最早的栽培。

时间　距今 10000~8400 年

五谷 ★

五谷一般是指稻（俗称水稻、大米）、黍（shǔ，俗称黄米）、稷（jì，又称粟，俗称小米）、麦（俗称小麦，制作面粉用）、菽（shū，俗称大豆）。

河姆渡文化稻秆、稻叶、稻谷▶

水稻是河姆渡人最主要的栽培作物，研究发现其中也有少许的野生水稻。

中国是世界上水稻栽培历史最悠久的国家，我们栽培的水稻品种，都是野生稻通过长期驯化而获得的，水稻至今养活了世界一半以上的人口，稻作农业的发展，彻底改变了人类文明的生产和生活方式。

时间　距今 8200~7800 年

▲ 湖南彭头山文化含稻谷陶片

陶片中的炭化稻谷证明了水稻在8000年前的长江以南地区已经成为一种重要的食物。

时间　距今约 7000 年

◀ 磁山文化炭化粟

7000年前的磁山文化遗址有88个窖穴底部堆积了厚为0.3至2米的粟，当时粟作农业已经相当发达。

西周炭化高粱▶

高粱米从新石器时代起便已成为食物来源之一，中国高粱种植历史始自商周，高粱是中国最早栽培的禾谷类作物之一。

诗中有"粟"

春种一粒粟，秋收万颗子。
四海无闲田，农夫犹饿死。
《悯农》 唐·李绅

粟是黄河流域史前人类的主要食物之一，直到唐代以前，粟一直是中国北方民众的主食，通称"谷子"。

问题：
中国是最早开始种植水稻的国家吗？

答：是。

捕鱼

人类最古老、最简单的捕鱼方法是用手摸鱼，比如浑水摸鱼，将水搅浑，鱼儿会缺氧上浮，从而徒手将其抓获。新石器时代，古人已经学会用渔网网鱼，用鱼叉或鱼镖捕鱼，用鱼钩钓鱼，还会制作鱼沪陷阱捕鱼，春秋战国时期中国的水产养殖已经十分发达。

时间　距今约 700 年
地点　台湾澎湖七美乡东湖村

半坡文化螺蛳壳 ▶

这些螺蛳壳出土于陕西省西安市浐河东岸，半坡人生活在浐河边，河边的螺蛳等贝类是可以轻易猎取的食物。

时间　距今 6700~6000 年

澎湖石沪 ▲

石沪是一种用石头围成的捕鱼陷阱，退潮时鱼会困在其中。"沪"的本义是一种捕鱼陷阱。

尺寸　长 10cm　宽 2.2cm
　　　厚 0.5cm

西周玉鱼形佩 ◢

佩戴鱼饰盛行于商周，反映了人们生产生活的自然状况和对动物的原始崇拜，同时也象征了物质的富有和对美好生活的追求。

> 在远古时代，人们观察发现潮水退去后，鱼虾会困在低洼地带，因此用石头、竹木围成捕鱼陷阱，这便是"沪"。

西周玉鱼鹰 ▼

鱼鹰，也称为鸬(lú)鹚(cí)，具有高超的潜水捕鱼能力，渔人常常驯养它们来捕鱼。

尺寸　高 15cm　尊口径 7×4cm
重量　重 1.12kg

尺寸　高 5.2cm　宽 3.6cm
　　　厚 0.6cm

> 鱼除了是美食之外，又因鱼谐音同"余"，有"富裕"的含义，因此古人爱用鱼表示美好的愿望，也寓意年年有余。

西周鲤鱼尊 ▲

年年有鱼是"年年有余"的谐音，中国传统吉祥祈福最具代表的用语之一。

新乐文化石网坠

新石器时代的人们已经学会了纺织，能够使用麻线等纤维制作成渔网捕鱼，由于年代久远，渔网已经腐朽，只有石网坠保存了下来。

时间　距今约 7200 年

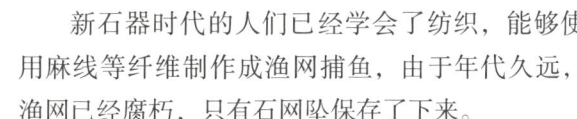

尺寸　长 24.8cm　高 15.6cm
时间　距今 7000~5000 年

◀ 仰韶文化船形彩陶壶

整件水壶是船形，装饰有渔网，这件陶壶向我们展示了仰韶人乘船进入河中利用渔网捕鱼的场景。

尺寸　长 4cm　厚 2.4cm
时间　距今 5000~3700 年

良渚文化陶网坠 ▶

石网坠配合渔网使用，系于渔网边缘，可使渔网迅速下沉，困住鱼类。

尺寸　长 7.3cm
时间　距今 4500~4000 年

尺寸　长 12.6cm
时间　距今 7000~4800 年

吉林红山文化骨鱼镖 ▶

在旧石器时代，古人已使用骨头、石头等材料制作鱼叉或者鱼镖之类的捕鱼工具。这件骨鱼镖的使用方法是接上长木柄，投掷捕鱼。

◀ 青海马厂文化骨鱼钩

新石器时代的人们用麻、葛等植物纤维纺织成渔线，再配合骨头磨制的鱼钩进行钓鱼。

东周鱼钩陶范 ▶

这是用于批量铸造青铜鱼钩的陶范，春秋战国时期的鱼钩已有倒刺，可以避免上钩的鱼儿挣脱。

尺寸　长 10.5cm　宽 15.7cm
　　　厚 2.7cm

问题：
最早的鱼钩是什么做的？

答案：骨头。

狩猎

人类虽然没有锋利的爪子和牙齿，但是有着极其聪明的大脑，能够利用石头、木头、骨头制作出各种各样的武器，挖掘陷阱，通过群体合作甚至可以猎杀猛兽。

▎北京猿人狩猎雕塑

北京猿人遗址出土的肿骨鹿化石超过 2000 头，葛氏斑鹿化石超过 1000 头，鹿肉是北京猿人的主要肉食，除此之外还有犀牛、羚羊、盘羊、三门马、象以及鸟类。

陷阱捕猎 ★

许多史前时代的遗迹中发现了古人捕猎的陷阱，大的口径有 2~4 米、深度 1~2 米，能捕获大型动物，如大象、犀牛等。
陷阱一般挖在动物必经之路上，坑口铺设枯草树叶用以隐蔽，坑底埋设竹木尖刺，用以刺伤掉落的动物。

尺寸　长 47cm　宽 20cm　厚 10cm

▎东汉《狩猎图》画像砖

画面左侧一狩猎人手举弓箭，两脚前后张立，前面有两只亡命奔逃的兽，最前面是一只中箭摔倒的小兽，上方格饰一幢倒立的房屋。画面线条简洁粗犷，着重写意，活泼生动，趣味盎然，为模制凸线雕。

贺兰山狩猎岩画 ▲

记录了远古人类 3000~10000 年前放牧、狩猎、祭祀、征战、娱舞等生产生活场景。

▎许家窑文化石球

石球通常在围猎时投掷使用。许家窑人用兽皮或植物纤维做成一个兜，将石头放入兜内。使用时，用两根绳子甩起，将石头抢出，有效杀伤射程可达 50~60 米。

重量　重 2.5~0.05kg
时间　距今约 12 万年

尺寸　长 23.3cm

石球可以在围猎时投掷使用，也可以配合陷阱猎杀动物。

新石器时代晚期石矛 ▶

矛是原始人类最重要的武器之一。矛的一端装上木柄，可作为刺杀武器，也可以作为投掷的长距离攻击武器。

狩猎岩画有单人猎，双人猎或围猎、渔猎等，狩猎形式也有步猎、骑猎、车猎之分，所用狩猎的器具有石球、弓箭、树枝、矛、剑等。

跨湖桥文化漆弓 ▼

这是中国迄今为止发现的年代最早的木弓，采用韧性良好的桑木制作，弓身表面涂有生漆。

尺寸　长 121cm
时间　距今 8000~7000 年

尺寸　长 12cm　10cm　长 6cm
时间　距今 7000~5000 年

河姆渡文化骨镞（zú）▶

镞就是箭头，与箭杆、箭羽组成箭。弓箭是原始人最重要的狩猎武器之一，是一种远程攻击武器。

尺寸　长 97cm

清康熙铁镞合苞哨箭 ▲

哨箭也称鸣镝，箭镞为铁制，箭头处装有骨哨，箭射出时会发出哨声，围猎时用以发号施令。

尺寸　体长 300cm
时间　距今约 12 万年

披毛犀骨架 ◥

披毛犀，又名长毛犀，约长 3.5~4 米，平均体重 4.5 吨。它有一层厚厚的毛皮及脂肪，用来在寒冷的环境中保持体温。披毛犀是早期人类的猎杀对象，这可能是它灭绝的原因。

濒危动物 ★

指由于动物分布区、栖息地的生态系统遭到严重破坏，化学污染、气候变化和人类随意捕杀等原因导致濒临灭绝的动物类群。全世界处于濒临灭绝状态的脊椎动物有 100 多种，约有 1/4 的物种是由于自然演化造成的。而其余的则是由于人为的因素。中国的野生动物也有许多已濒临灭绝，如丹顶鹤、扬子鳄、大熊猫、华南虎等。

尺寸　长 165cm　宽 88cm　高 49cm
时间　距今 70 万年

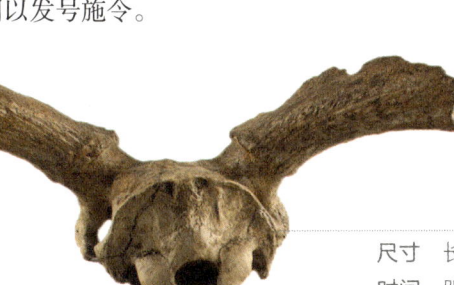

大角鹿头骨 ▲

大角鹿是体型最大的一种古鹿，鹿角通常可达 2.5 米，大约于 7700 年前灭绝。鹿是古人十分重要的狩猎对象，"逐鹿"有争夺天下的意思，如群雄逐鹿、逐鹿天下。

尺寸　高 11cm　长 18cm

西周貘（mò）尊 ▲

貘体型似猪，有可以伸缩的短鼻，善于游泳和潜水，体长可达 2 米，重 180 千克。

貘在中国已经灭绝，这件西周貘尊说明 3000 年前的中原地区生活着貘这种动物，它们的灭绝与人类的猎杀有关。

尺寸　长 21.4cm　宽 16cm
　　　高 10cm

▲ 商代"作册般"青铜鼋（yuán）

背上铭文记载商王在河边射鼋，商王射中了一箭，"作册般"射中了三箭，于是铸造了这件青铜鼋用以纪念。鼋是鳖类中最大的一种，体长能达到 60 厘米，为中国一级重点保护动物。

> **问题：**
> 你知道吗：中国有哪些已经灭绝的动物？
> 答案：中国犀牛、亚洲猎豹、中国白臀叶猴。

畜牧－六畜－牛

畜牧指家畜的畜养和放牧。中国古代把牛、马、羊、猪、鸡、犬称为"六畜"。六畜概念最早见于春秋战国（公元前770年～前221年）时期，古人以"六畜兴旺"来形容社会的繁荣，它们记录着人类从猎杀动物到驯养动物的演变与发展。

牛不仅仅提供肉和奶，还是耕种和运输的主要畜力，古代帝王或诸侯祭祀社稷时，牛、羊、猪全备为"太牢"，只有羊和猪称为"少牢"，牛享有着最崇高的地位。

尺寸　高12.7cm　长19.5cm

商代凤纹牺觥（gōng）▲

觥是盛酒器，主要流行于商代晚期。这件牺觥整体作一头牛的造型，从牛的头部和角形上看，是南方常见的水牛形象。

尺寸　长25cm　高14.5cm　宽11.5cm

▼ 商代石牛

殷商时期畜牧业迅速发展，牛不仅用于食物来源，也用于祭祀，据考古发现，牛的肩胛骨还被大量用于占卜。

尺寸　长4.5cm　高2.5cm　厚0.9cm

西周玉牛 ▶

西周《礼记》规定"诸侯无故不杀牛"，由于牛十分贵重，不能无缘无故杀牛食用。

初生牛犊不怕虎

初生牛犊不怕虎，意思是刚生下来的小牛不怕老虎。比喻年轻人勇敢大胆，无所畏惧。

尺寸　长7.1cm　高3.7cm

▲ 西周玉牛犊（dú）

这件文物的原型是黄牛，黄牛是中国固有的普通牛种，在中国的饲养数量在大家畜中居首位。

战国铜牛 ▼

这件文物的原型是盘江牛，盘江牛主产于云南、贵州、广西地区，是役肉兼用品种，少数民族地区有逢喜庆杀牛的习俗。

尺寸　高5.2cm　身长8.8cm

水牛和黄牛的区别：
1. 水牛是灰黑或者棕色的，而黄牛是黄色；
2. 水牛角较长且弯曲，黄牛角短而直；
3. 水牛不耐热，喜欢泡在水中，黄牛耐热耐旱。

庖丁解牛

庖丁是战国时期的一名厨师，庖丁切割牛肉时不用蛮力，而是根据牛的身体关节构造，将牛肉、牛骨进行分离。庖丁解牛比喻经过反复实践，掌握了事物的客观规律，做事得心应手，运用自如。

汉代彩绘陶牛
尺寸 长71cm 高39cm

◀ 元代陶牛
尺寸 长18cm 高9.7cm

对牛弹琴

嘲笑牛听不懂高雅的音乐，常常用于形容一个人无法进行正常的沟通，含贬义。

清颐和园铜牛 ▶
尺寸 长180cm 高120cm

▼ 唐三彩立牛
尺寸 高29cm 长42.5cm 宽16.5cm

◣ 元青铜牦牛

牦牛起源于中国，是一种古老而原始的物种，主产于中国青藏高原，有"高原之舟"的美誉。天祝白牦牛是一个珍贵而特异的地方品种。

尺寸 长118cm 前脊高61cm

以牛镇水是中国民俗文化之一。古人认为"牛象坤，坤为土，土胜水"，所以相传大禹治水时，每治好一处就铸造一只铁牛沉入水底，可防河水泛滥。

问题：
你知道吗：哪些牛是原产中国的？

答案：黄牛、中国水牛、牦牛。

畜牧 - 六畜 - 马

在旧石器时代，马与鹿、牛一样被猎杀作为食物。新石器时代，人们开始驯养马匹。相对于其他家畜而言，马还是地位的象征。古代规定了马车的礼制，"天子驾六，诸侯驾五，卿驾四，大夫三，士二，庶人一"。天子可以乘坐六匹马拉的车，普通老百姓只能乘坐一匹马拉的车。

尺寸　宽 7.7cm　高 5cm

西周玉马

西周时，马已成为国家重要的交通工具。公元前 908 年，嬴非子为周王养马有功，被封于秦地，始建秦国。

执驹礼 ★

西周时，两岁的马被称为"驹"，需要与母马分开，配备马具，并接受训练，相当于马的"成人礼"。

商代玉马

商代，马不仅是交通工具，还是祭祀品。

尺寸　长 6.3cm　高 2.9cm　厚 0.3cm

西周"盠"青铜驹尊

尺寸　高 32cm　长 34cm

北魏陶马

北朝民歌《木兰辞》："东市买骏马，西市买鞍鞯，南市买辔头，北市买长鞭。"骑兵是北魏的主要军种，由于装备了马镫和重甲，骑兵从此成为冷兵器时代最强兵种。

尺寸　高 31.3cm

战国赵国青铜马

公元前 302 年，赵武灵王提出"着胡服""习骑射"的主张，下令抛弃长袍宽袖，改着胡服；淘汰战车，改习骑马射箭。通过"胡服骑射"改革，赵国建立起以骑兵为主体的强大军队，此后国势大盛，成为战国后期唯一可与秦抗衡的强国。

尺寸　长 25.1cm　高 18.7cm
　　　长 24.1cm　高 15cm
　　　长 22.5cm　高 14.9cm

根据《史记》记载，大宛国是汗血马原产地，这种马的耐力和速度都十分惊人，能日行千里，因为会从肩膀附近位置流出像血一样的汗液，故称"汗血宝马"。

◂ 西汉鎏金马

此马原型为汉武帝时期经由丝绸之路引进的大宛马，"汗血宝马"又名"大宛马"，是世界上最古老的纯血骑乘马品种。

尺寸　长76cm　高62cm

尺寸　高34.5cm　长45cm
　　　宽13.1cm

汉代铜奔马 ▸

铜奔马表现的是河西马的造型。公元前121年，霍去病击败匈奴，攻下河西走廊，汉朝在此建立了山丹军马场。

唐彩绘抬蹄马 ◂

尺寸　长55cm
　　　高50cm

诗中有"六畜"
失我焉支山，令我妇女无颜色。
失我祁连山，使我六畜不蕃息。
《匈奴歌》两汉·佚名

马奶酒是蒙古族日常最喜欢的饮品，每年七八月份，蒙古族人将马奶收贮于皮囊中，加以搅拌，数日后便乳脂分离，发酵成酒。

三彩陶三花马 ▾

唐朝流行将马鬃剪辫的饰马方式。这匹唐三彩马的马鬃剪成三花，三花不仅是装饰，还是良马的最高标志。

马背上的民族：蒙古人自幼就在马背上成长，马就是蒙古人的摇篮，蒙古族有马背民族之称。蒙古族有许多与马有关的节日，如：赛马节、马驹节、马奶节、神马节等。

伯乐相马
伯乐非常善于鉴别马匹的优劣，伯乐相马，比喻有眼力鉴别一个人的才能。

▴ 清乾隆青玉卧马

尺寸　长13.3cm
　　　宽7.8cm
　　　高7.5cm

尺寸　长54.5cm
　　　高54.6cm

一言既出　驷马难追
意思是一句话说出了口，就是套四匹马的车也追不回。强调说话要算数，言而有信。

问题：
你知道吗：中国古代有哪些名马？

答案：赤兔马、的卢、乌骓、绝影、飒露紫、小黑马。

畜牧 - 六畜 - 羊

羊在中国是绵羊和山羊的统称。距今约 5600~5000 年前，中国最早的家养绵羊出现在甘肃和青海一带，然后逐步由黄河上游地区向东传播。中国目前所知最早的山羊发现于距今约 3700 年前的河南偃师二里头遗址。"鱼""羊"两个字组合成"鲜"字，在古代羊肉被认为是十分美味的食物。

时间　距今 5000~4300 年

石家河文化陶羊 ▲

羊因其性格温顺，容易驯化，是人类最早饲养的动物之一，也是上古先民在游牧时期主要的畜养动物，与人类的关系密切，羊的地位在过渡到农耕社会后才逐渐被牛取代。

尺寸　长 36.5cm　高 44cm

◀ **西汉陶绵羊**

绵羊在约 11000 年前在西南亚地区被最早驯化，绵羊肉质鲜嫩，毛皮柔软，是十分理想的御寒材料。

苏武牧羊

西汉时期，汉武帝派苏武出使西域，被反叛的匈奴扣押，苏武不肯投降，沦为奴隶在草原上放羊，19 年后才回到汉朝。

尺寸　长 17cm　高 12cm

◀ **东汉陶羊**

在汉代，拥有家畜的多寡是衡量财富的重要标志，汉代常常将陶羊作为陪葬品，认为它是财富的象征和反映。

西汉彩绘陶山羊 ▼

山羊又称夏羊、黑羊或羖（gǔ）羊，由野山羊驯化而来，是人类最早驯化的一种家畜。与绵羊相比，山羊生性好动，喜攀爬登高，因此生长慢，肉质更鲜美。

汉铜奔羊 ◀

尺寸　长 14cm　高 7cm

羊对于人类十分重要，除了羊肉，羊毛可纺成线，羊皮也是上等的制衣原料，羊皮还是最早的交易货币之一。

尺寸　长 39cm　高 29cm

魏晋"牧畜图"壁画砖 ◀

自左至右绘黑山羊 3 只，白山羊 9 只，白牛 1 只，黑牛 1 只。右下方有一放牧人，右手前伸成扬鞭状，有红色"牧畜"两字。

东汉南匈奴双羊青铜饰

盘羊是典型的山地动物，喜在半开旷的高山裸岩带及起伏的山间丘陵生活，中国主要分布在新疆、青海、甘肃、西藏、四川、内蒙古地区。

尺寸　高 7.7cm

三国青瓷羊圈

尺寸　直径 9.8cm

尺寸　长 15cm　高 13.5cm

▼ 东晋前凉青白玉卧羊

尺寸　高 8cm　长 15cm　宽 6cm

挂羊头卖狗肉

比喻用好的名义作幌子，实际上做坏事。也泛指用好的名义欺骗人，名不副实。含贬义。

西晋青釉羊

"羊"与"祥"相通，因此羊在中国古代被视为祥瑞动物，羊形青瓷在三国至东晋时期风行一时，主要作为随葬的明器。

汉炭精雕羊

尺寸　长 2.5cm　高 2.1cm　宽 1.4cm

▲ 唐代青瓷羊

尺寸　长 11.8cm　高 12cm

诗中有"羊"

敕勒川，阴山下。
天似穹庐，笼盖四野。
天苍苍，野茫茫。风吹草低见牛羊。
《敕勒歌》 南北朝·斛律金

商周时期，羊已成为主要的肉食用畜之一，也经常用于祭祀，太牢（牛羊猪）、少牢（羊猪）都包括羊。在甲骨卜辞记载中，祭祀活动中以羊作为祭品，最少 1 只，最多的使用了 100 只。

商四羊青铜方尊▶

这是中国现存商代青铜方尊中最大的一件，整个器物用块范法浇铸，被史学界称为"臻于极致的青铜典范"，位列中国十大传世国宝之一。

尺寸　高 58.6cm　上口最大径 44.4cm

问题：
你知道吗：中国有哪些优良的羊品种？

答案：湖羊、滩羊、小尾寒羊、藏羊、阿勒泰羊。

畜牧－六畜－猪

猪便于饲养，发育快、繁殖能力强，是最早被人类驯化的动物之一。中国考古发现最早的驯养家猪，距今已有 8500 年的历史。豕（shǐ）是猪的甲骨文象形字，房子底下养猪表示"家"，蓄养猪是定居生活的标志，养了猪才算有了安居乐业的家。

尺寸　长 8.1cm　高 4.9cm　宽 4.6cm
时间　距今 7000~6000 年

河姆渡文化陶猪 ▶

河姆渡人有着丰富的稻作农业，粮食的剩余使得古人具备了饲养猪、狗等家畜的能力，考古发现河姆渡的家畜饲养已经具备一定规模。

尺寸　长 6.7cm　高 4.2cm
时间　距今 7000~5000 年

马家浜文化陶猪 ▲

这件家猪陶塑说明经过长时间的驯化，猪的形态已经发生了很大变化。

西周猪尊

商周时期，已经有"豕人"这个官职，专门负责猪的选育，还有"牧人"，负责喂猪。

人怕出名猪怕壮
人出了名就会招来麻烦，猪长肥了就会被宰杀。多用来指遇事不愿出头露面。

尺寸　长 39cm　高 22.4cm

尺寸　长 12cm　高 2.9cm
　　　宽 2.5cm

西汉圆雕和田黄玉猪 ▲

握猪，在汉代十分流行。握猪的原因是指猪能生子，代表财富，越生越多，家家发财，死者手中握有财，后代子孙必富贵。握猪在随葬品中不仅具有显示财富的象征，而且还具有显示墓主人身份地位的作用。

诗中有"猪"
石门流水遍桃花，我亦曾到秦人家。
不知何处得鸡豕，就中仍见繁桑麻。
《下途归石门旧居》 唐·李白

东晋炭精玉猪握 ◥

猪在中国文化中，主要是财富、福气的象征，手握玉猪而逝，寄托着人活一世不空手而去的愿望。

尺寸　第一只　长 9.3cm　高 2.3cm
　　　　　　　宽 3.9cm
　　　第二只　长 11cm　高 3.2cm
　　　　　　　宽 4.3cm

文明之基 畜牧 | 051

◀ **西汉石猪**

烤乳猪的历史可以追溯至西周时期，如今烤乳猪是广州最著名的特色菜，也是许多广东人用于祭祖的祭品。

尺寸　长 18.3cm

▼ **西汉陶乳猪**

尺寸　长 16cm　高 6cm

▼ **西汉彩绘陶母猪**

尺寸　长 44cm　高 24cm

东坡肉是以苏东坡命名的菜肴。东坡肉主料是半肥半瘦的猪肉，加入配料焖制而成，成品菜码得整整齐齐，软而不烂，肥而不腻。

▼ **东汉陶猪**

尺寸　长 13cm　高 7.5cm

狼奔豕突

像狼那样奔跑，像猪那样冲撞。形容成群的坏人乱冲乱撞，到处骚扰。

汉陶厕 ▼

汉代的猪圈已经十分普遍，人们在猪圈铺上稻草，与猪粪便混合成优质积肥，这是农家肥主要来源。猪圈与厕所合一，反映汉代人们的生活习俗。

尺寸　长 29.1cm　宽 19.7cm
　　　高 25.5cm

西汉红陶厕所猪圈 ▶

早期，猪和牛羊一样，是以放牧的方式进行养殖。汉代为了便于收集猪的粪便用作农业积肥，开始进行圈养。

问题：
你知道吗：猪在古代有哪些美好寓意？

答案：诸长得快，而且繁殖力强，故有多子多福、聚财之意。

畜牧 - 六畜 - 鸡

中国是世界上最早驯养家鸡的国家之一,甲骨文中就已经有"鷄"字,在计时工具发明之前,鸡是天然的报时工具。雄鸡打鸣意味着黑夜结束,黎明到来,因此鸡在古人眼里具有一定的神性。

时间　距今 5000~4600 年

商代青铜公鸡▶

天鸡是传说中的神鸟,栖息于扶桑树上。每天早上太阳升起,照到扶桑树,天鸡就会鸣叫,接着天下所有的鸡跟着鸣叫。

尺寸　长 11.7cm　高 14.2cm

湖北屈家岭文化陶鸡◤

湖北屈家岭遗址位于江汉平原的中心,距今约 4600~5000 年前的屈家岭居民已经大量种植水稻,粮食的剩余让猪、狗、鸡等动物的饲养成为可能。

尺寸　公鸡长 16.4cm　高 14.4cm
　　　母鸡长 14cm　高 12cm

诗中有"鸡"

故人具鸡黍,邀我至田家。
绿树村边合,青山郭外斜。
《过故人庄》唐·孟浩然

西汉彩绘陶鸡◤

古人认为鸡有五德:文、武、勇、仁、信。头戴鸡冠是"文",用爪刨食是"武",雄鸡喜斗是"勇",群居分享食物是"仁",天亮准时报晓是"信"。

西周鸡蛋▶

尺寸　蛋径 3.1~4.2cm
时间　距今约 2800 年

杀鸡焉用牛刀　原义是杀鸡不需要用牛刀,比喻做小事不必动用大的气力。

杀鸡取卵　杀了鸡取出鸡蛋。比喻贪图眼前的一点好处,而损害长远的利益。

◀魏晋酱釉陶鸡

尺寸　长 12.8cm　高 16.4cm

尺寸　高 15cm

东汉彩釉陶鸡笼▶

汉代,鸡已经成为人们肉食的主要来源之一,这个鸡笼是圈养鸡的一种体现。

文明之基 畜牧 | 053

尺寸　高 27.4cm　口径 7.1cm
　　　底径 7cm

◀ 隋白瓷鸡首壶

"鸡首壶"的名称得自于壶嘴流部的鸡首形装饰，是西晋至唐流行的一种瓷壶。到东晋时，鸡首部分的作用逐渐由装饰性变为实用性，鸡首与壶腹相通，成为可以出水的流部。

▼ 宋影青瓷鸡

尺寸　长 9.9cm　高 9.2cm

（雄鸡报晓）
表示天将要亮了，寓意黑暗即将结束黎明马上就会到来，是一种吉兆。

（闻鸡起舞）
听到鸡叫就起床舞剑，比喻奋发有为。

尺寸　高 22cm

◀ 粉青釉鸡形熏

清代皇帝都十分勤政，早朝制度一直贯穿整个清朝，这件鸡熏提醒皇帝要"闻鸡起舞"，不要怠于朝政。

▼ 清代东青釉掐金天鸡花浇

尺寸　高 18.3cm
　　　口径 2.3cm

"鸡"与"吉"音近，天鸡则是大吉，寓意吉祥如意，会带来好运。

▶ 民国景泰蓝雄鸡

尺寸　高 98.5cm

（诗中有"鸡"）
我有迷魂招不得，
雄鸡一声天下白。
《致酒行》 唐·李贺

问题：
你知道吗：酉时是几点？

答案：太阳下山，鸡归巢栖息的时候，17:00~19:00。

畜牧 - 六畜 - 狗

狗是早期人类从灰狼驯化而来的，驯养时间在4万年~1.5万年前。狗被称为"人类最忠实的朋友"，在古代常用于打猎，也帮助看家，同时也是宠物。

> 狗是人类最早驯化的动物之一。狗由狼驯化而来，狼过着群居生活，对领袖敬畏且服从。狗将人类当作自己的领袖，因此特别忠诚。

尺寸　长33cm　高19.3cm

◀ 西汉彩绘陶狼犬

汉代，犬依用途主要分为两种：一种是帮助打猎的猎犬，一种是看家的看门狗。

河姆渡文化陶狗 ▶

时间　距今7000~5000年

> 刍（chú）狗，古代祭祀时用草扎成的狗，在祭祀之前是很受人们重视的祭品，但用过以后即被丢弃。后引用以喻微贱无用的事物或言论。

尺寸　长30cm　高20cm

西汉彩绘陶家犬 ▶

汉代皇宫设有"狗监"，专门负责管理皇帝的狗。

诗中有"狗"

狗尾时时遭续貂，
豕白献惭吾不取。
《次韵十二神体》 宋·方岳

东汉绿釉陶狗 ▶

尺寸　高29.7cm
　　　长27cm
　　　宽16cm

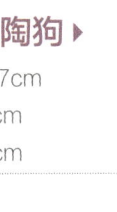

◀ **东汉褐釉陶狗**

陶狗的脖子和前胸套有项圈并有凸起的项圈环，用于拴绳索作为看门狗。

尺寸　高30cm　长40cm

东汉陶狗 ▼

尺寸　高16cm　长30cm

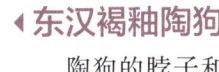

◀ **汉代陶狗狗圈**

尺寸　边长18.5cm

狗眼看人低

指以貌取人、瞧不起别人。这句话是用来批评社会上以貌取人的人。

金窝银窝不如自己的狗窝

意思是无论在多么发达的外地，都比不上自己的家乡，家给人一种归属感。

文明之基 畜牧 | 055

▸ 东汉灰陶狗
尺寸 高15cm 长26cm

词中有"狗"
老夫聊发少年狂，左牵黄，右擎苍。
《江城子·密州出猎》宋·苏轼

▸ 北魏彩绘陶狗
尺寸 高8cm 长24cm

兔死狗烹
兔被捕杀光了，猎狗也就被煮吃了。比喻事情成功后，把出过大力的人一脚踢开或杀掉。
这个典故出自《史记·越王勾践世家》：飞鸟尽，良弓藏；狡兔死，走狗烹。

◂ 唐代黑釉狗
唐朝是一个开放包容的社会，女性拥有较高的地位，受女性喜欢的小型宠物狗开始流行。

尺寸 长2.5cm 高2.4cm

▸ 明代陶狗
尺寸 长22cm 高7.1cm

犬马之劳
表示愿意像犬马那样忠诚地为主子效劳奔走。现比喻心甘情愿为别人效劳。

明代青玉卧狗 ▸
尺寸 高2.2cm 长8.5cm

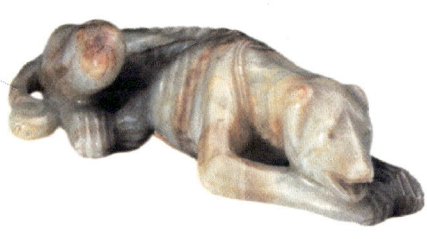

清代白玉卧狗 ▸
尺寸 长5cm 高3cm

中华田园犬，传统称呼为"土狗"，是中国本土最古老的犬种之一。中华田园犬大多生存于中国农村、郊外，多为放养型且在原生犬种中占多数比例。

狗拿耗子 多管闲事
抓老鼠是猫的事情，狗拿耗子表示不该管的事情也去管。

白云苍狗
意思是天上的浮云的形状像白衣裳，顷刻又变得像黑色的狗，比喻世事变幻无常。

问题：
你知道吗：中国有哪些名犬？

答案：藏獒、北京犬、西藏猎犬、松狮犬、中国冠毛犬、中国田园犬。

农耕 - 早期农业

黄河流域和长江流域都是中国古代农耕文明的摇篮。黄河流域土壤疏松肥沃，气候温暖干燥，为原始农业的发生与发展提供了良好的自然条件。长江流域气候温暖湿润、雨量充沛，为以水稻种植为特色的水田农业的发展创造了条件。人们在长期农业生产中，形成了适应农业生产、生活需要的国家制度、礼俗制度、文化教育等的文明集合。

在"刀耕火种"原始农业阶段，农具的主要功能是砍伐灌木、杂草，放火烧荒后再松土种植。新石器时代，由于石犁强度较低，犁地过程中碰到石头很容易崩坏，主要用于人耕，生产力水平仍比较低下。

神农氏 ★

传说，炎帝神农氏创造了中国的农业文化。他教会人们"刀耕火种"，种植五谷，促进了农业生产的发展，为人类由原始渔猎游牧生活向农耕文明转化创造了条件。

良渚文化双孔石刀 ▶
尺寸　长 17.2cm　宽 7.8cm
　　　厚 1cm　孔径 1.1cm
时间　距今 5000~3700 年

◀ 裴李岗文化石铲
在犁发明之前，用于垦荒翻土的铲或者耜是中国古代最重要的农业工具，这件石铲装上木柄后可用于垦荒和翻土。

尺寸　长 30.3cm　宽 10cm
时间　距今 8000~7000 年

铲草除根
意思是除草时要连根除掉。比喻除去祸根，不留后患。

春秋木铲 ▶
尺寸　长 76cm　宽 10cm

尺寸　长 142cm　宽 17cm
时间　距今 3600~2300 年

商周木耜（sì）▶
商周时期已经进入青铜时代，但是由于青铜较为珍贵，青铜农具没有在农业中广泛应用，木质农具仍是农业生产的重要工具。

尺寸　长 18.2cm　宽 9.8cm
时间　距今 7000~5000 年

新石器时代河姆渡文化带藤条残木柄骨耜 ↘
骨耜是一种原始翻土农具。这柄耜用大型哺乳动物的肩胛骨制成，用藤条捆扎上木柄即可使用。

刀耕火种
就是用刀砍掉灌木、杂草，晒干后放火焚烧，再将种子播撒在开垦出的土地上，是最原始的农业耕种方式。

西周铜铲、铜斧

尺寸　长 25cm
时间　距今 4600~4000 年

龙山文化鹿角锄▶

鹿角锄可用于采集挖掘可食用的野菜和植物根茎，也可以在火烧后挖出草根，防止野草继续生长。锄头的出现，标志着农业细作的开始。

斧耕火种与刀耕火种一样，先用斧头砍掉大树、灌木和荆棘，再用铜铲将杂草铲掉，干枯后用火焚烧，便可以清理出一片用于播种的土地了。

尺寸　长 18.2cm　宽 14.1cm
时间　距今约 6000~5200 年

尺寸　长 34cm　宽 29cm
时间　距今 5000~3700 年

◀崧泽文化石犁铧（huá）

崧泽人的农业生产以水稻种植为主，已有长粒的籼（xiān）稻和圆粒的粳（jīng）稻两个品种，他们采用石犁进行耕种。

良渚文化石犁铧▶

良渚时期，有破土器的配合，石犁变得更大更长，耕种效率进一步提高。石犁耕作时，犁面斜插入土中，一人扶犁，一人或几人在前面拉犁。

犁庭扫穴

庭指龙庭，古代匈奴祭祀天神的处所，也是匈奴统治者的军政中心。犁平敌人的大本营，扫荡他们的巢穴，比喻彻底摧毁敌方。

良渚文化石破土器▶

石破土器是一种辅助农具，使用时，先按照石犁的宽度，在水田切割两条线进行破土作业，接着再用石犁耕地就会轻松很多。

诗中有"耕田"

刀剑作锄犁，耕田古城下。
高秋禾黍多，无地放羊马。
《唐乐府十首·田西边》 唐·刘驾

尺寸　长 20.3cm　高 18.1cm　厚 1.4cm
时间　距今 5000~3700 年

问题：
早期农业在开垦土地时是用什么办法去除杂草的？

农耕 - 精耕细作

随着农业技术的发展,出现了"锄""镢(jué)""耙"等用于精心照料农作物生长的农具。春秋战国以后,随着铁器的出现,牛耕逐渐得到普及,农业开始进入精耕细作的阶段。

尺寸 宽19cm 高11cm

战国燕铁锄

锄由"金"和"助"组合而成,是帮助农作物生长的意思。锄的出现,意味着农业进入精耕细作的阶段。

▼ **北宋铁弯锄**

尺寸 长63.7cm 刃宽22.1cm

诗中有"锄"

锄禾日当午,汗滴禾下土。
谁知盘中餐,粒粒皆辛苦。
《悯农》唐·李绅

尺寸 高15cm 宽12cm

战国燕三齿镐(gǎo) ▶

三齿镐可用于挖掘埋于地下的植物根茎,也可用于将土块捣碎,使土地更加疏松透气。

◀ **战国魏铁镢**

镢头是一种多功能的刨土农具。与锄头相比,镢头较窄,能深入土中将土刨开,可用于挖掘植物的根茎或挖沟。

尺寸 长24cm 宽8cm

战国燕铁铲

战国时期进入铁器时代,冶铁技术迅猛发展,铁器广泛应用于农耕,当时燕国冶铁业处于领先地位。

尺寸 宽10cm 高12cm

北宋四齿铁耙

耙是一种精细化耕种的松土农具,主要作用是打散大块的土,使土壤蓬松透气,有利于植物对养分的吸收和利用。

尺寸 长18cm 宽17.5cm

垄(lǒng)作是在高于地面的垄上种植农作物的一种耕作方式。垄作在中国始见于西周,战国时已盛行于北方,这种农耕技术有利于排水和灌溉,还能提升施肥效果,可以大幅提升农作物产量。

战国魏铁犁铧 ▶

铁犁的使用为精耕创造了条件，是农业进步的体现，它不仅提高了生产效率，还有利于土地的开垦。

尺寸　宽 23.6cm　叶长 17.5~18cm
　　　叶中宽 3.9~4.5cm

汉木牛拉犁 ▼

汉代的甘肃河西地区，使用牛耕技术已较为普遍。这种犁为直辕式，由犁、辕、扶手等三部分组成，辕较长，铧头宽大，犁与辕之间有支撑，卯眼套合。

铸剑为犁
销熔武器以制造务农器具，比喻爱好和平，不要战争。

诗中有"牛耕"
勿言牛老行苦迟，
我今八十耕犹力。
《饮牛歌》宋·陆游

水田是围有田埂、用以蓄水种稻的耕地，历史上，长江流域及广大南方地区流行水田耕作农业。

尺寸　长 35cm　宽 17cm
　　　厚 5cm

魏晋"耕种图"壁画砖 ▲

画中有红色"耕种"两字，走在最前面的男子扶犁耕地，中间女子撒种子，后面的小孩用一种叫作耱（mò）的农具把地整平，这幅图画显示了当时旱地耕种的三个流程：耕—种—耱。

汉牛耕图 ◥

这种耕法被称为"二牛抬杠"，也叫"耦（ǒu）耕"，两牛颈部横搭一杠，用一根绳子牵连，牵引犁具耕地。

尺寸　长 39cm　宽 19cm
　　　厚 5cm

尺寸　长 39cm　宽 29cm
　　　厚 2cm

东汉陶制水田 ◥

陶制水田再现了东汉时期夏收夏种的情景。刚收割完的稻田已翻土耕作，两具铁犁搁在一边，大家忙于播种，修理农具。

魏晋牵牛、耱地图 ▲

耱用于平整翻耕、播种后的土地，使土粒更酥碎些，同时将种子覆盖于泥土之下，更有利于农作物的生长发育。

问题：

你知道吗：除了耕和种，农民还需要做哪些事情？

农耕 - 收割加工

镰是古代一种长条形弧刃的收割农具。新石器时代的石镰和蚌镰捆绑在木柄上使用,一直沿用至商周时期。春秋时期,青铜镰刀已十分流行,战国以后,铁镰逐渐成为主流收割农具。

尺寸　长 20.6cm　宽 6cm
时间　距今 8000~7000 年

良渚文化石镰 ▼

良渚时期,人们用石镰收割成熟的水稻。有左手石镰和右手石镰两种样式,收割时,一手抓住稻秆,另一手执石镰将稻穗和稻秆一同割下。

裴李岗文化锯齿石镰 ▲

7000 年以前,黄河流域已经普遍种植粟,带有细密锯齿的石镰可以用于收割粟类作物。也可以用于割草,晒干后焚烧,进行"镰耕火种"。

尺寸　长 17cm　宽 6cm
时间　距今 5000~3700 年

商石镰 ▼

商代青铜十分贵重,很少用于制作农具。石镰在商代仍然是重要的收割农具,考古工作人员曾一次性发现了 400 多件石镰,可见石镰在农业生产中不但重要,应用还十分普遍。

尺寸　刃长 14.2cm

尺寸　宽 7cm　长 17.5cm

战国青铜镰 ▲

这种青铜锯齿镰刀是春秋中晚期及战国时期吴越地区典型的青铜农具,较粗一端用于装柄,主要用于割稻。

诗中有"镰"

腰镰行稻区,引挽亲刈熟。
《腰镰一首》 宋·刘一止

刈(yì)的本义是为小镰刀,引申为收割。刈熟,指收割庄稼。

商蚌镰 ▼

蚌镰由河蚌磨制而成,刃部有锯齿,蚌镰在河南殷墟有大量出土,用于割草,或者收割粟类庄稼。

尺寸　宽 3.8cm　长 14.9cm

尺寸　宽 6cm　长 15cm

◀ 战国燕铁制镰刀

铁制镰刀比青铜镰刀有更好的韧性,不容易折断,而且更加锋利。

裴李岗文化石磨盘

石磨盘、石磨棒是新石器时代的重要农具，它是人类使用最早、延续时间很长、流传范围较广的谷物去壳加工农具。西汉以后，由于旋转式石磨的推广，石磨盘、石磨棒在中原地区逐渐消失。

尺寸　磨棒长 38.3cm
　　　磨盘长 53cm　宽 25.7cm　高 6.5cm
时间　距今 8000~7000 年

尺寸　长 32cm　宽 11.3cm

战国燕国双镰铁范

这件铁范由高温冶炼出来的液态铁使用模具浇铸成型，其用途是批量铸造铁镰。

诗中有"镰"

腰镰刈葵藿，倚杖牧鸡豚。
《代东武吟》 南北朝·鲍照

尺寸　长 92cm　杵头直径 8.3cm
时间　距今 7000~5000 年

河姆渡文化木杵（chǔ）

杵与臼（jiù）相配，是江南稻作区使用时间最长的用于谷物脱壳的加工工具。

只要功夫深　铁杵磨成针

比喻只要有决心，肯下功夫，多么难的事情也能成功。

汉代石臼

臼是古代舂（chōng）米的器具，用石头或木头制成，中部凹下。

尺寸　高 46cm　口径 44.5cm

现代稻桶

这种脱粒用的稻桶在南方一些偏远地区仍在使用。将带穗的水稻用力甩在稻桶的内壁，通过稻粒与桶壁的撞击来完成脱粒，围起来的桶壁可以防止稻粒四处飞溅。

问题：
你知道吗：最早用于舂米的臼是用什么材料作的？

答案：木头，因为木质的臼制作起来比石臼容易。

农耕 - 粮食精加工

粮食加工是农业经济发展的标志之一，随着碓（duì）、磨盘、风车等工具的出现，粮食加工变得更加精细化，如米粉、面粉可以制作成为各种小吃，这是中国美食的秘诀之一。

◂ 汉代米碓和陶风车

碓由石臼和杵发展而来，用柱子架起一根木杠，木杠的一端装一块圆形的石头，用脚连续踏另一端，石头就连续起落，从而为谷物脱壳去皮。

尺寸　宽 23.5cm　长 35cm

东汉绿釉陶碓 ▸

与杵臼相比，碓利用杠杆的原理更加省力，加工效率也大为提高。所以，很快就在北方及长江中下游地区得到广泛使用。

尺寸　高 17cm　长 30cm

卸 磨 杀 驴

磨完东西后，把拉磨的驴卸下来杀掉。比喻把曾经为自己出过力的人一脚踢开。

汉代石磨（mò）▾

石磨可以将稻米、小麦、大豆加工成粉，制作米粉、面粉以及各种豆制品。

清代石碾（niǎn）▴

石碾是中国历史悠久的传统农业生产工具。以人力、畜力、水力使石质碾盘做圆周运动，依靠碾盘的重力对收获的颗粒状粮食进行破碎去壳等初步加工，至今在许多农村地区仍在使用。

尺寸　扇厚 5.1cm
　　　直径 11.6cm

◀ 隋白釉粮食加工作坊

由磨、碾、执铲与执箕女俑组成，呈现当时粮食加工的场景。

时间　公元 595 年

战国铜箕（jī）▶

簸箕是一种用于将谷壳、杂物等从谷物中分离的农具。将装在簸箕中的谷物扬起，借助风力，吹走谷壳、灰尘等杂物。

尺寸　高 10cm　长 29cm　口宽 28.5cm

金代柳条纹陶簸（bò）箕▶

簸箕除了可以去除谷物中的杂质，又是一种铲状的器具，被广泛用于粮食作物的盛装。

尺寸　长 11.7cm　口宽 10.6cm

尺寸　宽 62cm　高 186cm　长 203cm

◀ 现代风扇车

谷物经碓或碾脱粒后，从上方漏斗倒入风扇车，掉落过程中，手摇风扇用风力将谷物中的灰尘、谷壳吹走。

问题：

你知道吗：古人用什么牲畜来拉磨？

答案：马、驴、骡。

农耕 - 粮食存储

粮食的储藏是农业栽培的继续，储藏技术是伴随着农业的发展而发展的。进入新石器时代以后，随着原始农业的发展，农业生产形成了一定的规模，粮食出现了剩余，才逐渐由粮食加工发展到储藏。而粮仓是粮食储藏技术的重要组成部分。

甲骨文的"仓"字，上面是盖，中间是门，整体上就是仓库的形状。

"干栏式"粮仓 ★

浙江河姆渡遗址的"干栏式"粮仓是年代最早的地上粮仓，距今约7000年，是至今发现的南方最早的储粮设施。考古人员在遗址发现20到50厘米厚的稻谷、谷壳、稻叶和木屑、苇编交互混杂的堆积层，稻谷刚出土时谷壳还是金黄色的，据估算约有12吨。

河北武安磁山文化储粮窖穴 ▶

磁山文化是中国华北地区的早期新石器文化，首次发现于河北武安磁山，距今约7400~7100年。居民经济生活以原始粟作农业为主。地下粮仓是从地下窖发展起来的，磁山文化遗址发掘出了88个储粮窖穴，库存粟谷约14万斤，是我国目前发现的规模最大、时代最早的储粮窖穴。

元代青花釉里红瓷仓 ▼

楼阁式谷仓模仿景德镇地区古代流行的福堂戏台，两侧厢房用作存放稻谷的仓房，戏台与谷仓的结合体现了元代江西农村的生活风貌。

尺寸　高29.5cm
　　　宽20.5cm
时间　1338年

东汉彩绘陶仓 ▶

这座陶仓模型分上下两层，地基高于地面，可以有效防潮，下层有五个圆孔，上层开有五个窗户，用于通风。

尺寸　高77cm

西汉干栏式陶谷仓 ▼

这件谷仓采用夯土墙体，底部用柱子支撑，起到通风防潮的作用，顶部盖瓦，具有较强的防雨能力。

尺寸　高34cm　长30.5cm
　　　宽25.1cm

尺寸　口径11.3cm　底径13.5cm
　　　高46.4cm
时间　公元260年

◀ 三国青釉堆塑谷仓罐

谷仓罐上雕塑有楼阁、飞禽、动物、乐舞杂技等内容，表现了当时豪门贵族生前居住的城堡式楼阁建筑以及奢华的生活场面。

这个谷仓罐上有一乌龟驮碑，碑上刻有"永安三年"字样，永安是三国吴景帝年号，永安三年即公元260年。

◀ 含嘉仓第 160 窖所存谷物与底层结构

含嘉仓位于洛阳老城区北侧，始建于605年，是隋朝在洛阳修建的最大的国家粮仓，有数百个粮窖。仓窖口径最大的达18米，最深的达12米。唐朝含嘉仓开始大规模存粮，开始成为国家的大型粮仓。1971年发掘时，第160窖还存满粮食。

仓身的结构非常讲究，土坑挖好后，先用柴火将四壁烧烤，以干燥土壁，然后再铺上草束、木板、苇席、谷糠等多种隔热防潮材料，以确保储粮安全。

战国陶仓 ▶

这个陶仓窗户的左侧刻有"彭"字，可能是主人的名字，陶仓是粮仓的模型，东周至汉代流行制作陶仓用于陪葬。

尺寸　高 25.5cm　底径 11cm
地点　甘肃平凉市博物馆

> 隋朝六大粮仓分别是：含嘉仓、回洛仓、黎阳仓、永丰仓、河阳仓、常平仓。都修建于干燥凉爽的地下，十分有利于粮食的保存。

◀ 汉代彩绘陶仓
尺寸　高 38cm

尺寸　高 44cm　43cm

寅吃卯粮
寅（yín）吃卯（mǎo）粮，寅年吃卯年的粮食，即今年吃明年的粮食，寓意将来要饿肚子，经济十分困难。

西汉万石（dàn）陶仓 ▲

这两个粮仓模型，左为"大豆万石"、右为"大麦万石"，西汉一石约相当于现在的60公斤。西汉的"万石粮仓"可以存储粮食600吨。

> "仓廪（lǐn）实而知礼节，衣食足而知荣辱"一句出自司马迁《史记》，意思是粮仓充足才能知道礼仪，丰衣足食才会知晓荣誉和耻辱。

东汉绿釉纹熊足陶仓 ▼
尺寸　高 24.5cm　口径 5.7cm
　　　足径 7.8cm

太仓一粟
形容事物只相当于大谷仓中的一粒小米，比喻非常渺小。太仓是古代设在京城中的大谷仓。

◀ 明绿釉陶谷仓罐
尺寸　高 16cm　边长 14cm

问题：
你知道吗：中国古代最大的粮仓是哪一座？

答案：含嘉仓。

饮食文化 - 油盐茶点

油盐是最基本的饮食所需，成语"油盐不进"表示一个人连油、盐都不吃，形容非常固执。茶是中国传统的饮品，对世界的影响力仅次于丝绸和瓷器。点心是美味小吃，于细微处见真章，点心的讲究正好衬托了中华美食的博大精深。

尺寸　高 17cm　直径 21cm

东汉储油罐
汉代以前以动物油脂为主，包括牛油、羊油、猪油、鱼油等，后来人们又提炼出了各种植物油：大豆油、芝麻油、花生油、葵花籽油、菜籽油等。

尺寸　高 28cm　口径 24cm

西周盔形煮盐器
"盔形煮盐器"广泛使用于商周时期的山东半岛，古人将几十个盔形器固定在大型灶台上，放入海水后在底部加热，一次便可将几十个盔形器中的海水同时煮成海盐。

海盐 ★
是将海水通过日晒、蒸发、结晶而得到的盐，中国四大海盐产地分别是天津长芦盐区、辽宁辽东湾盐区、山东莱州湾盐区和江苏淮盐产区。

池盐（湖盐）★
是从盐湖中采出或提炼的盐，中国最著名的池盐产地是山西运城的解池，西周时已大规模生产池盐。

井盐 ★
通过打井的方式抽取地下卤水制成的盐，中国最著名的井盐产地是四川自贡。

岩盐 ★
是天然生成的矿物盐，中国岩盐的著名产地是河南平顶山。

> 中国古代食盐主要有四种：海盐、池盐（湖盐）、井盐、岩盐（矿盐）。

时间　距今约 1200 年

唐代晒盐石槽
海南岛气温高、日照充足，古人将海边的火山岩石打磨成石槽的形状，倒入海水，早上注水，晚上便可以收盐。

北宋"熙宁七年"铁盐撇
盐撇用于制盐，由四块拼接成圆形，对盐撇进行加热后，把盐卤水泼在盐撇上，熬干后便制成了盐。

尺寸　直径 159cm

东汉盐罐
盐在古代是一种必需品，不仅用于调味，还用来腌制食物，延长保质期。春秋时期，齐国通过实行食盐官营专卖政策，为齐桓公成为春秋五霸奠定了经济基础。

尺寸　高 17.5cm　直径 17cm

唐代石质茶台、茶具
茶台上的茶具分别是茶碾、茶杯、水壶、茶炉和汤勺。茶碾将茶叶碾成粉末后，放入茶炉中加水煮成茶汤，然后舀出盛于茶碗中饮用。

> **茶饭不思**
> 没有心思喝茶吃饭。形容心情焦虑不安。指一个人失去了很重要的人或事物，连吃饭喝茶的心情都没有了。

唐代"崑山片玉"石磨
茶磨上圆形方孔用于镶嵌推磨的把手。唐代流行将茶叶磨成粉末，煮成茶汤的喝法，茶汤还配以葱、姜、花椒、橘子皮等调料。

尺寸　高 29.9cm　口径 20cm　底径 45cm

> **茶余饭后**
> 喝完茶吃完饭以后，泛指休息或空闲的时候。

北宋钧窑天蓝釉盏托
盏托又称茶托子，与盏配合使用，以防手持茶盏烫手，最早见于唐代。

尺寸　高 5.6cm　口径 5.9cm　底径 4cm

唐代点心
这些点心出土于新疆吐鲁番，以小麦粉为原料，制作精美，采用捏制或模压制成。饺子的形状和今天的饺子一致，经由丝绸之路，中国的美食传到了西域。

尺寸　高 7.5cm　口径 7.6cm　足径 7.5cm

清雍正宜兴窑紫砂把茶壶
明朝以后开始直接将茶叶泡着喝，用茶壶泡茶开始走入寻常百姓家。

尺寸　高 29cm　口径 13cm　足径 11cm

清乾隆银制奶茶壶
酥油茶是蒙古族、藏族生活必需品，先将茶砖熬成浓茶，之后加入少量的酥油、盐、牛奶，因而又称奶茶。

> **诗中有"茶"**
> 客来须共醒醒看，
> 碾尽明昌几角茶。
> 《力疾山下吴村看杏花十九首》
> 唐·司空图

问题：
你知道吗：中国有哪些知名茶叶？

景其茶、开门红茶、铁观音茶、六安瓜片等。

饮食文化 – 酒器

随着农耕的发展，古人们学会了将各种粮食酿造成酒。各种酒器的出土说明中国的饮酒文化有着至少 5000 年的悠久历史。

尺寸　高 63.2cm　边长 76cm

◀ 战国青铜冰鉴

冰鉴是古人冰酒用的器具，冰鉴的中央有一个盛酒的青铜方尊，往冰鉴中放入冰块，可以将酒进行冰镇，然后用长勺舀出饮用。

清代黄酒坛 ▶

1888 年光绪帝大婚，这些黄酒是当时浙江作为"囍"酒的贡品。

尺寸　高 43.5cm

尺寸　高 59cm　口径 38cm
　　　底径 8.5cm
时间　距今 6500~4500 年

▸ 大汶口文化刻符陶尊

"酒"字与"尊"字都与"酉"有关。

陶尊的功能是用于发酵酿酒，器皿做成尖底便于酒糟下沉，方便过滤。古人酿酒常将缸形器全埋或半埋于穴中，保持发酵期间的恒温状态。

商代蛇首扁柄斗 ◂

这是一件用于舀酒的青铜器。游牧民族逐水草而居，水草茂盛的地方也是蛇和青蛙出没的地方，因此游牧部落常常以蛇和青蛙作为装饰，寓意水草丰美。

尺寸　长 37cm　勺径 4.8cm

> **黄酒 ★**
>
> 黄酒是世界上最古老的酒类之一，与啤酒、葡萄酒并称世界三大古酒。约在 3000 多年前，商周时代，中国人独创酒曲复式发酵法，开始大量酿制黄酒，原料主要是糯米、粟米、黍米等，属于低度酿造酒。

> **白酒 ★**
>
> 中国白酒起源于唐代，传统的中国白酒一般是由高粱、玉米、小麦、大麦、大米、糯米等粮谷类作物，经发酵、蒸馏、贮存、勾兑而成，因其酒度较高，古时也称"烧酒"。

> **葡萄酒 ★**
>
> 是以葡萄为原料酿造的一种果酒，属于低度酒。西汉开通丝绸之路后，葡萄从西域引进中原，中国人开始酿造葡萄酒，在唐朝时期达到一个高峰。

> **诗中有"酒"**
>
> 渭城朝雨浥轻尘，客舍青青柳色新。
> 劝君更尽一杯酒，西出阳关无故人。
> 《送元二使安西》 唐·王维

尺寸　高 38.5cm
　　　口径 29cm

西周何尊 ◂

何尊是一个很典型的铜酒器代表，内壁铭文有"宅兹中国"四个字，是目前所知"中国"一词的最早出现。

文明之基 饮食文化 | 069

春秋云纹铜禁 ▲

周朝认为夏、商两代灭亡的原因就是过于好酒，因此颁布了中国最早的禁酒令《酒诰》，规定王公诸侯只有祭祀时才能饮酒。因此酒桌被称为"禁"，以此作为警戒。

尺寸　长103cm　宽46cm　高28.8cm
重量　94kg

尺寸　高21.8cm　长22.3cm
　　　体宽14.5cm　足高7.9~8.4cm
时间　距今约6100~4600年

▲ 红陶兽形器

山东的酒文化源远流长，大汶口新石器文化遗址曾发现成套的酿酒器具，这件陶盉是当时酒器之一，酒从尾部注入，嘴部倒出。

尺寸　高14cm　口径8cm　底径8.2cm
时间　距今7000~5000年

◀ 河姆渡文化陶盉（hé）

盉是一种盛放液体的容器，是酒壶的前身，也作为水壶使用。

酒池肉林
传说，商纣王在朝歌以酒为池，以肉为林，整夜饮酒歌舞。形容荒淫腐化、极端奢侈的生活。

诗中有"酒"
慨当以慷，忧思难忘。
何以解忧？唯有杜康。
《短歌行》三国·曹操

西周"匍"雁形铜盉 ▶

尺寸　高25.2cm　长31.8cm
　　　宽17.2cm　容量2125ml

西周逨盉 ▶

尺寸　高48cm　长52cm

尺寸　高18.5cm

◀ **唐代舞马衔杯仿皮囊式银壶**

酒壶仿照游牧民族储水用的皮囊。银壶腹部骏马翩翩起舞，衔杯敬酒，是唐朝舞马助兴的表演节目。

尺寸　高27.8cm　口径11.7cm

诗中有"酒"
借问酒家何处有，
牧童遥指杏花村。
《清明》唐·杜牧

◀ **春秋吴王夫差盉**

青铜盉的铭文显示这是吴王夫差为一名女子铸造的。

问题：
你知道吗：李白诗中"兰陵美酒郁金香"中的美酒是什么酒？

答案：黄酒

饮食文化 - 饮酒器

中国有着十分久远的饮酒文化，喝酒的酒具更是琳琅满目，按材料分有陶、水晶、青铜、玉、玛瑙、黄金等，按形状分有觚（gū）、爵、觥、瓯（ōu）、高脚杯、牛角杯、耳杯等。

龙山文化磨光黑陶觚 ▶

觚是一种盛行于夏商周时期的酒器，喇叭形口，细腰，高圈足。

尺寸　高 29cm　口径 7cm
时间　距今约 4500~4000 年

尺寸　高 19cm
　　　长 43cm
　　　宽 13.4cm

商代龙形觥 ↘

这件青铜酒器前端为龙首，酒从背部倒入，嘴部倒出。

觥筹交错
形容许多人相聚饮酒的热闹场面。

西周云雷纹青铜角形器 ◢

这是南方少数民族用来招待贵客时所用的酒杯，这只酒杯容量近三两，客人喝酒时须一饮而尽。

唐代镶金兽首玛瑙杯 ▼

玛瑙杯在中亚、西亚特别是波斯（今伊朗）较为常见。这件玛瑙杯可能是中西亚某国进奉唐朝的国礼，是丝绸之路上唐朝对外交往的见证。

尺寸　长 21cm
　　　口径 6.6×7.2cm

尺寸　长 15.6cm　口径 6.5cm

诗中有"酒器"
人生得意须尽欢，莫使金樽空对月。
《将进酒》唐·李白

尺寸　高 13cm　口径 6cm
　　　底径 7cm
时间　距今 5000~3700 年

◀ 良渚文化陶杯

这件陶杯的杯口作铲状设计，造型与现代的啤酒杯相似。

尺寸　高 19.5cm
时间　距今 6500~4500 年

◀ 大汶口文化黑陶高柄杯

这件高柄酒杯与现代喝红酒的高脚玻璃杯形状一致。大汶口人不但好喝酒，还有很多喝酒文化。

诗中有"酒器"
兰陵美酒郁金香，玉碗盛来琥珀光。
但使主人能醉客，不知何处是他乡。
《留客中行》唐·李白

文明之基 饮食文化 | 071

◀ 西汉角形玉杯

古人认为犀牛角可以解毒，这是一件用玉仿照犀牛角制作的饮酒器，用一整块青玉雕刻而成。

尺寸　长 18cm　口径 5.8~6.7cm

尺寸　高 4cm　长 16cm

战国青铜耳杯 ▶

耳杯是中国古代的一种饮酒器具，器具外形椭圆，两侧双耳像鸟的双翼，又名"羽觞（shāng）"。

用这种杯盛满酒顺流而下，停在谁面前谁就饮酒赋诗，称为"曲水流觞"。

尺寸　长 11cm

三国陶耳杯 ▶

三国时期，用耳杯饮酒非常流行，这件耳杯出土于山东东阿曹植墓。曹植是曹操的第三个儿子，生性好酒，这件陶耳杯是他的随葬品。

尺寸　高 15.4cm
　　　口径 7.8cm
　　　底径 5.4cm

战国水晶杯 ◀

水晶杯由一整块水晶打磨而成，经过细致的抛光处理，是迄今为止中国出土的早期水晶制品中器形最大的一件。

尺寸　高 30.5cm　口径 11.2cm

商代嵌绿松石象牙杯 ▶

这件象牙酒杯的主体用象牙的根部制作而成，右侧的"把手"用另一块象牙板镶嵌，杯身镶绿松石装饰。

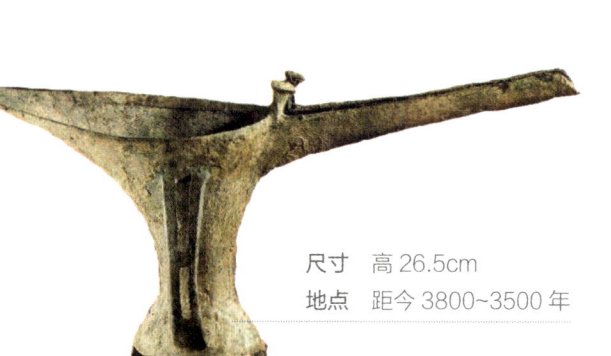

尺寸　高 26.5cm
地点　距今 3800~3500 年

▼ 二里头文化乳钉纹青铜爵

爵是一种酒器，通常在天子分封赏赐诸侯时使用，后由此引申指爵位、官位。

尺寸　高 12.5cm
　　　口径 8cm

▼ 清乾隆金瓯永固杯

这是乾隆御用的酒杯，酒杯上有"金瓯永固"铭文，寓意江山永固。

问题：
你知道吗：唐代流行什么酒？

答案：葡萄酒。

饮食文化 - 盛器

早在新石器时代，中国古人就用木材、陶土等材料制作了各种各样的生活用具，包括碗、盘、钵、盆、豆等。从饮食文化角度来看，5000 年前就已经进入了非常高度的文明状态。

时间　距今约 10000~8400 年

上山文化陶碗 ▲

上山文化有着丰富稻作遗存，这个陶碗可能在近万年前盛过米饭，是中国迄今发现最早的"饭碗"之一。

▲ 新石器时代河姆渡文化木胎朱漆碗

木碗由一块木头挖空而成。相对于陶碗，木碗防摔耐用，而且木材隔热，不会烫手，是较为理想的餐具。

尺寸　高 5.7cm　小口径 9.2cm　大口径 10.6cm
　　　底径 7.6~7.2cm　壁厚 2cm
时间　距今 7000~5000 年

河姆渡文化陶豆 ▶

"豆"的特点是底部有垫高的陶圈设计，古人席地而坐，垫高设计便于取食。

尺寸　高 10cm　口径 24cm
　　　底径 13.5cm
时间　距今 7000~5000 年

尺寸　高 5cm　长 23.8cm　宽 18.4cm
时间　距今 7000~5000 年

战国错金夔纹豆 ◢

青铜豆出现于商代晚期，周代成为一种身份象征的餐具礼器，也常用于祭祀。

尺寸　高 19.2cm　口径 17cm

新石器时代河姆渡文化陶六角盘 ▲

餐具的多样化说明了河姆渡人的饮食十分丰富，这件刻有精美的花纹六边形陶盘餐具则说明河姆渡人在精神文化生活上也有着极高的水平。

河姆渡文化陶钵（bō）

钵是一种大号的碗，用来盛饭、菜等。佛教从印度传入中国以后，钵成为了和尚吃饭化缘的专用器皿。

尺寸　高 16cm　口径 30cm
时间　距今 7000~5000 年

尺寸　高 10cm　口径 18cm
时间　距今 7000~5000 年

河姆渡文化稻穗纹盆

水稻是河姆渡文化的主要农作物，这件陶盆上绘有稻穗花纹，可用于盛放蒸好的米饭。

尺寸　高 24cm　口径 34cm

尺寸　高 8cm　口径 15cm
时间　距今 5000~3700 年

◀ 西周"匽侯"青铜盂（yú）

这件青铜器有铭文"匽侯作馈盂"，"匽侯"即燕侯，说明了这件盂是燕侯用于日常饮食的。

盂是用于盛水、盛汤、盛饭的餐具，形似簋，但口径要比簋大得多。

良渚文化陶簋（guǐ）

簋的功能类似于盆，加高圈足便于取食。北京簋街是一个汇聚京城美食的场所，也被称为是北京的餐饮一条街。

尺寸　高 15.8cm　长 31.5cm
　　　宽 14cm

西周铜匜（yí）

中国古人很注重饮食卫生，饭前洗手是一种重要礼仪。这种珍贵的青铜匜用于祭祀祖先时洗手，也用于给尊贵的客人洗手。

▶ 春秋双兽三轮青铜盘

古代贵族们在祭祀、宴饮等重要场合要进行"沃盥（guàn）之礼"。"沃"，即是以青铜匜浇水于手，"盥"则是洗手、洗脸。青铜盘用来承接废水，是"沃盥之礼"的重要器皿。

尺寸　高 15.8cm　盘口径 26cm
　　　底径 14.5cm

问题：
你知道吗：北京以食物器具命名的著名美食街叫什么？

答案：簋街。

饮食文化 - 餐具

中国用匕或匙的历史大概有 8000 年，用餐叉的历史约 4000 年。匕或匙主要用于吃饭或喝汤，餐叉用于叉肉或菜。筷子在先秦时期出现，称为"梜"（jiā），取代餐叉用于夹菜。汉代，筷子称为"箸"，明代开始称"筷"。从此以后筷子成为华夏饮食文化的标志之一，也是世界上常用餐具之一。

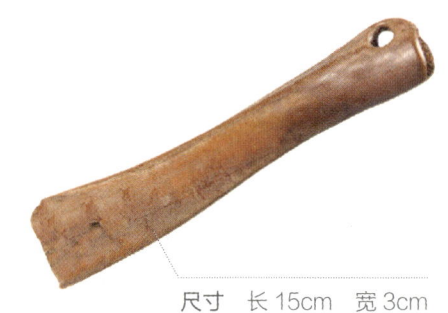

尺寸　长 15cm　宽 3cm
时间　距今 7000~5000 年

◀ 辛店文化青铜匕

原始的匕是用木片、竹片或兽骨刮磨而成的，青铜匕具备了切、割肉类的功能，逐渐发展为匕首。

▶ 河姆渡文化骨匕（bǐ）

河姆渡的农作物主要是水稻，这柄骨匕由动物肋骨制作而成，用于吃米饭、稀饭之类的食物。

尺寸　长 14.3cm　宽 2.2cm
时间　距今 3400~2800 年

◀ 河姆渡文化骨匕

匕字来源于甲骨文，是一种长柄浅勺，用于辅助进食，匕的用法是拨食。

尺寸　长 13cm　宽 4cm
时间　距今 7000~5000 年

尺寸　长 19.5cm　宽 1.2cm

商代卷云纹青铜匕 ▶

考古人员在江西新干大洋洲遗址一起出土的 10 件商代青铜匕，最长达 34.5 厘米，重 545 克，这种大型的青铜匕用于大型宴席中将肉从鼎、鬲等食器中取出。

> 周代的匕可分为 4 种：饭匕、挑匕、牲匕、梳匕。其中挑匕、牲匕、梳匕是比较大型的匕，用于祭祀和招待客人时，从鼎或者别的器皿中取出肉食放在俎上所用。饭匕是用来进食的，比较小也叫小匕。

尺寸　长 24cm　宽 4cm

▼ 战国曲柄铜匕

青铜匕演变为两种餐具，一种是用于盛饭的勺，一种是用于割肉的匕首。这件铜匕兼具两种功能。

战国彩绘云凤纹漆匕 ▶

匙由"是"与"匕"组合而成，使用方法是将匙对准嘴部"喂食"。汤匙也用于中草药汤剂的喂食。

尺寸　长 20.5cm
宽 4.4cm

清代金嵌松石柄玛瑙勺 ▼

勺最早是用于从盛酒器中舀酒的器具，作为餐具主要用来盛舀汤、粥、羹等液体类食物。

尺寸　长 22cm
　　　勺径 7.8cm

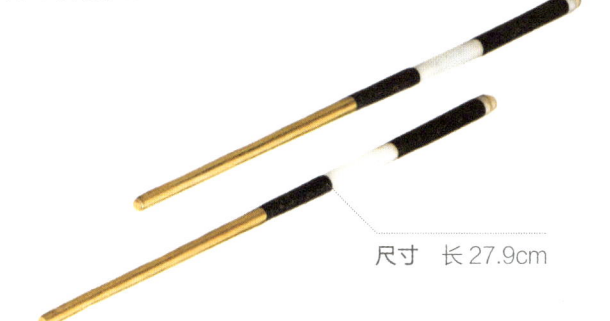

尺寸　金匕长 26cm
　　　金漏勺长 15.4cm
　　　金箸长 24cm

明代金匕、金漏勺、金箸 ▲

勺子和筷子是中国使用数千年的餐具，这与中国人饭、菜、汤、羹的烹饪与饮食习惯有关。

◀ 清代金嵌玉嵌乌木筷

"筷子"的历史悠久，关于筷子《史记》记载了一个商纣王（约前1075年～前1046年）使用象牙筷子的事情。大臣箕子感叹说，用象牙筷子，就要用到玉杯，用到玉杯，就要惦记远方的珍宝，奢侈的生活就会导致国家的衰败。

尺寸　长 27.9cm

清代嵌玉金筷 ▶

"箸"是筷子的旧称，明代航海大发展，"箸"与"住"是谐音，船停住了不吉利，因此改为"快"，这便是"筷子"的由来。

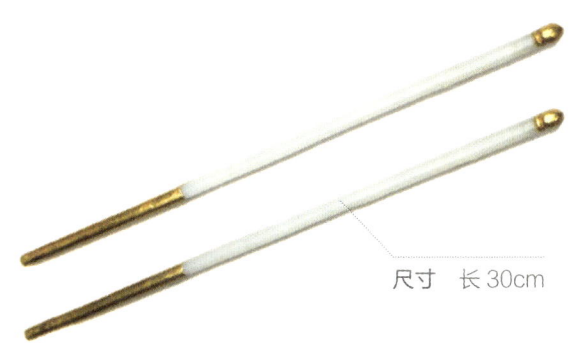

尺寸　长 30cm

▲ 清代赤金餐具

这是清朝末代皇帝溥仪使用过的餐具，溥仪被赶出紫禁城后生活窘迫，曾将这套餐具抵押给了天津盐业银行。

餐具　金筷、金杯、金碟、金勺、金叉、金筷
尺寸　筷长 24cm　碟口径 8cm　杯口径 4cm
　　　叉长 17cm　勺长 17cm

问题：
你知道吗：匕首最初是餐具吗？

答案：匕首最初是被祖先们用来切割食物的器具，兼具武力与文明功能。

饮食文化 – 餐桌

早期的古人席地而坐,席也就是今天通称的草席,用芦苇等材料编成,因此吃饭、供奉用的"餐桌"都很矮。

人为刀俎 我为鱼肉
出自西汉·司马迁《史记·项羽本纪》。别人是刀和案板,自己是案板上被宰割的鱼和肉,比喻由别人操纵生杀大权,自己处于被宰割的地位。

春秋镂孔龙纹铜俎(zǔ)
尺寸 高22cm 长36cm 宽21cm

西周青铜俎
尺寸 高12cm 边长21cm

俎是古代进餐时切肉的案子。古代的俎一般都是木头做的,由于木头难以保存,因此发现较少。铜俎通常作为祭祀礼器。

越俎代庖
俎:古代祭祀时摆祭品的礼器;庖:厨师。主祭的人跨过礼器去代替厨师办席。比喻超出自己业务范围去处理别人所管的事。

战国漆木案
尺寸 高27.4cm 长65.6cm 宽35.2cm

战国时期,古人席地而坐,就餐时采用分餐制,每个人吃的食物放于自己的木案上。

彩绘漆案
尺寸 高13.6cm 长78.8cm 宽40cm

战国错金四龙四凤铜方案座
尺寸 高36cm 框边长47.5cm

这件铜方案的主人是中山国王,相当于国君的餐桌,铜方案的面板由木头制成,已腐朽。公元前296年,中山国为赵国所灭。

清代木炕桌
炕桌是一种可放在炕、大榻和床上使用的矮桌子,供人们在床上吃饭、写字等时使用。

尺寸 长83cm 宽41.5cm 高44.5cm

清代红漆戗金龙纹宴桌

满汉全席是清朝时期的皇家宴席，一共有108道菜，是集满族与汉族菜的精华而形成的著名盛宴。

尺寸　高 86cm　长 135cm
　　　宽 101cm

尺寸　椅高 30cm
　　　桌高 22cm
　　　长 27.5cm
　　　宽 23cm

南宋木桌椅

这两件木桌和木椅是陪葬品，体现了宋代素雅、简约的审美观念。

明代黄花梨木四出官帽椅

尺寸　通高 107.5cm
　　　横 57cm
　　　宽 43.5cm

明黄花梨木雕梅花纹方桌

明代家具的特点是造型简洁明快，稳重大方。

尺寸　高 86cm　长 93.5cm
　　　宽 91.5cm

一席之地

汉代一般皆席地而坐，一席之地指放一个席位的地方，比喻应有的一个位置。

清代花梨木圈交椅、方桌

交椅是身份、地位的象征，"第一把交椅"出自《水浒传》，指排在第一的座位，比喻首要地位。

问题：
战国时期古人是坐在椅子上吃饭的吗？

答案：不是的，普遍席地而坐。

080
衣服制作 > 材料

086
衣服制作 > 缝纫

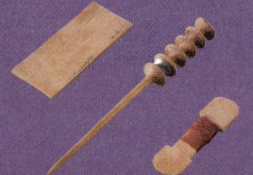

090
古代服饰 > 鞋履

094
古代服饰 > 首饰

084
衣服制作 > 纺织

088
古代服饰 > 衣裳

092
古代服饰 > 发饰

文明之华

098
梳妆打扮 > 镜子

096
梳妆打扮 > 梳篦

中国有服章之美，谓之华；有礼仪之大，故称夏。华夏自古就被称为"衣冠上国，礼仪之邦"。

中国服饰文化的历史源远流长，史前黄帝时期便有"嫘祖养蚕"的传说。从考古发掘的文化遗存来看，距今7000多年前的长三角地区已经出现了丝绸，这个时期内出土的文物还有纺轮、骨针、骨梭、纺织物残片等。

中国冠服制度始于周代，统治者以严格的等级服装来显示自己的尊贵和威严，反映在具体服饰上，有祭礼服、朝会服、从戎服、吊丧服、婚礼服。唐朝，李渊颁布法令普通百姓不得穿黄色的衣服，黄袍从此成为皇帝服装的专有颜色。对于普通人来说，"冠必正，纽必结，袜与履，俱紧切"，这些规范是仪表方面的基本要求。

本章节我们将向你介绍古代服装的制作（材料、纺织、缝纫）、衣裳、帽、鞋、首饰以及梳子、镜子等，从中一探古代文明。

衣服制作 - 材料

旧石器时代的人们用兽皮、树叶、草裙等遮蔽身体，新石器时代以后开始用麻、葛、棉、毛等纺织材料制作衣服，蚕丝是中国对人类文明最伟大的贡献之一。

兽皮 ★

旧石器时代人类就利用刮削石器和尖状石器剥取动物皮制物。这样的毛皮，晒干后会变得很硬，人类便使用油脂涂于表面，经过揉搓使其变软。

公元前 2500 年左右，人类学会了用明矾等材料涂抹于毛皮表面，使毛皮保持柔软而不腐烂。

公元前 3 世纪，秦俑所穿的皮甲上，染有不同的颜色，说明战国时期的秦人已掌握了革的染色技术。

革是动物的毛皮经过"脱毛"处理后变得不易腐烂的动物皮。

草裙 ★

草裙，用草的茎叶、树叶、植物纤维等穿挂或编织而成的裙子。

蓑衣 ★

最早出现于先秦时期（早于公元前 221 年），是用草或棕编织成的，厚厚的像衣服一样能穿在身上用以遮雨的雨具。如今，蓑衣在中国的一些农村地区仍是劳作时使用的雨具。

现代黎族树皮上衣 ▲

这件上衣由树皮布制成，树皮布是以树皮为原料，经过拍打技术加工制成的布料。海南岛中南部黎族聚集区的人们对树皮布的制作使用一直持续到清末。

诗中有"蓑衣"

> 千山鸟飞绝，万径人踪灭。
> 孤舟蓑笠翁，独钓寒江雪。
> 《江雪》 唐·柳宗元

尺寸　长 25cm　宽 6cm

新石器时代树皮布石拍 ▶

石拍用于拍打树皮，是加工树皮布的工具。

嫘(léi)祖养蚕 ★

嫘祖，是中国史前社会传说中的人物，轩辕黄帝的妻子。嫘祖发明了养蚕、缫丝和织绸技术，史称嫘祖始蚕。

时间　距今约 4400~4200 年

▲ 良渚文化丝绸残片

钱山漾遗址位于浙江湖州，属新石器时代良渚文化，是人类丝绸文明史上一个古文化遗址，出土了一批绸片、丝带、丝线等尚未炭化的丝麻织物，是已知世界上发现的最早丝织品。长三角地区是中国丝绸的起源地之一。

> 桑蚕以桑叶为食，成虫后吐丝结茧，变成蚕蛹，蜕皮后破茧成为蚕蛾。古人认为蚕具有重生能力，是一种神虫。

时间　距今 7000~5000 年

河姆渡文化蚕纹象牙饰品 ▶

在距今 6000 年左右的河姆渡遗址发现的牙雕小盅，在外壁一周饰有四个线刻的蚕形纹。这件文物说明，中国养蚕的历史可能远早于黄帝时期（约 4500 年前）的"嫘祖养蚕"。

◀ 商代玉蚕

商代甲骨文中已有蚕、帛、丝、桑等字，丝织业已经有了一定的发展。

尺寸　长 3.1cm

> **诗中有"蚕"**
>
> 昨日入城市，归来泪满巾。
> 遍身罗绮者，不是养蚕人。
> 《蚕妇》宋·张俞

尺寸　长 5.6cm

西汉鎏金铜蚕 ▶

鎏金铜蚕出土于陕西省安康市石泉县，据记载，西汉时期当地养蚕业兴盛，丝绸远销中亚和欧洲。

马家浜文化葛麻布残片

马家浜文化是中国长江下游地区的新石器时代文化,这块残布片原料是野生葛,每平方厘米经线约10根,这是中国最早的纺织品实物。

时间　距今7000~6000年

> 葛是中国古代最早用来纺织的原料之一,多在夏季穿戴。麻和葛是商周时期最主要的纺织原料。

> 古代"帛(bó)"指丝织品,"布"一般指麻、葛之类的织物,布衣借指平民百姓。

良渚文化麻布残片

钱山漾遗址除了出土丝麻织物之外,还出土了麻布片、麻绳等纺织品,当时的纺织业已经十分发达。

时间　距今约5000~3700年

> 麻是从各种麻类植物取得的纤维,具有良好的吸湿散湿与透气的功能,历来是中国重要的纺织纤维之一,在世界上享有盛誉。

尺寸　宽58.9cm

> 古代富贵人家穿绫罗绸缎与丝绵织物,平民穿麻、葛织物。后来以布衣称没有做官的读书人。

唐代麻布

隋唐时期,南方苎麻种植纺织业发展迅速,麻布不仅可以用来作为税赋上缴,还可以抵充劳役。

唐代棉花 ▶

唐代棉花叫草棉，也叫非洲棉，6世纪传入新疆、甘肃一带，宋元时传入黄河流域、长江流域，并获得广泛种植。新疆地区日照时间长、强度大，非常适宜于棉花的栽培，是中国重要的棉花产地。

时间　公元9世纪

尺寸　长33cm　宽10cm

◀ 唐代方格棉布

宋代以前，棉花种植技术还不成熟，产量比较稀少，因此棉布属于贵重物品。

明代松江布 ▼

元朝初期，黄道婆将先进纺织工具和技术从海南带回松江（今上海）地区后，当地棉纺织业迅速发展。明朝时期，松江织造技术精良，产品行销全国，且远销日本和朝鲜，有"衣被天下"之称。

> **诗中有"布"**
>
> 布衾（qīn）多年冷似铁，
> 娇儿恶卧踏里裂。
> 《茅屋为秋风所破歌》
> 唐·杜甫

尺寸　长229cm　宽57.5cm

> **问题：**
> 你知道吗：除了麻、葛、丝、棉之外，常见的还有哪些纺织原料？
>
> 答案：羊毛、羽绒、蚕丝等。

衣服制作 – 纺织

纺是指纺线，织是指织布。新石器时期已经出现了纺轮和腰机，纺织技术的出现是人类文明的重要标志之一。

> **黄道婆** ★
>
> 宋末元初，黄道婆在海南岛向黎族学得种棉和棉纺技术，回故乡后改革纺织工具和工艺，并加以传播，促使长江下游地区植棉业迅速发展。
>
> 黄道婆对棉纺织业的贡献主要有三个方面：一是传授纺织技艺，二是革新棉纺织工具，三是推广棉花种植。

◂ 河姆渡陶纺轮

纺轮发明之前，人们用手搓线，使用纺轮使纺线效率成倍提升。

尺寸　直径 3.5cm　高 2.1cm
时间　距今约 7000~5000 年

马家窑文化回纹彩陶纺轮 ▴

纺轮由纺盘和木杆组成，木杆插于纺盘的孔中。转动纺盘，用手将纤维拈成细线，缠绕于木杆之上，便得到了原始的纱线。

尺寸　直径 7.3cm　厚 0.9cm
时间　距今约 5300~4000 年

尺寸　长 105cm
　　　高 110cm

> **男耕女织**
>
> 男人耕田，女人织布。指乡村男女分工进行劳动生产。形容合家生产，怡然自乐。

尺寸　纵 19.6cm　横 1.4cm
时间　距今约 7000~5000 年

河姆渡文化分经轴 ▴

分经轴用于将经线分开，纬线顺着分经轴穿过，便完成了一次织线。

清代纺线车 ▴

纺线车是用来把纤维材料如毛、棉、麻、丝等原料，生产成线或纱的设备。纺线车由纺轮发展而来，约出现于西周时期。

河姆渡文化骨梭

梭是原始织机的组件之一，其主要功能是牵引一根纬线从经线之间穿过，协助完成纺织。

尺寸　纵 14.6cm　直径 10cm
时间　距今 7000~5000 年

日月如梭
梭是织布时牵引纬线的工具，太阳和月亮像穿梭一样地来去，形容时间过得很快。

大汶口文化骨梭

尺寸　长 16.6cm　宽 1.7cm
时间　距今约 6500~4500 年

河姆渡文化骨机刀

在织布过程中，纬线需要被紧密而均匀地排列，每根纬线被织好以后需要施加一个压实它的力量，这个过程叫作打纬。

尺寸　长 31cm
时间　距今 7000~5000 年

游人如织
形容游人多得像织布的线一样，密密麻麻。

商代骨制打纬刀
尺寸　长 27cm

西汉腰机·经轴
尺寸　长 36m

西汉腰机·分经杆
尺寸　长 45cm

西汉腰机·布轴
尺寸　长 46cm

诗中有"纺织"
唧唧复唧唧，木兰当户织。
不闻机杼（zhù）声，唯闻女叹息。
《木兰辞》　南北朝·佚名

西汉腰机
腰机由经轴，分经杆和布轴组成，使用时双脚蹬住经轴将线拉直，布轴固定于腰部，因此得名。

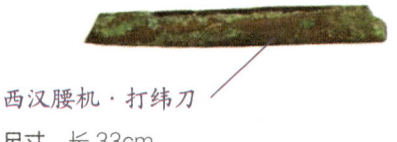

西汉腰机·打纬刀
尺寸　长 33cm

打纬刀
打纬刀用于击打纺织后的纬线，使织成的布更加紧密。

问题：
你知道吗：蚕茧是如何变成蚕丝的？

答案：缫（sāo）丝，将蚕茧浸在热水中，5~10根蚕茧中抽出的丝合并成一根生丝。

衣服制作－缝纫

早期的缝纫源自用兽皮缝制成衣物，纺织技术的进步推动了缝纫技术的发展，针线、剪刀、熨烫的制衣流程与技术早在2000多年前就已经被广泛应用。

> 骨针一般用禽鸟类肢骨磨制而成，山顶洞人用骨针将兽皮缝制成衣服。

山顶洞骨针

这枚骨针发现于北京周口店山顶洞人的居住遗址，是中国最早发现的旧石器时代的缝纫编织工具。山顶洞人骨针的发现在染织史上具有重大意义，它表明5万年以前中国人的祖先已能够自己缝缀简单的衣着。

尺寸　长8.2cm
时间　距今4万~1万年

穿针引线
使线的一头通过针眼。比喻从中撮合或联系，使双方接通关系。

西周青铜针 ▼

青铜针较为贵重，一般只有王室贵族才会使用，除了用于缝纫之外，还可以用于医学上的针砭治疗，可用于刺破水泡、脓疮等痈肿，排脓放血。

> 骨针是人类最早期的缝纫工具。在中国，骨针从旧石器时代晚期开始出现，到新石器时代和商周时期普遍使用，直到战国秦汉时期铁针出现并普遍使用后才被淘汰。

河姆渡文化骨针 ▶

河姆渡人除了用骨针缝制兽皮，也用骨针缝制丝麻织物。

尺寸　长6.4cm
时间　距今7000~5000年

尺寸　长9.2cm

捣练图 ▶

捣练图画出了唐代制衣的三个流程：（1）将面料熨烫平整；（2）缝制衣服；（3）通过捶打使衣服变柔软。

名称　捣练图
作者　唐·张萱

熨烫　　　　用于加热熨斗的炭火

尺寸　高 31.2cm

◀ 战国五牛铜针线盒

　　出土时盒内装有铜针、丝线、绕线板等工具。

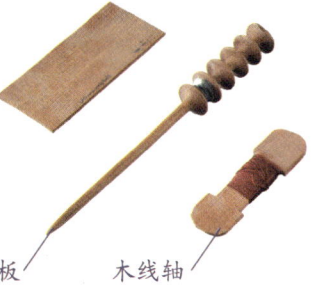

尺寸　长 31cm　高 16.9cm

木缠线板　　木线轴

▲ 汉代织锦绣绢针黹（zhǐ）盒

　　盒身由芦苇编织而成，外层用丝绵装饰。盒内装纺线锭、缠线板、线轴、铁针等。

尺寸　直径 1.6cm

东汉银顶针 ↘

　　顶针是一种缝纫工具，表面有密集的凹痕，在将缝针顶过衣料时用以保护手指。

> **诗中有"针线"**
> 慈母手中线，游子身上衣。
> 临行密密缝，意恐迟迟归。
> 谁言寸草心，报得三春晖。
> 《游子吟》唐·孟郊

> **诗中有"剪刀"**
> 碧玉妆成一树高，万条垂下绿丝绦。
> 不知细叶谁裁出，二月春风似剪刀。
> 《咏柳》唐·贺知章

尺寸　长 36.4cm　斗径 14.9cm
　　　柄长 21.5cm

王莽新朝尺柄鱼线纹铜熨斗 ▶

　　古人在熨衣前，会把烧红的木炭放在熨斗里，待底部热得烫手了再去烫衣料。所以熨斗又叫"火斗"或者"烫斗"

唐代鎏金青铜剪刀 ▼

尺寸　长 15.5cm
　　　宽 2.7cm

缝制衣服

　　"捣练"是古代制作衣服的一道重要工序。"练"是质地坚硬的生丝织品，用软木棒捶打后，会变得柔软舒适。

> **诗中有"制衣"**
> 长安一片月，万户捣衣声。
> 秋风吹不尽，总是玉关情。
> 《子夜吴歌》唐·李白

问题：
你知道吗：熨衣服打一成语_____

答案：热火朝天。

古代服饰 - 衣裳

衣字最早见于商代甲骨文，形状像上衣，穿于下身的在古代称为裳，"上衣下裳"合起来即为衣裳，后成为衣服的总称。

> **诗中有"衣"**
> 衣贵洁，不贵华。
> 上循分，下称家。
> 《弟子规》 清·李毓秀

尺寸　衣长 128cm　袖长 190cm

◀ 西汉直裾素纱禅（dān）衣
单层的衣服。该衣由精缫的蚕丝织造，丝缕极细，薄如蝉翼，代表了西汉初期养蚕、缫丝、织造工艺的最高水平。

西汉绢裙 ▼
裙在古代称为裳，是"常"的异体字，"尚"与"巾"联合起来表示"敞开的布巾"。

尺寸　长 87cm　腰宽 143cm

> **诗中有"衣裳"**
> 敢将十指夸针巧，不把双眉斗画长。
> 苦恨年年压金线，为他人作嫁衣裳。
> 《贫女》 唐·秦韬玉

尺寸　衣长 132cm　袖长 228cm

◀ 西汉黄纱地印花敷彩直裾式丝锦袍
印花敷彩是用印花和彩绘相结合的印染技术，通常用于高级丝织品。

▲ 清雍正御用梅花鹿皮行裳
行裳是满族的重要服饰，这是一件雍正冬季出行狩猎时的穿着。

尺寸　长 97cm　腰围 110cm

> **诗中有"袍"**
> 岂曰无衣？与子同袍。
> 王于兴师，修我戈矛。与子同仇！
> 《秦风·无衣》 先秦·佚名

> **割须弃袍**
> 源于古典名著《三国演义》，曹军被打败后马超追击曹操时，曹操为了不被认出来，把胡须割掉，把长袍丢弃狼狈逃跑。形容战败落魄的样子。

尺寸　长 110cm　袖长 185cm

◀ 汉代红地对人兽树纹罽（jì）袍
罽指羊毛织物，罽袍的面料为精纺羊毛织物，内衬为丝绢，这件衣服出土于新疆尉犁营盘，体现了丝绸之路上中原文明与西域文明的交流与融合。

北宋灵鹫纹锦袍

出土于新疆阿拉尔，图案具有波斯风格，生命树象征不朽和永生，灵鹫则是灵魂的守护神。

尺寸　长 138cm　袖长 194cm

尺寸　长 115cm
　　　胸围 60cm
　　　袖宽 36.5cm

明代松江白棉布袍裙

袍是中式长衣的通称，袍裙则由"上衣"和"下裳"组合而成。

元代菱花织金锦抹胸

抹胸在旧时也称为肚兜，是一种胸间贴身遮护小衣，古代妇女的胸衣。

尺寸　长 26cm　宽 30cm

浅湖色竹石纹缂丝一字襟坎肩

清代的坎肩又称马甲，是一种无袖的紧身式服装。

尺寸　长 71cm　肩宽 42cm

清代补子图案，文官是一品仙鹤，二品锦鸡，三品孔雀，四品云雁，五品白鹇（xián），六品鹭鸶，七品鸳鸯，八品鹌鹑，九品练雀。武官是一品麒麟，二品狮，三品豹，四品虎，五品熊，六品彪，七品、八品犀牛，九品海马。

清乾隆黄纱绣彩云金龙单龙袍

龙袍是中国古代皇帝的朝服，上绣九条龙形图案，象征"九五之尊"。

尺寸　身长 144cm
　　　袖长 192cm

尺寸　长 132cm
　　　袖长 242cm

明代大红色暗花纱绣云鹤方补袍

补子是明清两代官服胸前的标志图案，用以区分官员级别和职务，文官饰飞禽，武官饰走兽。

问题：
你知道吗：龙袍为什么又被称为黄袍？

答案：黄色在我国封建社会被看作吉祥之色，并止于明清两代被确定为皇室专用色。从此黄袍即为天子的象征。

古代服饰 - 鞋履（lǚ）

中国古代制作鞋子的材料十分丰富，有木头、草、毛皮、布、丝绸等，可以制作成木鞋、草鞋、皮靴、布鞋、丝履等。

三国孙吴黑漆木屐（jī）

这是一双"人字形夹拖"，脚趾部位有一个穿孔，足跟处有两个穿孔。

尺寸　长 20.5cm　宽 8cm
　　　厚 0.3cm

尺寸　长 21.2cm
时间　距今约 5500~5200 年

河姆渡文化慈湖木屐

屐通常用木质材料制作而成，东汉以后开始盛行，到了宋元时多被用作雨鞋，唐代木屐东传到日本。

辛店文化彩陶靴

靴起源于北方游牧民族，为骑射便利、防寒保暖所穿的鞋。

尺寸　高 11cm　长 14cm
时间　距今约 3400~2800 年

五代十国南汉木履

尺寸　长 28cm

削足适履

指鞋小脚大，把脚削去一块去适应鞋子的大小。比喻不合理地迁就现有条件，或不顾具体条件地生搬硬套。

> 履是唐代以前对鞋的称呼，履字始见于商代甲骨文，其本义是踩踏，引申为鞋子。

西汉丝履

履是单层的鞋子，男女皆可穿。根据原材料的不同，有草履、皮履、丝履等。其中草履为平民所穿，丝履则为贵族所穿。

尺寸　长 26cm
　　　宽 6cm

尺寸　长 25cm

尺寸　长 26cm

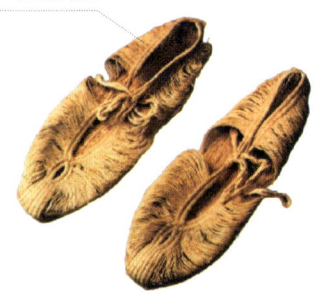

唐代蒲草鞋

蒲草鞋由柔韧蒲草本植物为主要原料编织而成，在制作上，比普通草鞋更加紧密结实。

唐代麻鞋

麻鞋以粗麻绳编织鞋底，以细麻绳编为鞋面，比蒲草鞋更加结实。

如履平地

像走在平地上一样，比喻从事某项活动十分顺利。

东晋锦鞋 ▼

锦是用彩色丝绸织出的高级丝织物，锦鞋在古代是十分高贵的奢侈品。

尺寸　长 22.5cm　宽 8cm
　　　高 4.5cm

雪青色缎绣竹蝶纹花盆底鞋 ◀

花盆底鞋，又称旗鞋，是清朝时满族妇女穿的一种高底鞋子。

▼ 清康熙黄云缎勾藤朱珠靴

尺寸　长 32cm　高 60cm

◀ 清代铁钉牛皮鞋

尺寸　长 23cm

▲ 明代红色缎绿镶边云头履

缎是一种比较厚的正面平滑有光泽的丝织品，例如绸缎，锦缎。用缎制作的鞋、靴柔软、轻便、保暖，是古代高官、贵族、皇帝穿的鞋类。

尺寸　长 28cm　高 12.8cm

> **词中有"鞋"**
> 竹杖芒鞋轻胜马，谁怕？一蓑烟雨任平生。
> 《定风波》宋·苏轼

尺寸　长 22cm
　　　高 18cm

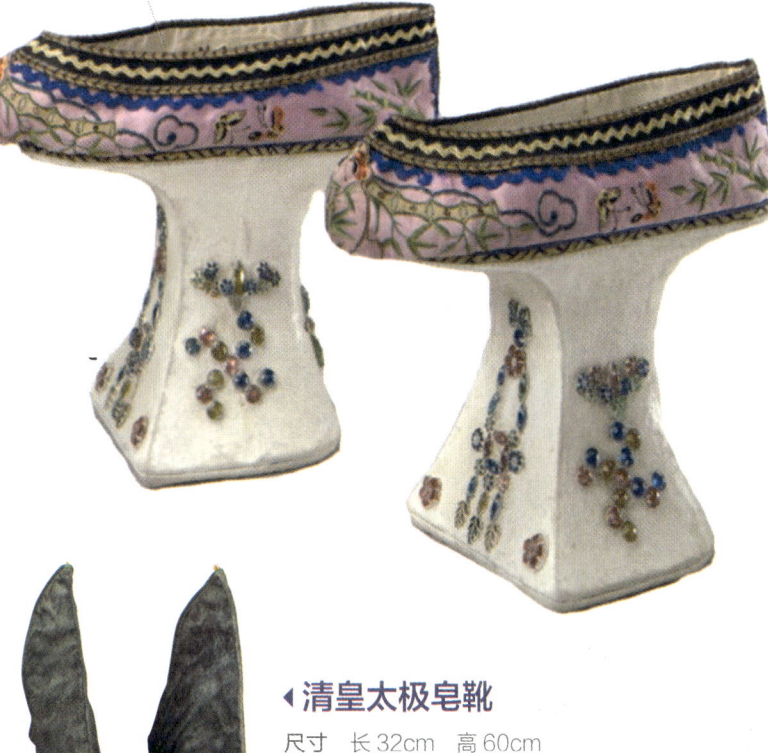

◀ 清皇太极皂靴

尺寸　长 32cm　高 60cm

> **诗中有"鞋"**
> 踏破铁鞋无觅处，得来全不费功夫。
> 《绝句》宋·夏元鼎

问题：
"竹杖芒鞋轻胜马"一句中的"芒鞋"是什么鞋？

答案：芒鞋是用植物的叶或杆编制的草鞋。

古代服饰 - 发饰

从新石器时代起，中国先民就有盘发成髻（jì）的习俗。帽子源于古代包头发的布，并逐渐发展成了身份与地位的标志。

簪（zān）是古人用来插住挽起的头发、固定发冠的一种长针状发饰，汉代以后称为簪。

◀ 河姆渡文化刻纹骨笄（jī）
尺寸　长 10.8cm
时间　距今 7000~5000 年

◀ 马家窑文化镶骨珠骨笄
尺寸　长 11cm
时间　距今约 4000 年

◀ 商代凤首笄形器
尺寸　长 17.5cm

笄礼，古代女子十五岁称为"及笄"，行笄礼表示成年。笄礼是指将发辫盘至头顶，用笄子插住，以示成年。

明万历嵌宝石行龙银镀金簪 ▶
尺寸　均长 18cm

诗中有"簪"

烽火连三月，家书抵万金。
白头搔更短，浑欲不胜簪。
《春望》唐·杜甫

冠礼，古代男子二十岁行冠礼，戴上成人的帽子表示已经成人，因还没到壮年，叫作弱冠。

▶ 明代平翅乌纱帽
隋朝开始，乌纱帽被作为官帽，并逐渐成为了官位的代称。
尺寸　高 20.5cm
　　　口径 19.7cm

◀ 西汉漆纚纱冠
尺寸　高 24.4cm
　　　宽 26cm

尺寸　高 16cm
　　　直径 30cm

西汉毡（zhān）帽 ◀
毡是指用羊毛或其他动物毛用开水烧烫，搓揉，使其黏合，再压制而成的布状材料。

清代六品官帽 ◀
镶顶宝石用砗（chē）磲（qú）贝壳做成，砗磲是海洋中最大的双壳贝类，体长可达 1 米，重量达 300 千克。

明孝端皇后凤冠

凤冠是古代皇帝后妃的帽子，其上饰有凤凰样珠宝，也指妇女出嫁时的礼帽。

尺寸　冠高 27cm
重量　重 2.32kg

尺寸　通高 24.5cm
　　　帽高 10.5cm

清代红宝石顶饰沙狐皮暖帽

"冠"的本义就是帽子，"冠"是一种可以把头发梳理起来的东西，是帽子的总称。

战国鹰顶金冠饰

匈奴最初是在约公元前 3 世纪时兴起的一个游牧部族，主要分布于阿尔泰山以东的鄂尔多斯高原。

尺寸　鹰高 7.1cm
　　　冠直径 16.5cm

尺寸　高 18cm　长 49.4cm
　　　宽 30cm

峨冠博带

意思是高帽子和阔衣带，古代官员的装束。后来比喻穿着礼服。

明代九旒（liú）冕（miǎn）

冕是一种礼帽，旒指礼帽前后的玉串。据《礼记》，天子十二旒，诸侯九旒，上大夫七旒，下大夫五旒，士三旒。

冠冕堂皇

冠冕是古代帝王、官吏的帽子；形制堂皇，表示很有气派的样子。形容表面上庄严、正大的样子，实际上并非如此。含贬义。

明代梁冠

梁冠为古代帝王大臣所戴，有横脊的礼冠。

尺寸　高 27cm

明万历金翼善冠

尺寸　高 24cm
重量　重 0.826kg

问题：
你知道吗：为什么称第一名为冠军？

古代服饰－首饰

首饰一词的最初含义是指戴在头上的装饰品，后来扩展为身体各部位的装饰品。首饰在古代主要有两个功能：宗教信仰和社交。

时间　距今约 20000 年

山顶洞人项链 ▲
这是中国目前发现最早的首饰，由钻孔的砾石、兽牙、鱼骨、贝壳等组合而成。

尺寸　共 171 粒
时间　距今 4100~3700 年

◂ 齐家文化绿松石项链
此图为复原图，出土时用于穿系绿松石的丝线已经腐朽，因此无法确知当时项链的穿戴方式。

尺寸　直径 4cm
时间　距今约 7000~6000 年

马家浜文化玉玦 ▸
玦（jué）是一种耳饰，其上有一道狭窄的缺口，用来夹住耳垂。

尺寸　宽 8.5cm

▾ 西周玛瑙珠、绿松石珠、玉珠、玉蚕组合腕饰
由红玛瑙、绿松石、玉珠、玉管、蚕形玉饰等 37 颗宝石组成。

重量　重 0.467kg

◂ 明代金臂钏（chuàn）
钏是由多个手镯组合而成的首饰，通常由金、银条捶扁，盘绕成螺旋圈状。

尺寸　直径 8cm　高 3cm
时间　距今约 3500~3300 年

元谋大墩子遗址骨镯 ▸
骨镯共用 14 片骨片切割、打磨、黏合而成。

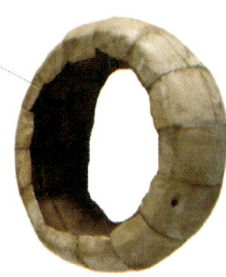

尺寸　长 158cm

西周晋侯夫人组玉佩 ▸
这组玉佩繁缛华丽，由玉璜（huáng）（半璧形的玉）、玉珩（héng）（横玉）、玉管、绿松石珠、玛瑙管等 204 件玉器用丝线串联结成，突出了佩戴者的华贵威严。

西汉金腰带及圆形铜扣饰

腰带用黄金制成，铜扣饰中央嵌红玛瑙、小绿松石和玉环，腰带长短可调节。

尺寸　带长 96.5cm　带宽 5.8cm
　　　扣饰直径 20.5cm

> 古人用丝质腰带来绑系衣裳，带钩的功能相当于现今的皮带扣，用于固定腰带。

温润如玉
如美玉般温和柔润且有光泽。后多用以比喻人的品性、容色或言语的温和柔顺。

战国鎏金嵌玉龙首银带钩

尺寸　长 18.7cm　宽 4.9cm

金玉其外　败絮其中
黄金和美玉制成的物品通常是精美的，这个成语用以形容只拥有金玉般的外表，里面却像破棉絮，比喻虚有华美的外表，实质却一团糟。含贬义。

战国巴蜀错金银犀牛青铜带钩

巴国形成于公元前 11 世纪的西周初期，公元前 316 年被秦国灭亡，约有 800 年历史，主要活动于四川、湖北一带。

尺寸　长 17.5cm
　　　高 6.5cm

西汉巴人虎形铜带钩

巴国灭亡后，其后裔仍活动于三峡地区，虎是巴人崇拜的图腾。

尺寸　长 13.3cm
　　　宽 5.5cm

词中有"衣带"
衣带渐宽终不悔，为伊消得人憔悴。
《蝶恋花》宋·柳永

元代青玉带钩

尺寸　长 12cm
　　　宽 2.4cm

问题：
你知道吗：古人最喜欢什么材料做的首饰？

答案：玉。

梳妆打扮 – 梳篦（bì）

新石器时代的中国就已流行梳髻并用骨笄固定，到了周朝，发型与发饰成为了礼仪的重要组成部分。

镂雕簇纹象牙梳 ▶

尺寸　长 16.2cm　最宽 8cm
时间　距今约 6500~4500 年

大汶口文化象牙梳采用镂雕技术制成，是迄今为止原始社会保存最为完好的梳子，精美的造型彰显了主人生前显赫的社会地位。

◀ **西汉双面雕木梳**

尺寸　高 9cm　宽 6.3cm
　　　最大厚 1.45cm

尺寸　长 8.5cm　宽 5cm

◀ **西汉黄杨木篦**

篦子齿距比梳子密，可用于清理头皮屑、虱（shī）子等。

诗中有"栉"

高堂母老矣，衰发不满栉。
《班班林间鸠寄内》宋·欧阳修

唐代玉海棠花纹梳背 ▶

梳背通常嵌于木梳上，然后固定于发髻，作为装饰品。

▼ **唐代金梳背**

尺寸　长 7.9cm　高 1.5cm
　　　厚 0.34cm

尺寸　上　长 10.5cm　宽 4.4cm　厚 0.2cm
　　　下　长 10.6cm　宽 4.3cm　厚 0.2cm

栉风沐雨

以风梳头，以雨洗面，比喻不避风雨，奔波劳苦。栉（zhì）是梳子的意思。

栉是古代对梳子和篦子的总称。

尺寸　长 9.7cm
　　　宽 5.7cm

◀ **商代玉梳**

玉梳不仅可以用于日常头发梳理，也可以作为饰品插于发间。

▼ **明代金丝玉背木梳**

尺寸　长 9cm　最宽 3.8cm

清代象牙描金彩什锦梳具 ▲
梳妆盒内有象牙梳、竹篦、胭脂棍、刷子等梳妆用具。

尺寸　长 29.2cm　宽 20.7cm　高 3.7cm

词中有"梳"

香喷瑞兽金三尺，
人插云梳玉一弯。
《鹧鸪天·和陈提干》
宋·辛弃疾

◀ **战国云纹玉梳**
尺寸　长 10cm　宽 7cm

◀ **战国玉梳**
尺寸　长 5cm　宽 5cm

▲ **南宋缠枝牡丹纹玉梳**
宋代女子髻式造型可大致分为高髻和低髻两大类，高髻多为贵族女子所梳，一般平民女子多梳低发髻。这件玉梳既可用于梳发，也可用于装饰高髻。

尺寸　长 13.7cm　宽 5.1cm

鳞次栉比
像梳子的齿和鱼的鳞，密密地排列着，形容物体数量多且排列有序。

问题：
你知道吗：为什么古代男人有蓄长头发的习俗？

答案：身体发肤，受之父母，不敢毁伤。

梳妆打扮 – 镜子

最早的镜子"监"出现于商代甲骨文及商代金文，表示一个人俯身低头面对盛水的器皿，本义是以水为镜照视自己，所以最早的镜子是水盆。随着青铜冶炼技术的发展，"鉴"取代了"监"，"鉴"即用铜镜照影的意思。

尺寸　高 13.5cm　口径 50cm
　　　底径 44.5cm

西汉漆绘铜盆 ▲
铜盆盛水后可以用于洗漱，也可以用当镜子使用。

齐家文化青铜镜 ▼
早期的青铜镜象征太阳，是祭祀或宗教仪式的礼器。

尺寸　直径 15cm　边厚 0.15cm
　　　钮高 0.5cm
时间　距今约 4500~3500 年

尺寸　直径 26cm

◀ 战国五山铜镜
山字纹镜是战国铜镜数量最多的品种，这是目前为止发现尺寸最大、保存最完整的五山镜，因为刻有五个山字纹，故称"五山镜"。

诗中有"镜"

可怜楼上月徘徊，
　应照离人妆镜台。
《春江花月夜》唐·张若虚

战国秦武士斗兽纹青铜镜

秦人尚武,铜镜上刻画了秦国武士左手持盾,右手握剑,与金钱豹角斗的场面。

尺寸　直径 10.4cm

前车之鉴

鉴:镜子,引申为可作为警戒或教训的事。前面车子翻了,后面的车子可以此作为教训。比喻前人的失败,后人可以当作教训。

尺寸　长 115.1cm　宽 57.5cm

▲ 西汉龙纹矩形铜镜

这件大型铜镜大概要用柱子和座子加以支撑,镜背面和边上的钮可能就是固定时用的。

诗中有"镜"

妾有盘龙镜,清光常昼发。
自从生尘埃,有若雾中月。
愁来试取照,坐叹生白发。
《同张明府清镜叹》 唐·孟浩然

西汉内向十六连弧三龙镜 ▼

汉代是中国铜镜发展的重要时期,使用普遍,汉镜不仅出土数量最多,而且在制作形式和艺术表现手法上也有了很大发展。

尺寸　直径 15.3cm

▼ **宋代蹴（cù）鞠（jū）纹青铜镜**
尺寸　直径 10.6cm　厚 0.6cm
蹴鞠类似今日的足球，宋代十分流行。

诗中有"镜"
白发三千丈，缘愁似个长。
不知明镜里，何处得秋霜。
《秋浦歌十七首》 唐·李白

尺寸　宽 23cm

四鸾衔绶纹金银平脱镜 ▼
唐代铜镜在造型上突破了汉式镜，当时瓷器已取代铜，铜器衰落，青铜技术都集中到铜镜上，唐代铜镜纹饰和总体布局也突破了前期的程式规范，出现了许多新的工艺。

尺寸　直径 5cm

◀ **唐代鎏金铜镜**
这是一件小巧的"掌中镜"，可以随身携带，外出时可以随时取出整容化妆。

◀ **明代青玉长方形玻璃镜背**
这是一面带柄玻璃镜，玻璃已经遗失。中国古代铜镜以圆形具钮为基本造型，带柄镜主要流行于西方。明朝时期，郑和七下西洋，增强了中国和亚非各国的交流。

尺寸　长 15.1cm　宽 7.9cm

宋代海船纹青铜镜

随着指南针、水密隔舱等航海技术的广泛运用，海外贸易得到了极大促进，这面铜镜是当时海上丝绸之路繁荣的见证。

尺寸　直径 17.3cm　边厚 0.6cm

明镜高悬
明亮的镜子高高地挂着。旧时多用于称赞官吏判案公正，执法严明。现也指办事光明磊落，公正无私。

尺寸　直径 19.5cm

唐代盘龙铜镜

盘龙纹镜在唐代十分流行，并且有着崇高的地位，唐玄宗曾用盘龙纹镜赏赐群臣。

清代梳妆盒

梳妆盒由上镜下盒组合而成，以镀金铜片做成山石花木，四面镶嵌有红宝石、蓝宝石、翡翠、珍珠、青金石等珠宝，制作十分奢华，是清代皇太后或皇后所用的物品。

尺寸　长 29cm　宽 20cm　高 53cm

问题：
你知道吗：鉴、监在古代都有镜子的含义，有何不同？

答案：鉴最早是用陶制成的盛水器皿，后普遍改用铜制，后期的铜鉴可作为镜子单用。

104
文字 > 汉字

110
文字书写 > 简牍和刀削

114
文字书写 > 墨和砚

118
文字应用 > 荣耀金文

108
文字 > 其他民族的文字

112
文字书写 > 笔和印刷术

116
文字书写 > 纸和造纸术

文明之魂

122
文字应用 > 风骚匾文

120
文字应用 > 不朽碑文

文字是人类最重要的发明之一。有了文字，信息才能够远传，人们的思想才得以积累。文字的出现被公认为人类进入文明时代的基本的、必要的标志。

甲骨文是中国商朝晚期用于占卜记事而在龟甲或兽骨上契刻的文字，内容涉及政治、经济、文化、天文、气象等各方面。甲骨文是汉字的最初形式、世界三大最古老的文字体系之一（另外两种古老的文字为苏美尔人的楔形文字、埃及的象形文字）。

本章我们将向你介绍甲骨、竹简、木牍、金、银、铜器、石头、布帛等各种文字载体，这些载体上的文字有的是刻字，有的是铸造，有的是书写，从中你可以看到中国文字的演变、发展与应用。造纸术与印刷术是中国古代四大发明中的两项，这两项技术的应用使得以文字为载体的人类文明传播得更广更远，并促进了世界文明的交流与发展。

许多古老的文字至今仍被使用，如蒙古文、藏文、维吾尔文等，一些文字则短暂出现又消失了，如西夏文、契丹文等。

让我们一起去探索吧！

文字 – 汉字

中国文字是至今通行的世界上最古老的文字之一,距今约 3000 多年的甲骨文已经形成非常成熟的文字体系。汉字的发展历程,经过了甲骨文、大篆、小篆、隶书、草书、楷书、行书等书体演变。

> 甲骨文指商代在龟甲或兽骨上契刻的文字,约 2500 个单字已经识别,是中国方块字的源头。

结绳记事 ★

相传上古时代没有文字的时候,古人使用绳结来记事,大事系大结,小事系小结,结的多少也用来表示事物的多少。

近代,云南哈尼族等少数民族使用结绳记账,借债时用长度相同的两段绳子打同样的结,双方各拿一段作为凭证。

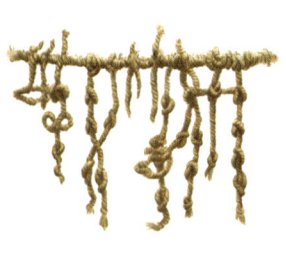

商代"龙"字卜骨刻辞

甲骨上刻有"龙"字,这个早期的象形文字刻画了"龙"的基本特征:角和长长的躯体。

尺寸　长 7cm　宽 6cm

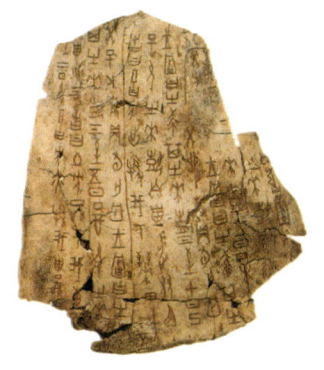
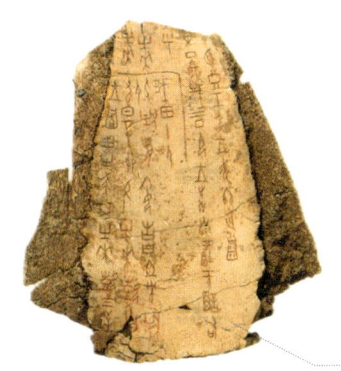

◀ 商代"土方入侵"卜骨刻辞

卜骨是牛肩胛骨,上面残存 180 多个字,内容涉及商代地理、军事、外交等史料,堪称"甲骨之王"。

尺寸　长 22.5cm　宽 19cm

商代"王为般卜"刻辞龟甲 ▶

由于乌龟寿命极长,商人认为可以通灵,因此常在龟甲上刻字占卜凶吉。

尺寸　长 18.6cm　宽 10.2cm

> 汉字"六书"原则,在甲骨文中都有所体现。"六书"是对古文字构成规则的概括和归纳,即"象形、指事、会意、形声、转注、假借"。

仓颉（jié）造字 ★

相传仓颉是黄帝的史官，有双瞳孔，象形文字是仓颉根据鸟的足迹创作的，"取象鸟迹，始制文字"。

仓颉书▶

仓颉书共 28 个字，传说是由仓颉所写，收集在宋代编印的《淳化阁秘帖》第五卷之中，许多学者怀疑它是西汉刘歆（xīn）所作。

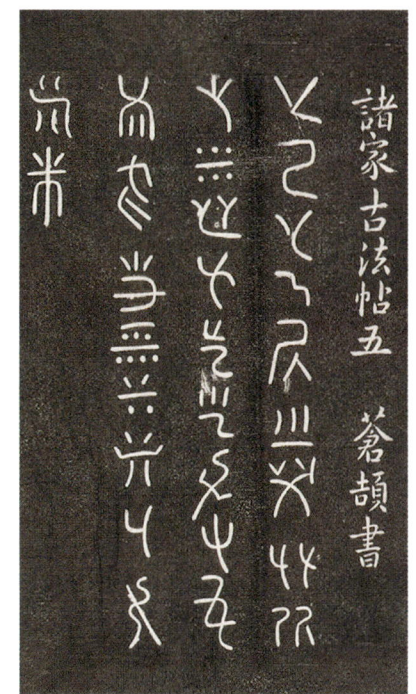

尺寸　高 90cm　宽 60cm

◀战国石鼓文 - 大篆

大篆是西周晚期普遍采用的字体，石鼓上所刻文字为大篆的代表。大篆形体结构开始摆脱象形文字的拘束，打下了方块汉字的基础。

> 公元前 221 年，秦始皇统一六国后，推行"书同文，车同轨"，由丞相李斯负责，在秦国原来使用的大篆籀文的基础上，进行简化，创建了小篆。

尺寸　长 30.8cm　宽 26.7cm
　　　厚 4cm

秦代小篆体十二字砖▶

小篆字体优美，颇有古风古韵，所以始终被书法家所青睐。又因为其笔画复杂，可以随意添加曲折，在印章刻制上，尤其是需要防伪的古代官方印章，一直采用篆书。

砖文"海内皆臣，岁登成熟，道毋饥人"，大意是天下一统，粮食年年丰收，人民不再饥饿。

隶书，是在篆书基础上，为适应书写便捷的需要产生的字体。据记载，秦始皇在命令李斯创立统一文字小篆后，又采纳了程邈（miǎo）整理的便于书写的隶书。汉字由小篆变成隶书，称为隶变。小篆的直线和曲线，变成了顺应毛笔笔锋的点提横竖撇捺折钩，并将其布置到书写顺手且美观的位置上。隶变是古今汉字的分水岭，隶书为汉字的成熟奠定了基础。

尺寸　长27.5cm　宽0.6cm

◀《云梦睡虎地秦简》- 隶书

《云梦睡虎地秦简》的内文为秦隶，写于战国末期至秦始皇三十年（公元前217年），竹简中有些字保留有篆书成分，反映了篆书向隶书转变的情况。

《郑文公碑上碑》石刻铭文 – 楷书 ▼

北魏《郑文公碑》，传为北魏书法家郑道昭于永平四年（511年）篆刻的摩崖刻石。上碑在山东平度天柱山，下碑在山东莱州云峰山之东寒洞山。

楷书，由隶书逐渐演变而来，更趋简化，横平竖直。《辞海》解释说它"形体方正，笔画平直，可作楷模"。这种汉字字体端正，就是现代通行的汉字手写正体字。魏楷是在汉隶和晋楷的基础上发展演化而来的，上承汉隶，下开唐楷，兼有隶楷两体之神韵。

> 草书形成于汉代,是为了书写简便在隶书基础上演变出来的。由于字形太简单,彼此容易混淆,所以草书不能取代隶书而成为主要的字体,不过,我们使用的一些简体字借鉴自草书。

西晋吕氏砖 – 草书 ▶

砖上的字体为草隶,也称章草,是一种书写更加流畅的隶书,后演变为草书。

尺寸　长 34.8cm　宽 17.2cm　厚 5.8cm

> 行书,是为了弥补楷书书写速度太慢和草书难于辨认而产生的。"行"是"行走"的意思,因此它不像草书那样潦草,也不像楷书那样端正。实质上它是楷书的草化或草书的楷化。

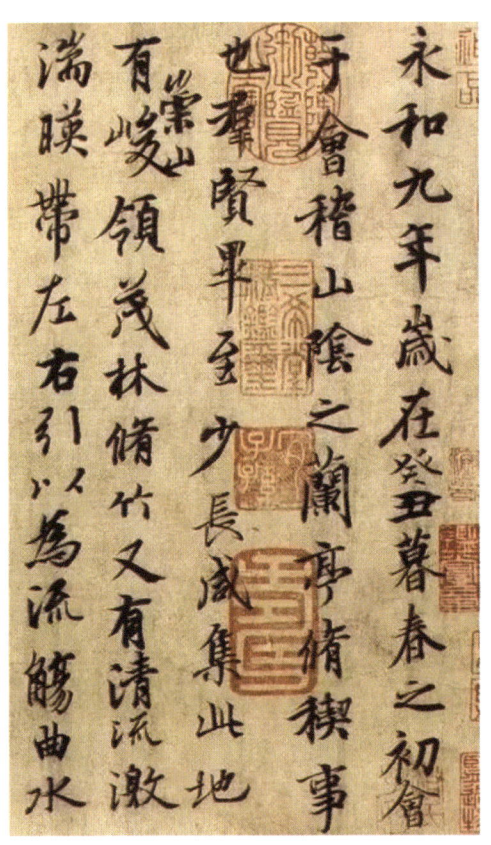

◀ 唐代冯承素摹神龙本《兰亭序》局部 – 行书

行书代表作中最著名的是东晋书法家王羲之的《兰亭序》,被誉为"天下第一行书"。

问题:
先有草书还是先有楷书?

答案:先有草书。

文字 – 其他民族的文字

中国是一个统一的多民族国家，历史上许多民族都曾经留下过灿烂的文明，也创造了许多民族文字，有的已经不再使用（如西夏文、契丹文），有的至今仍在使用（如满文、藏文）。

尺寸　高 21cm
　　　宽 15.5cm

◀ 西夏文木简

木简正面三个大字译为"十五子"，其余为西夏文行书小字，是十五个人名。

尺寸　长 15.8cm　宽 2.8cm
　　　厚 0.4cm

正　反

西夏文石碑残片 ▲

西夏文是西夏党项族语言的文字，于 1036 年李元昊称帝前创制，形体方整，笔画繁复，结构仿汉字，又有其自身特点。

◀ 西夏文敕牌

敕牌由皇帝亲授，牌符上四个字为"敕燃马牌"，用于传递紧急文书或命令。

尺寸　高 18.5cm
　　　宽 14.7cm

辽契丹文铜镜 ▲

契丹文是契丹人为记录契丹语而参照汉字创制的文字，属于汉字的派生文字，在契丹族建立的辽国有官方文字地位。

尺寸　直径 26.2m

辽契丹文金、银符牌 ▼

契丹贵族大都通晓汉文，并以汉文为尊，因此契丹文的使用范围非常有限。两块符牌上的文字为"敕宜速"，为契丹皇帝令牌。

> 传统蒙古文是在回鹘文字母基础上形成的，称作回鹘式蒙古文。

尺寸　长 21cm　宽 6.2cm
　　　厚 2.3cm

◀ 元八思巴文虎符

八思巴文是元朝忽必烈时期由"国师"八思巴创制的蒙古文字，1368 年元朝灭亡后，八思巴文遂逐渐废弃。

尺寸　高 18cm　直径 11.7cm

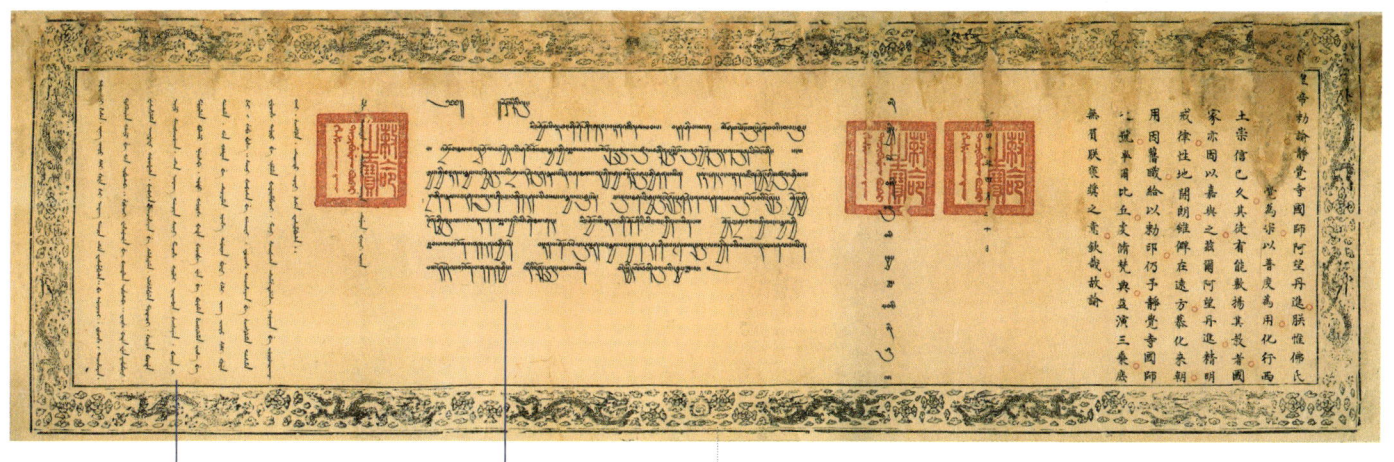

▲ **清康熙封阿旺丹进为静觉寺国师敕谕**
尺寸　长 189.5cm　宽 56.7cm

满文是在蒙古文字母的基础上加以改进而成的一种竖直书写的拼音文字。1599年努尔哈赤命额尔德尼和噶盖两人将蒙古文字母借来创制满文。

藏文是藏族的书面交际工具，一般认为公元7世纪松赞干布派遣藏族语言学家吞弥·桑布扎到北印度学习梵文，回国后引用梵文字母创制的。

尺寸　长 21.3cm
时间　公元 3~4 世纪

晋佉卢文木简 ▲

佉卢文为新疆丝绸之路南路的西域鄯（shàn）善、于阗（tián）、龟（qiū）兹（cí）诸国使用的一种古文字。木简上的佉卢文记载着一份法律判决书，判决了一些女奴归属州长们役使，并可抵押、出售和馈赠他人。

唐回鹘文《弥勒会见记》▼

回鹘文是古代维吾尔族使用的一种文字，13世纪蒙古人利用回鹘文字母创制了蒙古文，16世纪后满族又接受这种字母创制了满文。《弥勒会见记》每页长44厘米，宽22厘米，共293页，是维吾尔族第一部戏剧文学，讲述佛教的未来佛弥勒生平事迹。

尺寸　宽 26cm

唐粟特文摩尼教书信（局部）▲

粟特语是伊朗语族中一种古代东部语支，曾是中亚、北亚的通用语言，回鹘文是在粟特文字母的基础上创制的。

问题：

你知道吗：历史上哪些国家曾经使用过汉字？

答案：越南、韩国、日本。

文字书写 - 简牍和刀削

在纸没有发明以前，则以竹简、木牍作为主要的书写载体，书写错误时需要使用"削"来修改，汉代称为"书刀"。

商代甲骨主要用于占卜，甲骨文中有"册""典"等字。当时人们利用竹木制简，用绳编连成册，卷起一卷，是当时载录档案文书与书籍的主要载体。到了战国时期，竹简的使用十分广泛。

战国简《金縢（téng）》▶

清华大学收藏的一批战国中晚期的竹简中，《金縢》一篇讲述了周朝的史事。

尺寸　共 496 枚
　　　长 51~56cm
　　　宽 0.5~0.8cm

尺寸　共 14 枚
　　　简长 46cm　宽 0.6cm

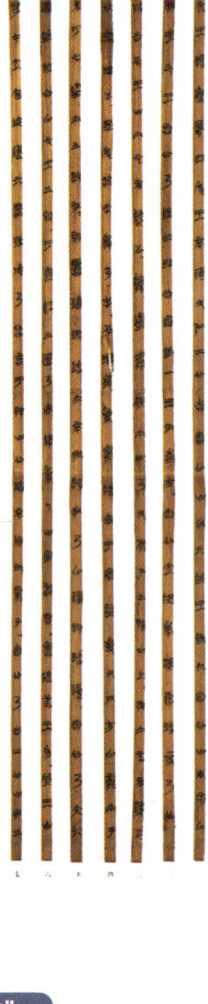

◀ 汉简《仪礼》

这是目前所见最古老的简书《仪礼》，用汉代隶书写成。《仪礼》为儒家经典之一，记载周代的冠服、结婚、丧葬、祭祀等各种礼仪，是儒家思想的重要组成部分。

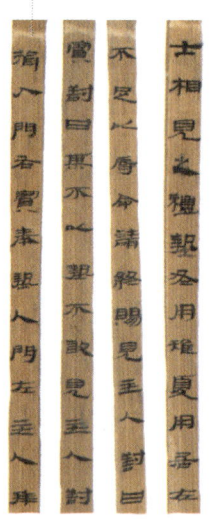

▼ 汉木牍（隶书文字）

这片木牍记载了马王堆三号墓主人的下葬时间为汉文帝十二年（公元前 168 年）二月二十四日。牍也用于记载墓室的随葬品清单。

尺寸　长 25cm　宽 3.5cm

诗中有"笔"

读书破万卷，下笔如有神。
《奉赠韦左丞丈二十二韵》唐·杜甫

战国玉册 ▼

玉册通常用于祭祀告天，或者册封、嘉奖等特殊用途。从玉册可以看出，在使用竹简作为书籍的时代，展开称为"册"，卷起收藏时称为"卷"。

牍是比简更宽的竹片或木片，一般长约 23~25cm，相当于当时的一尺，因此也称为"尺牍"。连篇累牍原义是写字用的竹简、木片穿连堆积在一起，形容篇幅过多，文辞冗长。

尺寸　长 62cm　宽 23cm

文明之魂 文字书写 | 111

◆ 唐武则天金简

武曌（zhào），即武则天，是中国历史上唯一的女皇帝，她派遣道士胡超在嵩山祈福，投下这枚金简以除罪消灾。

尺寸　长 36.2cm
　　　宽 8cm
　　　厚约 0.1cm

商代铜削 ▶

"删"字左边一个"册"，象征竹简，右边一个立刀旁，象征削刀，"删"字形象地体现了削刀的作用。

尺寸　长 6cm　宽 1.5cm

在竹简写错字时用刀削修改，比喻用文字来评文论物的好坏。

尺寸　长 36.1cm
　　　宽 9.8cm

◀ 五代吴越王钱镠（liú）银简

这枚银简所刻内容为吴越王钱镠向神明的祈求祷告，将银简投掷于当地的河、湖之中，以祈福禳灾。

◀ 战国铜削

这种削刀是战国时期燕刀、赵刀等刀币的雏形。

尺寸　长 26.8cm
　　　刃部宽 1.5cm

◀ 战国巴蜀符号铜削

削上刻有"巴蜀符号"，最早出现于西周时期，后演变为巴蜀文字，秦统一六国后废除。

尺寸　长 23.7cm
　　　最宽 6cm

◀ 东汉错金铁书刀

东汉时，蜀地生产的金马书刀十分有名，为广汉郡工官特制。书刀有铭文"光和元年广汉工官……"。

尺寸　长 18.5cm　宽 1.5cm

战国夹纻胎削鞘（qiào）▶

这件精美的漆器削鞘用来保护"削"，削鞘体现了古人对于文字的重视。

尺寸　长 29.5cm　宽 3cm

问题：
铜削是用来在简牍上刻字的吗？

答案：不是，是用来修改错字的。

文字书写 - 笔和印刷术

战国时，各国对笔的称呼并不一致。楚国叫"聿"（yù），吴国称其为"不律"，燕国则叫"弗"。秦统一六国后，采取楚国的"聿"，再加意符"竹"，统一命名为"筆"（笔的繁体字），一直沿用至今。

> 文房四宝指中国传统的四大书写工具：笔、墨、纸、砚。

尺寸　笔长 21.2cm
　　　竹简长 23.2cm

战国楚毛笔 ▲

毛笔在商代已经出现，但因实物易腐朽，很难保存，这支毛笔于1954年出土于湖南长沙左家公山的战国楚墓，是目前发现的最早的毛笔实物。

笔杆为圆形实竹，笔尖为兔毫，其制作方法是将笔杆一端劈成数股，夹住兔毫，用丝线缠紧，外面封漆固定。

尺寸　长 24cm

汉代"白马作"毛笔 ▲

毛笔是一种起源于中国的传统书写工具，汉代毛笔长约一尺，早期毛笔主要用于简、牍上书写。

尺寸　长 28.5cm
　　　径 1.5cm

明代云螭纹玉笔 ▶

尺寸　长 26.1cm

唐代鸡距笔 ↘

笔尖形似鸡爪后面突出的距，故称鸡距笔。白居易《鸡距笔赋》："足之健兮有鸡足，毛之劲兮有兔毛。"

> **奋笔疾书**
> 奋笔：提起笔来。指精神昂扬地挥笔快速书写。

尺寸　长 22.8cm
时间　1573~1620 年

明万历描金龙纹毛笔 ▲

笔管上有楷书"大明万历年制"落款，万历是明神宗朱翊钧的年号，明朝使用此年号共48年，为明朝所使用时间最长的年号。

> **诗中有"笔"**
> 笔落惊风雨，诗成泣鬼神。
> 《寄李十二白二十韵》 唐·杜甫

尺寸　长 21cm
　　　直径 0.9cm

清代竹管经天纬地四头笔 ▶

此笔运用连环装插的"套娃"手法，将两支双头的微型紫毫毛笔共装在一支竹制笔管中。笔管上有"经天纬地"四字。

清乾隆粉彩描金云龙纹瓷管笔

尺寸　长 24.8cm

西晋青瓷对书佣

在印刷术发明以前，文献记录主要靠毛笔抄写，难免出现错误，因此古人对文献的校对十分重视，设有专门的校书吏。

尺寸　高 17.2cm

> 宋代毕昇发明了胶泥活字，实行排版印刷。活字印刷术即先制成单字的阳文反文字模，然后按照稿件把单字挑选出来，排列在字盘内，涂墨印刷，印完后再将字模拆出，留待下次排印时再次使用。

尺寸　长 2.3cm　宽 1cm
　　　厚 0.5~1.4cm

清代木活字

印刷术的发明，使得书籍和文献不再需要手抄，不但可以提高效率，还可以避免抄写时的错误。

尺寸　边长 1cm

元代古畏兀尔文木活字

元朝时活字印刷术传到了中国西北地区。因为古畏兀尔文字体大小不同，木活字的大小也有差异。

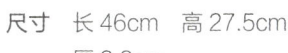

尺寸　长 46cm　高 27.5cm
　　　厚 2.2cm

清内府顺治元年五月刻《摄政王令旨》雕版

雕版印刷术发明于唐朝，印书的时候，先在雕版上刷墨，接着用白纸覆在版上，另外拿一把干净的刷子在纸背上轻轻刷一下，把纸拿下来，一页书就印好了。

该雕版刻于顺治元年（1644年）五月，是清军入主中原后，为安抚人心，由摄政王多尔衮发布的令旨，内容大意是告诫各位王公大臣，不得贪赃枉法，违者必将严惩。

问题：
毛笔的笔毫除了用兔毛，还用什么毛？

答案：羊毛、黄鼠狼毛、鸡毛。

文字书写 – 墨和砚

墨和砚都是中国传统文房用具,墨主要原料是煤烟、松烟、胶等,通过砚用水研磨可以产生用于毛笔书写的墨汁,在水中以胶体的溶液存在。

尺寸 高 4.5cm 宽 2.8cm

尺寸 高 6.2cm 直径 3cm

◀ 东汉松塔形墨

东汉末年,出现了用松木烧出的烟灰制作的松烟墨。松树含油脂高,适宜于燃烟制墨。

"墨"字,上方是"黑"字,下方是"土",表明墨是用黑灰制成的。

▲ 汉代丸墨

这是目前发现最早的块状合成墨,底部有使用过的痕迹。

胸无点墨
意思是肚子里没有一点墨水。指人没有文化。

近朱者赤 近墨者黑
原意是靠近朱砂会变红,靠近墨会变黑。比喻接近好人可以使人变好,接近坏人可以使人变坏;用于比喻客观环境对人有很大影响。

江正玄玉墨 ▶

江正,明代安徽歙县人,嘉靖时制墨家。其墨品在明代别具一格。明代是制墨业发展的鼎盛时期,制墨技艺得到极大的发展,墨的制作也更加追求精美与艺术性。因此,这期间生产的很多墨都作为墨中名品而被收藏。

尺寸 直径 8.1cm 厚 0.9cm

墨面雕刻一条螭龙升降于云水间,墨侧题"嘉靖庚子(1540年)晴川江正制"。

正面"兰台精英",背面"康熙乙亥"(1695年)。

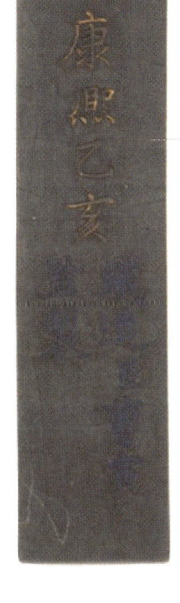

◀ 清康熙兰台精英墨

尺寸 长 7.1cm 宽 1.7cm 厚 0.7cm

汉朝时,皇宫内建有藏书的石室,作为中央档案典籍库,称为兰台。后世泛称宫廷内的藏书库、御史台和史官。

尺寸 长 14.5cm 宽 9.5cm 高 0.8cm

清代青玉叶式笔舔(tiàn)▲

笔舔是匀墨和理顺毛笔尖的专用文具。

清代黄釉描金秋叶形笔掭

尺寸　长 12.5cm　宽 16.5cm

掭笔，用毛笔蘸墨在砚台上弄匀。

尺寸　长 17.5cm　宽 14.4cm
　　　厚 4.2cm

◀ 仰韶文化双格石研磨盘

此研磨盘用于将矿石研磨成粉，制作成为彩绘颜料，用于绘制彩陶的图案。砚由研磨盘发展而来。

▼ 西汉石砚及研石

汉代早期的墨仍是天然石墨为主，需要用研石研磨。

尺寸　面径 9.5cm
　　　研石高 3.5cm
　　　厚 1.5~1.6cm

尺寸　高 4.7cm
　　　直径 13.4cm

南北朝青瓷褐釉十足砚 ▶

三国时期，开始出现瓷砚，瓷砚内部不施釉，以便研墨。随着烧瓷技术的发展，瓷砚在西晋中晚期受到文人雅士的推崇。

唐代箕形陶砚 ▼

该砚为陶泥烧制而成，唐代流行砚式之一，形似长方形箕，故而得名，又因砚尾两侧向外撇，似风字形，故又名"风字形砚"。

北魏石雕方砚 ▼

北魏时期是中国石雕技艺的巅峰时期，诞生了许多石雕杰作，如云冈石窟、龙门石窟，这件石砚体现了这个时期精湛的石雕技术。

尺寸　长 12.6cm
　　　宽 9.2cm
　　　厚 1.9cm

尺寸　高 8.5cm
　　　宽 21cm
　　　边长 21.2cm

问题：
你知道吗：先有纸还是有先有墨？

答案：墨。墨在纸上的文字书写早于纸。

文字书写 – 纸和造纸术

造纸术和印刷术都是中国的四大发明之一，这两项发明大大加速了以文字为载体的文明和知识的传播。

化干戈为玉帛
比喻使战争化为和平（干戈：古代的两种兵器，这里代指战争。玉帛：玉器和丝织品，古代诸侯会盟时带的礼物）。

帛（bó）书是古代写在白色绢帛上的文书，其起源可以追溯到春秋时期。汉代总称丝织品为帛或缯（zēng），或合称缯帛，所以帛书也叫缯书。帛的价格远比竹简昂贵，它的使用仅限于达官贵人。

◀ 西汉帛书《老子》

西汉帛书《老子》由毛笔书写，字的行列与纬丝方向一致，先用朱砂画好朱丝栏，每行宽6~7毫米，共152行，16000多字，字体为早期隶书。

尺寸　长80cm　宽55cm

西汉扶风纸 ▶

麻纸由麻绳之类的麻纤维制成，纸浆分布不匀，纸质粗糙，是纸的较为原始的形态，不宜书写。

尺寸　长7.4cm　宽6.8cm

尺寸　最大残长8cm

◀ 西汉天水放马滩纸地图 – 麻纸

这幅地图用纸是目前已知最早的纸，制纸原料为大麻，是早期麻纸。

▶ 东汉旱滩坡带字纸

尺寸　最大片约5×5cm
　　　厚0.07cm

尺寸　长911cm　高26cm

尺寸　长122.7cm　高23.5cm
时间　公元399年

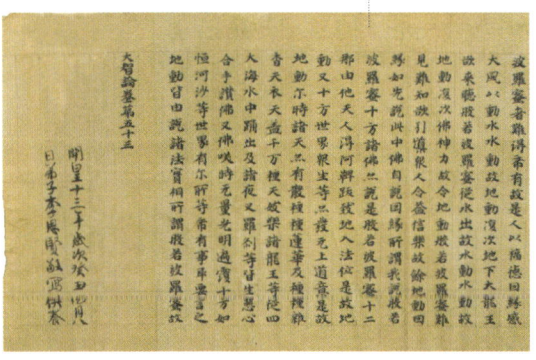

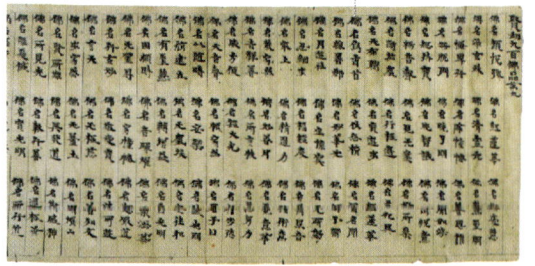

隋朝经纸 – 麻纸 ▲

内容为《法华大智论经》，纸张以麻为主要原料，以黄檗（bò）汁（含碱抗菌）浸泡，这种纸一般用于书写经文，可防止虫蛀。

东晋北凉古麻纸 ▲

经纸上的内容为《千佛名》，纸张以麻纤维制成，质地粗糙厚实，坚韧耐用。

唐代竹纸

竹纸以竹子为原料，经捶打洗去外皮后蒸煮脱胶，再捶捣成纸浆，然后晾晒制成竹纸。

尺寸　长 62cm　宽 40cm

洛阳纸贵
比喻著作广泛流传，风行一时。

▲ 元代黄色写经纸

纸张原料为麻类纤维，以黄檗汁浸泡防虫，表面涂蜡防潮，用于官方文书或写经纸。

尺寸　长 126.6cm　宽 35.7cm

诗中有"纸"
古来学问无遗力，少壮功夫老始成。
纸上得来终觉浅，绝知此事要躬行。
《冬夜读书示子聿》 宋·陆游

◀ 宋代木纹皮纸

楮（chǔ）纸，是用楮树皮制作的纸张；世界上最早的货币"交子"就是用楮纸印制的；在唐宋时期，官方和私人文书、券契、书籍也都采用楮纸。

尺寸　长 37cm　宽 9.7cm
时间　公元 924 年

造纸术 ★

东汉 105 年，蔡伦改进了造纸术，用树皮、麻布、渔网等原料，经过挫、捣、炒、烘等工艺制造纸，以后纸逐渐成为书写的主要材料。

造纸术既方便了人们书写，又促进了文化传播。公元 7 世纪造纸术传入日本，公元 8 世纪造纸术传到欧洲各国，造纸术的广泛传播，对人类文化事业的发展起到重要作用。

造纸术主要步骤 ★

第一步制原料，将麻布、树皮等植物纤维浸泡、蒸煮；
第二步制浆，将植物纤维切割、捶打，再掺水制成纸浆；
第三步捞浆，用捞纸器从浆液捞出一张交织成薄片的湿纸；
第四步晒干，把湿纸干燥以后便得到了纸张。

清代进贡宣纸 ▶

宣纸以青檀（tán）皮和稻草为主要原料，安徽宣城市泾县自唐代便开始生产这种优质的书画用纸。

尺寸　长 54cm　宽 39cm

问题：
帛书是用什么材料制作的？

答案：丝织品。

制原料 → 制浆 → 捞浆 → 晒干

文字应用 – 荣耀金文

金文产生于商代早期，泛指金属器物上的铭文，也叫钟鼎文。在中国商周时期，青铜被称为"金"，所以青铜器上的铭文就叫作"金文"。据统计，金文约有三千零五字，其中可知有一千八百零四字，较甲骨文略多。金文上承甲骨文，下启秦代小篆，流传书迹多刻于钟鼎之上，所以大体较甲骨文更能保存书写原迹，具有古朴之风格。

◀"利"青铜簋

又名利簋，是迄今能确知的最早的西周青铜器。底铸铭文 4 行 33 字，字体和商代甲骨文一致，是西周早期金文的代表作之一。

作器者名"利"，他随武王参加战争，胜利后受到奖赏，铸造这件铜器以记功并用来祭奠祖先。

尺寸　高 28cm　口径 22cm

刻骨铭心
铭刻在心灵深处。形容记忆深刻，永远不忘。

尺寸　高 59cm
　　　腹深 23cm

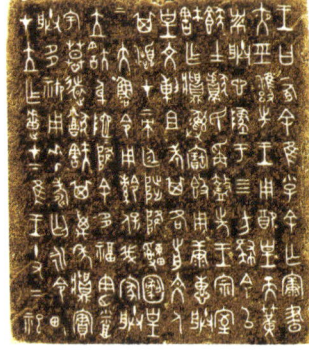

西周胡簋▶

胡簋，是西周第十代国君周厉王姬胡为祭祀先祖、祈神降福而铸，是迄今发现的唯一一件周天子自作的青铜器物，也是目前发现的商周时期最大的青铜簋。底部有铭文 12 行 124 字，是周厉王为祭祀先王而自作的一篇祝词。

"盂"青铜鼎▼

大盂鼎铭文是西周前期金文的代表作，鼎内铭文有 19 行，291 字，铭文中周康王向"盂"讲述文王、武王的立国经验，"盂"受周康王的赏赐铸造这个宝鼎，用于祭祀其祖父南公，决定效法祖先，忠心辅佐王室。

尺寸　高 24.2cm　宽 21cm
　　　底径 18.5cm

尺寸　高 101.9cm
　　　宽 77.8cm

"天亡"青铜簋◥

簋底铭文 8 行 78 字，记述周武王灭商后举行祭祀大典，有位叫"天亡"的官员因为有功被赏赐，而铸造了这件簋。

西周大克鼎

大克鼎腹内铸铭文 28 行，290 字，记述了周天子对"克"任命职务以及赏赐土地、奴隶等内容。

尺寸　高 93.1cm　宽 75.6cm

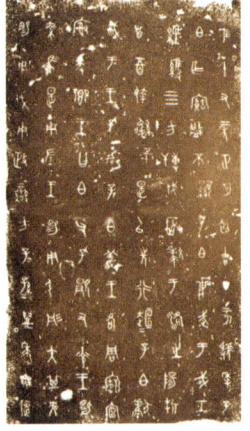

尺寸　长 137.2cm　宽 86.5cm
　　　高 39.5cm

"虢（guó）季子白"青铜盘

盘底部有铭文 8 行，共 111 字，记述了虢国三太子"白"率军与游牧民族作战，得胜以后，受到周宣王的嘉奖。

西周墙盘

底部有 18 行铭文，共计 284 字，记述周文王、周武王、周成王、周康王、周昭王、周穆王的重要史迹以及作器者"墙"的家世。墙盘所记述的周王政绩与司马迁的《史记·周本纪》中的内容非常吻合。

尺寸　高 16.2cm
　　　口径 47.3cm

西周逨盘

盘内铸铭文 21 行 372 字，详细记述了单氏家族 8 代人辅佐周文王至周宣王共 12 代天子，为周朝征战、理政、管治林泽的历史，印证了《史记·周本纪》所记西周诸王名号。

尺寸　高 20.4cm　宽 53.6cm

问题：
青铜器上的铭文是怎么做上去的？

答案：铸造和刻凿。

文字应用 – 不朽碑文

立碑颂扬功德之风始于秦汉，唐代此风更盛，不仅帝王将相死后树碑立传，门阀贵族也立碑颂扬功德，对于碑主人来说是褒奖和颂扬，对于当时和后人则是楷模和榜样。

尺寸　高 132.2cm
　　　宽 65.8~71.3cm
　　　厚 36.2cm

《峄（yì）山刻石》北宋摹本刻碑 – 小篆

公元前 219 年，秦始皇东巡峄山（今山东邹城境内），刻记功碑文，原文为秦丞相李斯所书小篆。此碑于 993 年由郑文宝用徐铉摹本刻成。

尺寸　高 218cm　宽 84cm

秦篆书琅琊刻石 – 小篆

琅琊刻石上的字是秦统一中国后的文字——秦篆，相传为李斯所写。

曹全碑隶书拓文局部

东汉《曹全碑》碑 – 汉隶

《曹全碑》属东汉末隶书完全成熟期的代表作品之一，它记载了东汉末年曹全镇压黄巾起义的事件，是现存中国汉代石碑中保存比较完整、字体比较清晰的少数作品之一。

集字是书法术语，指将前代某一书家的字迹搜罗并集成的书法作品。

碑拓（tà），用湿纸紧覆在碑上，用墨将碑上的字拓印下来。

尺寸　高 350cm　宽 108cm

尺寸　高 253cm　宽 123cm

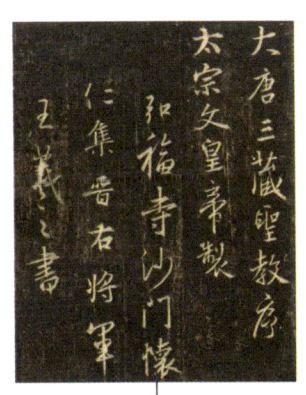

◀ 大唐三藏圣教序碑 – 王羲之行书

此碑原立于长安弘福寺，碑文为唐贞观二十二年（648），太宗李世民及太子李治为三藏法师玄奘所译佛经撰写的序和记，即《大唐三藏圣教序》和《大唐皇帝述三藏圣教序记》。

碑文由怀仁和尚用东晋书法家王羲之的行书字体集合成文，历时 20 年刻成此碑。

大唐三藏圣教序碑行书拓本局部

西周大克鼎 ▶

大克鼎腹内铸铭文28行，290字，记述了周天子对"克"任命职务以及赏赐土地、奴隶等内容。

尺寸　高93.1cm　宽75.6cm

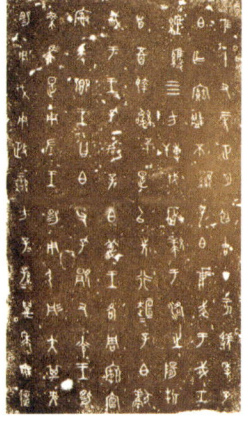

尺寸　长137.2cm　宽86.5cm　高39.5cm

"虢（guó）季子白"青铜盘 ◥

盘底部有铭文8行，共111字，记述了虢国三太子"白"率军与游牧民族作战，得胜以后，受到周宣王的嘉奖。

西周墙盘 ◢

底部有18行铭文，共计284字，记述周文王、周武王、周成王、周康王、周昭王、周穆王的重要史迹以及作器者"墙"的家世。墙盘所记述的周王政绩与司马迁的《史记·周本纪》中的内容非常吻合。

尺寸　高16.2cm　口径47.3cm

西周逨盘 ▼

盘内铸铭文21行372字，详细记述了单氏家族8代人辅佐周文王至周宣王共12代天子，为周朝征战、理政、管治林泽的历史，印证了《史记·周本纪》所记西周诸王名号。

尺寸　高20.4cm　宽53.6cm

问题：
青铜器上的铭文是怎么做上去的？

答案：铸造和刻凿。

文字应用 – 不朽碑文

立碑颂扬功德之风始于秦汉，唐代此风更盛，不仅帝王将相死后树碑立传，门阀贵族也立碑颂扬功德，对于碑主人来说是褒奖和颂扬，对于当时和后人则是楷模和榜样。

尺寸　高 132.2cm
　　　宽 65.8~71.3cm
　　　厚 36.2cm

◀《峄（yì）山刻石》北宋摹本刻碑 – 小篆

公元前 219 年，秦始皇东巡峄山（今山东邹城境内），刻记功碑文，原文为秦丞相李斯所书小篆。此碑于 993 年由郑文宝用徐铉摹本刻成。

尺寸　高 218cm　宽 84cm

秦篆书琅琊刻石 – 小篆 ▲

琅琊刻石上的字是秦统一中国后的文字——秦篆，相传为李斯所写。

曹全碑隶书拓文局部

东汉《曹全碑》碑 – 汉隶 ▶

《曹全碑》属东汉末隶书完全成熟期的代表作品之一，它记载了东汉末年曹全镇压黄巾起义的事件，是现存中国汉代石碑中保存比较完整、字体比较清晰的少数作品之一。

> 集字是书法术语，指将前代某一书家的字迹搜罗并集成的书法作品。

> 碑拓（tà），用湿纸紧覆在碑上，用墨将碑上的字拓印下来。

尺寸　高 350cm　宽 108cm

尺寸　高 253cm　宽 123cm

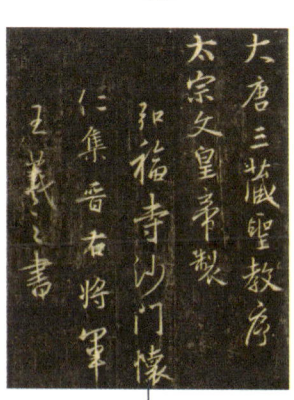

◀ 大唐三藏圣教序碑 – 王羲之行书

此碑原立于长安弘福寺，碑文为唐贞观二十二年（648），太宗李世民及太子李治为三藏法师玄奘所译佛经撰写的序和记，即《大唐三藏圣教序》和《大唐皇帝述三藏圣教序记》。

碑文由怀仁和尚用东晋书法家王羲之的行书字体集合成文，历时 20 年刻成此碑。

大唐三藏圣教序碑行书拓本局部

◀ 唐代武则天无字碑

历史学家推测武则天是被迫让位给李显的，李显将国号"周"恢复为"唐"，他虽是武则天的亲生儿子，但不愿对母亲歌功颂德，最终为武则天留下了一块无字碑。

尺寸　高7.53m　宽2.1m

尺寸　高285cm　宽102cm

有口皆碑
所有人的嘴都是活的记功碑。比喻对突出的好人好事一致称颂。

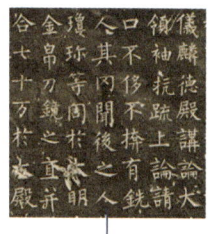

回元观钟楼铭拓文局部

尺寸　长123cm　高60cm

回元观钟楼铭 – 柳公权楷书 ▲

此碑由唐代著名书法家柳公权书写，是柳体楷书中的珍品，碑刻于唐开成元年（836）。碑文记述了回元观的历史沿革，回元观旧址曾是唐玄宗（李隆基）赏赐给安禄山的宅第，在安禄山叛乱平息之后，改作回元观。

诗中有"碑"
勋德既下衰，文章亦陵夷。
但见山中石，立作路旁碑。
《立碑》唐·白居易

多宝塔感应碑拓文局部

◀ 多宝塔感应碑 – 颜真卿楷书

多宝佛塔在唐天宝十一载（752）建成，碑文由44岁的颜真卿撰写，是楷书的经典之作。内容主要记载了西京龙兴寺禅师楚金创建多宝塔之原委及修建经过。

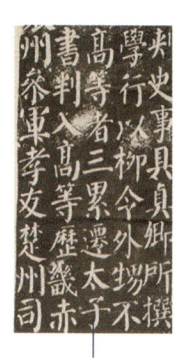

颜勤礼碑拓文局部

尺寸　高268cm　宽92cm

口碑，指众人口头的颂扬。

唐颜勤礼碑 – 颜真卿楷书 ▲

唐大历十四年（779）立，颜真卿为其曾祖父颜勤礼撰书并刻立的神道碑。古人所谓墓前开道，建石柱以为标，谓之神道，即墓碑。《颜勤礼碑》是颜真卿晚年所书，其书法艺术已臻成熟之境，是"颜体"楷书的代表作。

皇甫诞碑楷书拓文局部

尺寸　高188cm　宽95cm

◀ 唐代皇甫诞碑 – 欧阳询楷书

唐代是楷书发展的巅峰，皇甫诞碑由欧阳询书写，欧楷是汉字楷书的代表之一。

问题：
神道碑的通俗说法是什么？

答案：墓碑。

文字应用 - 风骚匾文

牌匾是中国独有的一种文化符号，不仅是指示标志，而且是文化的标志，甚至是文化身份的标志。它广泛应用于宫殿、牌坊、寺庙、古建筑的显赫位置。

"正大光明"牌匾 ▲

"正大光明"四字由清代顺治皇帝御笔亲书，悬挂于北京故宫的乾清宫宝座上方。雍正帝认为这是宫中最高且最难接触的地方，所以决定将写有继承皇位的密折存放在"正大光明"牌匾后面。

"建极绥（suí）猷（yóu）"匾额 ▲

"建极绥猷"是北京故宫太和殿匾额上的四个字，为乾隆皇帝御笔，现存的牌匾为复制品，原件在袁世凯称帝时被换下遗失了。

建极绥猷的意思是：天子承担上对皇天、下对庶民的双重神圣使命，既须承天而建立法则，又要抚民而顺应大道。

尺寸 长4m 宽1.6m

◀ **滕王阁匾额**

滕王阁建于唐代653年，与岳阳楼、黄鹤楼并称为"江南三大名楼"。匾额"滕王阁"为宋代书法家苏东坡所写。

> **诗中有"滕王阁"**
> 滕王高阁临江渚，佩玉鸣鸾罢歌舞。
> 《滕王阁》 唐·王勃

◀ **黄鹤楼匾额**

黄鹤楼位于湖北省武汉市，始建于三国吴黄武二年（223年），因唐代诗人崔颢登楼所题《黄鹤楼》一诗而名扬四海，"黄鹤楼"三个大字是中国书法家协会第一任主席舒同所题。

> **诗中有"黄鹤楼"**
> 昔人已乘黄鹤去，此地空余黄鹤楼。
> 黄鹤一去不复返，白云千载空悠悠。
> 《黄鹤楼》 唐·崔颢

◀ **岳阳楼匾额**

岳阳楼，位于湖南省岳阳市，始建于东汉建安二十年（215年），因范仲淹所作《岳阳楼记》而著称于世。"岳阳楼"三个大字是郭沫若所题写的。

> **诗中有"岳阳楼"**
> 岳阳楼上日衔窗，影到深潭赤玉幢。
> 《岳阳楼》 唐·元稹

乾清宫匾额

乾清宫始建于明代永乐十八年（1420），明清两代曾因数次被焚毁而重建，现有建筑为清嘉庆三年（1798）所建。匾额为满、汉双语。

"澹泊敬诚"匾额 ▶

承德避暑山庄又名热河行宫，是清代皇帝夏天避暑和处理政务的场所，"澹泊敬诚"由康熙御笔，取自"非淡泊无以明志，非宁静无以致远"。

尺寸 长5.6m 高1.6m

◀ 明代"天下第一关"横匾

山海关修建于明朝1381年，位于明长城的东端，北倚燕山，南连渤海，故得名。

"天下第一关"五字由明代书法家萧显书写。

东林书院依庸堂匾额、对联 ▼

东林书院创建于北宋1111年，主体建筑依庸堂始建于1604年，取自"依乎中庸"。对联"风声雨声读书声声声入耳，家事国事天下事事事关心"为明代顾宪成所撰。

岳麓书院匾额、对联 ▶

岳麓书院建于北宋976年，"岳麓书院"四字由宋真宗御笔。"惟楚有材"出自《左传》，"于斯为盛"出自《论语》。

问题：
古代匾额的文字是从左往右读的吗？

答案：是的，从右往左。

126
陶瓷的制作

132
从陶到瓷

136
宋代瓷器

128
史前陶器

134
隋唐陶瓷

138
元明清陶瓷

中国瓷器对世界的影响

文明之名

  陶器是人类第一次利用天然物,按照自己的意志,创造出来的一种崭新的东西,是文明发展的重要标志,也是人类从旧石器时代进入新石器时代的象征。

  约1万年前,浙江上山文化的古人已经开始制作彩陶。新石器时代的中国各地都出现了不同特色的彩陶、红陶、白陶、黑陶等品类。

  随着烧制技术的提高,商周时期出现了原始瓷器。汉代以后,出现了釉下彩、釉上彩等工艺,并随后发展出了各种各样的彩瓷。唐宋时期是中国瓷器的集大成者,唐代出现了越窑、长沙窑、邢窑等精品瓷器,宋代则有官窑、哥窑、汝窑、钧窑和定窑等。元明清时期,中国瓷器继续发展,出现了元青花瓷、明釉里红、清珐琅瓷等极具时代特征的瓷器。

  中华素有瓷国之称,在英文中"瓷器(china)"与"中国(China)"同为一词。

  瓷既是西方称呼中国的名称,也是中华文明的特色之一。

陶瓷的制作

陶土 ★

陶土的颗粒大小不一致,含砂粒、黏土等成分,往往呈现黄、灰等色,常用于制造陶器、砖、瓦等。

瓷土 ★

瓷土颗粒细腻,具有很高的黏性及可塑性,需要1200℃以上高温才能烧制成瓷器。

捏塑法 ★

捏塑法是用手捏出器物形状的最原始的塑坯方法,适用于小型坯体的制作。

上釉 ★

釉是覆盖在陶瓷制品表面的无色或有色的玻璃质薄层,釉一般由草木灰、石灰制成。上釉就是在烧制陶、瓷器时,首先烧制毛坯,烧好后拿出来上釉,然后再烧的一种方式。

泥条盘筑法 ★

泥条盘筑法是将搓成细条状的泥条盘筑成器物形状的方法,适用于大中型坯体的制作。

釉下彩 ★

釉下彩是陶瓷器的一种主要装饰手段,是用色料在素坯(即半成品)上绘制纹饰,然后再施以透明或者浅色面釉,烧成后的图案被一层透明的釉膜覆盖,显得晶莹透亮。代表性瓷器有青花瓷、釉里红瓷等。

釉上彩 ★

釉上彩是指在已烧成的瓷器上,用色料绘制图案,再于700℃~900℃左右的低温窑炉中二次烧造而成。釉上彩颜色鲜艳,艺术感很强,由于彩绘施于釉上,易磨损腐蚀。代表性瓷器有珐琅彩瓷。

轮制法 ★

轮制法是利用转盘快速旋转所产生的离心力,将泥团拉成各种形状的成型方法,制作的器物器形规整,厚薄一致,是制瓷的主要方法。

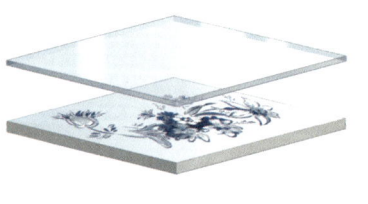

我国古代陶瓷器釉彩的发展,是从无釉到有釉,又由单色釉到多色釉,然后再由釉下彩到釉上彩。

时间　距今约 1.5 万年

◀ 虎头梁文化赤铁矿

赤铁矿是新石器时代普遍使用的染色剂，将矿石粉研磨成粉末后，加水即可调出合适的色彩。

平地烧 ★

平地烧是最原始的陶器烧制方法，顾名思义，平地烧即在平地上堆砌木柴，然后将做好的陶坯放在木柴上直接烧制。平地烧法的火焰温度一般在 300~500℃ 左右。

封闭烧 ★

在平地上堆砌木柴，将做好的陶坯放到木柴上之后，盖上稻草，然后再糊上泥巴，只留几个小孔出烟。这种烧法可以将温度提高到 700℃ 左右。

竖窑 ★

在小山坡的中间挖一个洞，下面烧火，上面放置需要烧制的陶器，便是竖窑，也称升焰窑。这种烧法可以将温度提高到 1000℃ 左右。

倒焰窑 ★

倒焰窑是将出烟口放在窑的底部，这样上升的火焰又会再次下降流遍全窑。窑内温度可达 1350℃ 左右。

横窑 ★

横窑由竖窑发展而来，也称平焰窑，是为了让热量在窑内滞留的时间增长。这种烧法可以将温度提高到 1100℃ 左右。

陶瓷被称为"土与火"的艺术，窑炉是烧制陶瓷的核心要素。陶瓷窑炉结构的变化体现了古代先民对火力的掌握程度，反映了当时生产力和技术水平的高低。

问题：

元青花是釉上彩还是釉下彩？

答案：釉下彩。

史前陶器

人类制造陶器约始于新石器时代，大概有一万年以上的历史。这是人类文明发展过程中具有划时代意义的伟大发明。

江西上饶市万年县仙人洞遗址陶器残片 ▶

此时制陶技术尚处于原始阶段，陶器大多是手工捏制而成的圆底罐，陶器内壁凹凸不平，厚薄不匀，制作粗糙。陶土中掺和了蚌末、石英粒，陶器的颜色杂乱，有的在同一块陶片上呈现红、灰、黑三色。

时间　距今约 2 万～1.9 万年

> 最原始的陶器制作方法是手工将陶土捏成要烧制的形状，称为捏塑法。

尺寸　高 22cm　口径 23cm
时间　距今 9000~7000 年

◀ 裴李岗文化乳钉纹红陶鼎 − 捏塑装饰

这是目前发现的中国最古老的鼎，腹部乳钉既可加固器身，也能作为装饰。陶胎中有许多粗砂粒，可以增加陶鼎的透气性能，在高温情况下不会发生崩裂。裴李岗文化时期，中原地区的制陶工艺已经脱离了最原始的阶段。

这件陶鼎主体采用"泥条盘筑"法，先将陶泥搓成条状，再盘成圆鼎的坯体，最后用"捏塑法"固定三足和乳钉装饰。

尺寸　高 8.1cm　口径 21.3cm
　　　足距 15cm
时间　距今 8000~7600 年

河北省邯郸市磁山文化红陶三足钵 − 捏塑装饰 ▶

早期的制陶技术较为原始，器形欠规整，器壁凹凸不平。该陶器的圆形部分采用了泥条盘筑法，三条足则采用了捏塑法。

绳纹红陶圈足碗 – 印纹装饰

大地湾文化是黄河流域最早产生陶器的古文化之一，这种陶器的陶土中含有细砂，表面有绳纹，已经相当美观。

陶拍是一种制陶工具，是用来拍打陶器表面，使其既美观又坚固，也是制陶工艺的最后一道工序。绳纹是古代陶器的装饰纹样之一，使用陶拍在坯体上拍印而成的。

尺寸　口径 18cm
时间　距今约 8000 年

◀ 仰韶文化人头形器口彩陶瓶

这件彩陶瓶的人头瓶口运用了不同的制作手法，头发、眼睛、嘴系雕刻而成，鼻、脸、耳则是捏塑而成，既是一件彩陶作品，也是一件雕塑作品。

这件陶器瓶身彩绘，瓶口部位展现了高超的贴塑装饰工艺。

尺寸　高 32.3cm　口径 4cm
　　　底径 6.8cm
时间　距今 7000~5000 年

尺寸　高 15.5cm
　　　口径 8.1cm

雕刻是新石器时代陶器装饰的重要工艺之一，由于早期陶器以实用为主，因此更为常见的是刻纹陶器。

崧泽文化灰陶镂孔双层壶 – 刻纹装饰 ▶

崧泽文化灰陶镂孔双层壶的壶口和圈足的边沿都呈花瓣形，壶身分内外两层，外层在器身腹部和圈足部位有以圆孔和弧边三角形组成的镂空花纹与压划阴线。

尺寸　高 14cm　宽 14cm
时间　距今约 7000~5000 年

仰韶文化几何纹彩陶罐 ▶

彩陶是仰韶文化最鲜明的特征，彩陶上几何图案的出现，意味着先民对艺术的追求已经逐渐成熟，文明也进入成熟的阶段。

尺寸　口径 28cm
时间　距今 7000~5000 年

◣ 仰韶文化鱼纹彩陶盆

仰韶时期的各个部落已经达到相当成熟的制陶水平，包括选用陶土、塑坯造型、烧制火候等一系列技术和绘画、贴塑装饰的工艺。

彩陶用的颜料一般是含赭（zhě）石、氧化锰等色彩元素的天然矿物，在陶坯上绘画后再进行烧制。

彩绘方法有两种：一种是在塑制好的陶坯上直接作画；另外一种是先在陶器需要作画的部位涂一层加了彩色的泥浆，然后再行绘画。

时间　距今约 10000 年

◣ 上山文化彩陶片

上山文化彩陶是迄今发现的世界上最早的彩陶。

尺寸　宽 33cm　高 10cm
时间　距今约 10000 年

上山文化大口盆 ◣

大口盆是上山文化最具标志性的器物，内外壁用细泥浆涂抹，形成一层红陶衣。

尺寸　高 28cm　口径 26cm
　　　足径 14.5cm
时间　距今约 6400~6100 年

◀ 大汶口文化八角星纹彩陶豆

大汶口文化彩陶的陶纹以植物的花叶纹样和几何图形为主，八角星纹是一种新石器时代常见的几何图形。

尺寸　高 14.8cm
时间　距今约 6500~4500 年

大汶口文化白陶鬹（guī）▶

白陶是以瓷土和高岭土为原料，在 1200℃左右的温度中烧成的陶器，由于胎质中所含氧化铁比例极低，因此烧成后表里和胎质都呈白色。但温度不够高，未形成瓷器。

尺寸　高 12.5cm　口径 7.8cm
　　　底径 4.5cm
时间　距今约 4500~4000 年

▲ 龙山文化黑陶双耳杯

黑陶选用的泥土来自黄河下游冲积平原，黄河携带的大颗粒泥沙沉入河底，经过不断冲刷，流至下游时，深层泥土土质特别细腻、无沙、且黏性大。

黑陶的制作方法是，陶器烧好后，加入湿木柴，使窑内产生大量浓烟，将陶器熏黑，使炭渗入陶器之中，呈现黑亮的光泽。

这种黑陶使用轮制技术，因而器型相当规整，器壁厚薄十分均匀。

> 问题：
> 你知道吗：黑陶的黑色是怎么来的？
>
> 答案：熏烟。

从陶到瓷

"瓷"最初泛指颜色白而质地坚硬的陶器,后专指以瓷土(高岭土)为原料烧制而成的瓷器。

尺寸　高 11.5cm　口径 18.3cm
　　　底径 3.5cm

尺寸　高 25cm　口径 18cm
　　　腹径 27.3cm

商代印纹硬陶豆

印纹硬陶的陶泥成分和原始青瓷相似,由于陶泥细腻,烧制温度比一般陶器高,硬度高,因此称为"硬陶"。外表花纹是用陶拍印出的,因此称为"印纹"。

商代原始瓷尊 – 釉质硬陶(原始瓷)

商代的一部分原始瓷器,以高岭土为胎,以石灰作为釉料,通过1200℃炼制,质地坚硬,无吸水性或吸水性很弱,已经具备瓷器的基本特征。由于技术水平限制,烧制的温度略欠火候,因此也称为釉质硬陶。

尺寸　高 37.5cm
　　　口径 22cm
　　　底径 16.4cm

尺寸　高 12cm　口径 20.5cm
　　　腹径 27cm
　　　底径 20cm

西周原始瓷罐 – 釉质硬陶(原始瓷)

西周时期的原始瓷器比商代有较大的发展,这一时期的原始瓷器仍大都为生活用的器皿。

春秋原始青瓷簋

原始青瓷最早出现于商周时期。青瓷色调的形成,主要是胎釉中含有一定量的氧化铁(以铁为着色剂的青绿色釉)。早期的青瓷含铁不纯,因为杂质的存在使得色调呈现黄色或黄褐色。

原始瓷器发展到了春秋时期,器类丰富程度超过以往,仿青铜器的原始青瓷盛行。

尺寸　高 12cm

西晋青釉熏炉

西晋时期,越窑青瓷开始繁荣,熏炉是这一时期代表性产品。此类香薰主要流行于三国吴至西晋时期,是江南地区瓷器特有的器型。

尺寸　高 8.8cm
　　　口径 2.5cm

隋白瓷双耳扁瓶

白瓷的出现晚于青瓷,是在青瓷烧制的基础上产生的。白瓷与青瓷的区别是白瓷胎釉的原料中含铁量甚少,其他生产工序并无差异。

唐代葵口浅底白瓷碗 ▶

早期白瓷的特点是胎质和釉色均呈乳白色，釉层中略微泛青，仍保留有青瓷的痕迹。

尺寸　高 4.3cm　口径 14.3cm

尺寸　高 47cm

◀ 东汉绿釉陶壶 – 彩釉陶

绿釉是用含氧化铜为主的矿粉与石灰混合制成的。

尺寸　高 13.5cm　长 16cm
　　　宽 12.1cm

唐三彩方柜 – 彩釉陶 ▶

唐三彩以瓷土为胎，先烧陶坯再上彩釉分两次烧制而成。在釉料中掺入氧化铜矿粉可以呈现绿色，掺入氧化铁矿粉可呈黄褐色，掺入氧化钴矿粉可呈蓝色。

该柜仿照日常生活中的储物柜，是一件随葬品。

三国吴青瓷釉下彩羽人纹盘口壶 – 彩瓷

这件青瓷是中国最早的釉下彩瓷器，也是迄今所见最早以绘画技术美化瓷器。

尺寸　高 22cm　口径 6.8cm
　　　底径 7cm

尺寸　高 32.1cm　口径 12.6cm
　　　底径 13.6cm

唐代蓝釉陶碗 – 彩釉陶 ▼

蓝釉是以含氧化钴为主的矿粉与石灰混合制成的。

北齐白釉绿彩长颈瓷瓶 – 彩瓷 ▶

这是中国目前发现最早的白釉加彩（釉上彩）瓷器，烧制于南北朝时期北齐武平六年（公元 575 年）。

白瓷和加彩瓷的产生，改变了以往的单一色调，为以后的彩瓷产生奠定了基础。

尺寸　高 4cm　口径 11.5cm
　　　足径 4.6cm

问题：

你知道吗：唐三彩是陶器还是瓷器？

答案：陶器。

隋唐陶瓷

隋唐五代时期是中国瓷器的大发展期,形成了"南青北白"的格局,北方的白瓷主要以邢窑为代表,南方的青瓷主要以越窑为代表。通过丝绸之路和海上丝绸之路,中国的瓷器远销世界各地。

尺寸　高 41.3cm
　　　口径 19.3cm
　　　足径 10.2cm

越窑是中国古代最著名的青瓷窑,窑所在地主要在越州境内(今浙江宁波和绍兴)。

◀ 唐代青釉凤首龙柄壶

青釉凤首龙柄壶是越窑青瓷的一种创新产品。唐代,中国与西亚各国文化交流频繁,此壶吸取了波斯金银器鸟首壶的造型特点,又融入了中国传统的龙凤装饰艺术。

尺寸　高 6.6cm
　　　口径 11.8cm
　　　底径 6.6cm

唐代越窑荷叶茶盏 ▾

越窑青瓷与唐代的饮茶风尚关系十分密切,其温润如玉的釉质,青绿略带闪黄的色彩能完美地烘托出茶汤的绿色,深受饮茶者的喜爱。

尺寸　高 19cm
　　　腹径 14.3cm

耀州窑窑址位于陕西铜川,古代属耀州,因此得名。唐代时期青瓷以越窑为最,耀州窑青瓷仿越窑烧制,是北方青瓷的代表。

诗中有"越窑"

九秋风露越窑开,夺得千峰翠色来。
《秘色越器》 唐·陆龟蒙

唐代越窑褐彩云纹镂花五足炉 ▶

尺寸　高 66cm　口径 36.5cm
　　　底径 41cm

五代耀州窑青瓷提梁倒装壶 ▲

刻花青瓷是在半干的坯体上,用竹质、骨质或铁质刀具刻画出花纹图案,施釉烧成后,通过釉层薄厚形成浓淡色阶,呈现出花纹,格调清新高雅。

提梁倒灌壶结构 ★

提梁倒灌壶是一种可以把液体从壶底注入,并从壶嘴正常倒出的壶。水从底部梅花形注水孔注入,从狮子张口的壶嘴流出,壶身刻饰牡丹。

◀ 唐邢窑白釉罐

尺寸　高 13cm　口径 7.4cm
　　　足径 6.1cm

唐代邢窑白釉碗

商周出现原始青瓷以来，中国瓷器一直以青瓷为主，邢窑白瓷的出现，形成了"南方青瓷""北方白瓷"局面。

尺寸　高7cm　口径12.5cm
　　　底径5.7cm

邢窑起始于隋朝，是中国北方最早烧制白瓷的窑场，现存遗址位于河北省邢台市，五代（907年～960年）时由于原料匮乏等原因而日渐衰落。

唐代长沙窑青釉褐绿色彩云纹双耳罐

长沙窑釉下彩绘瓷由早期单一的釉下褐彩逐渐发展而来，打破了当时南方青瓷和北方白瓷为主导的格局，在唐代诸瓷窑中独树一帜。

尺寸　高29.8cm
　　　口径16.3cm
　　　底径19.5cm

尺寸　高16.4cm
　　　口径5.8cm

唐代长沙窑青釉褐斑贴花舞蹈人物瓷壶

唐朝时，中西交往频繁，西域金银器工艺不仅影响唐代的金银工艺，同时也影响到陶瓷工艺。长沙窑瓷上的模印贴花、印花工艺也是从金银器工艺移植过来，并成为长沙窑的装饰特色。

寿州窑位于安徽省淮南市，该地在唐代归寿州所辖，称为寿州窑。瓷枕是一种枕头，是中国古代瓷器造型中较为流行的一种。

唐代三彩釉陶载乐骆驼

唐三彩的釉彩有黄、绿、白、褐、蓝、黑等色彩，而以黄、绿、白三色为主，所以人们习惯称之为"唐三彩"，通常作为唐墓随葬品，常见有马、骆驼、仕女、乐伎俑、枕头等。

尺寸　骆驼高58.4cm　长43.4cm
　　　舞俑高25.1cm

▼ 唐代寿州窑黑釉瓷枕

尺寸　长14cm　宽11cm
　　　高8cm

问题：

你知道吗：司马光砸缸故事中的"缸"是陶还是瓷？

答案：陶器。

宋代瓷器

宋代是传统制瓷工艺发展史上繁荣昌盛的时期，出现了官窑、哥窑、钧窑、汝窑、定窑五大名窑，出口遍及亚洲的东部、南部、西部和非洲东海岸的大部分地区。

尺寸　高 22.8cm　口径 8.3cm　底径 9.6cm

▴宋官窑粉青釉瓶

宋代有崇古风尚，瓷器烧制经常仿商、周、秦、汉时期的青铜器及玉器。

尺寸　高 34.5cm　口径 9.9cm　足径 14cm

宋官窑青釉贯耳瓶尊 ▴

宋代官窑瓷器，由官府直接营建，分北宋官窑和南宋官窑。官窑产品专供宫廷，以宫廷生活用瓷与陈设瓷为主。

尺寸　高 4.1cm　口径 20.2cm　足径 7.5cm

◂南宋哥窑青釉葵瓣口盘

哥窑瓷器为宫廷用瓷，具体窑址仍存争议，专家推测哥窑是宋代官窑的一种。

由于坯体与釉的膨胀系数不同，在窑内冷却过程中釉因收缩率大而开裂，形成开片的纹路，称为"金丝铁线"，这是哥窑瓷器显著的特征。

> 开片本为瓷器釉面开裂现象，主要由于瓷器的胎和釉膨胀系数不同而形成开裂，人们在掌握了开裂的规律后制出了开片釉，成为了瓷器的一种特殊装饰，哥窑"开片"的美发挥到了极致。

▴南宋哥窑鱼耳瓷炉

哥窑瓷器是青瓷的一种，烧制时釉层熔融变薄，呈现出了内部胎体的深褐色。

尺寸　高 8.8cm　口径 11.9cm　足径 9.2cm

▴南宋哥窑青釉弦纹瓶

尺寸　高 20.1cm　口径 6.4cm　足径 9.7cm

尺寸　高 14cm　口径 25cm

宋代钧窑花盆 ▸

钧窑窑址位于古代钧州（今河南禹州一带），是北宋时期出现的一种最特殊的青瓷，以"釉具五色，艳丽绝伦"而独树一帜。

钧窑釉色以青蓝为基调，于青蓝中呈现紫红色，人们称其为"窑变"。

碰瓷原意指手拿易碎的瓷器故意撞人，瓷器落地摔碎后，敲诈被撞的人。引申为故意敲诈他人等行为。

◀ 金钧窑天蓝釉紫红斑碗

尺寸　高 8.5cm　口径 14cm
　　　足径 4.4cm

"雨过天青云破处，千峰碧波翠色来"是对汝窑釉色（天青色）的逼真描述。

汝窑淡天青釉弦纹三足樽式炉 ▶

汝窑因窑址位于宋时河南汝州（今河南平顶山）境内而得名，北宋末年汝窑毁于战乱。

汝窑瓷釉基本色调是淡淡的天青色，俗称"鸭蛋壳青色"。

尺寸　高 12.9cm
　　　口径 18cm
　　　底径 17.8cm

◀ 宋汝窑瓷碗

尺寸　高 6.7cm　口径 17.1cm
　　　足径 7.7cm

宋定窑白釉刻花龙首净瓶 ▶

尺寸　高 60.9cm　腹径 19.1cm
　　　流口径 2cm　底足径 10.1cm

窑变主要是指瓷器在烧制过程中，由于窑内温度发生变化导致其表面釉色发生的不确定性自然变化。

尺寸　高 8cm　口径 17cm
　　　足径 6.9cm

宋定窑白釉莲花瓣纹碗 ◥

宋代定窑是继唐代的邢窑白瓷之后兴起的一大瓷窑体系，原属定州（今河北定州），是当时最有名的白瓷窑。

问题：
你知道吗：瓷器的开片是怎么形成的？

答案：由于坯体与釉的膨胀系数不同，在烧制冷却过程中釉层开裂所致。

元明清陶瓷

这个时期，中国的瓷器继续发展，景德镇瓷器登上历史舞台，从青花瓷到釉里红到珐琅，每一个朝代都创造了有自身特点的瓷器，延续着中国瓷器的光辉与灿烂。

元、明、清时期，景德镇凭借当地盛产瓷土中最洁白、最纯净的高岭土，成为了宫廷生产御用瓷器的所在地，景德镇是中国历史上烧造时间最长、规模最大、工艺最为精湛的瓷窑。

青花瓷的釉料一般采用产自西亚地区的苏麻离青，这是一种低锰高铁的钴蓝料，青花成色十分浓艳。这种色料烧成的最大特征就是釉聚处会出现黑褐色结晶斑。

元景德镇窑青花双凤纹玉壶春瓶 ▶
尺寸　高 25.8cm　口径 7.2cm　足径 7.4cm

元景德镇窑萧何月下追韩信图梅瓶 ◀
尺寸　高 44.1cm　口径 5.5cm　腹径 13cm　底径 13cm

釉里红瓷以氧化铜为呈色剂在胎上彩绘，然后施釉，经高温一次烧成。因其在釉下彩绘，故称釉里红。

明洪武景德镇釉里红寿石花卉纹大瓷盘 ▼
尺寸　高 10.1cm　口径 58.3cm　足径 35cm

秦末农民战争中，韩信弃项羽奔刘邦。在与韩信的多次交谈中，刘邦重臣萧何十分赏识韩信。但一直不受重用的韩信渐生不满，离开了刘邦。萧何发现后连夜策马追赶，终于劝得韩信回心转意。随后萧何向刘邦举荐韩信，刘邦遂拜韩信为大将。

明洪武釉里红缠枝牡丹纹执壶 ▶
尺寸　高 32cm　口径 7.3cm　足径 11cm

釉里红盛行于明初洪武年间，因为朱元璋的朱指红色；洪武的"洪"跟"红"谐音，所以朱元璋对釉里红极为喜爱。

清康熙郎窑红釉穿带直口瓶 ▼
尺寸　高 20.8cm　口径 6.1cm　足径 9.1cm

18世纪初，江西巡抚郎廷极奉康熙之命到景德镇主持御窑时，试图烧制出失传数百年的祭红，但是没有成功，却成功地烧制出另外一种更为鲜亮的红釉瓷器，人们把这种瓷器称为郎窑红。

清雍正青花釉里红松竹梅瓶

尺寸　高 26.5cm　口径 8.9cm
　　　足径 11cm

同时使用青花、釉里红两种色料进行瓷器的装饰，兼具青花瓷和釉里红瓷两种风格特点。

尺寸　高 39cm　口径 7.3cm
　　　腹径 28cm　足径 12.3×11.7cm

清乾隆金胎掐丝珐琅金壶

这件金壶采用了掐丝珐琅和画珐琅的工艺，绘画融合了西方绘画的表现技法，是一件中西合璧的清代皇宫艺术珍品。

尺寸　高 8cm　口径 16cm

清康熙珐琅彩瓷碗

珐琅彩也称画珐琅，做法是先在景德镇烧制成瓷碗，然后运送至北京，再由皇宫的画师将珐琅彩料画于瓷碗上，二次烧制而成。

清代画珐琅长方盆玉兰盆景

珐琅彩瓷是将铜胎画珐琅技法移植到瓷胎上而创烧的彩瓷新品种。

尺寸　高 47cm　盆长 25cm
　　　宽 17cm

元掐丝珐琅缠枝莲纹象耳炉

元掐丝珐琅缠枝莲纹象耳炉是用元代的器物进行改造的，铜胆、象耳和圈足为明代工匠后配。一般认为掐丝珐琅工艺于13至14世纪传入中国，因其工艺繁杂和造价高昂，主要收藏在宫廷之中。

尺寸　高 13.9cm　口径 16cm
　　　足径 13.5cm

掐丝珐琅是在金属胎体上，用细铜丝铆焊成图案，填加珐琅彩釉料，再烧制成器。这种工艺常以蓝色为底，在明代景泰年间日臻完善，又被称为"景泰蓝"。

尺寸　高 10.4cm　口径 14.9cm
　　　足径 4cm

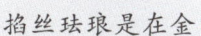

明掐丝珐琅鱼藻纹高足碗

明代高足碗在西藏地区用于宗教仪礼当中，通常用于盛装鲜奶、酥油、青稞酒、清水等供品。

问题：
朱元璋为什么喜欢釉里红？

中国瓷器对世界的影响

从 8 世纪末开始，中国陶瓷开始向外输出。输出地包括现在的东北亚的朝鲜半岛与日本；东南亚的新加坡、泰国、马来西亚、印度尼西亚、菲律宾；南亚的斯里兰卡、巴基斯坦和印度；西亚的伊朗、伊拉克、沙特阿拉伯、阿曼；北非的埃及；东非的肯尼亚和坦桑尼亚。此时海上交通路线主要有两条，一是从扬州或明州（今宁波）经朝鲜或直达日本；二是从广州出发，到东南亚各国，或出马六甲海峡，进入印度洋，经斯里兰卡、印度、巴基斯坦到波斯湾。有些船只继续沿阿拉伯半岛西航可达非洲。

◣ 唐代青花花卉纹盘

唐代青花瓷是"黑石号"出水文物中最负盛名的品类，棕榈叶组成的纹饰具有典型的中亚风格，是目前所能见到最精美的唐青花器，也证实了 9 世纪的中国青花瓷已经通过海上丝路，远销海外。

唐代长沙窑鸟纹碗 ▶

"黑石号"证实了长沙窑产品主要面向海外市场，其中阿拉伯帝国可能是重要外销地。长沙窑瓷器作为中晚唐的外销瓷，产品极富特征，它开创了中国陶瓷装饰的彩绘时代。

◣ 黑石号阿拉伯帆船的复原模型

黑石号是在印度尼西亚海域一块黑色大礁岩附近发现的一艘唐朝时期的沉船，黑石号从扬州出发，经由东南亚前往西亚、北非，船上装载的中国瓷器达到 67000 多件。

南宋义窑
青白釉划花葵口碗 ▶

南宋德化窑白釉印花四系罐
（内套装小瓷瓶）◣

德化窑位于福建德化县，是福建沿海地区古代外销瓷重要产地之一，大量瓷器外销至东亚、东南亚乃至非洲。

◣ 南宋景德镇青白釉印缠枝花卉纹折沿芒口盘

义窑位于福州市闽清县东桥镇义窑村一带，宋元时，产品大量销往东亚和东南亚各国，在日本、印度尼西亚等国均有发现，是当时福建地区重要的外销瓷生产基地。

宋元以来，景德镇瓷器通过"丝绸之路"和"海上丝绸之路"大量输往欧、亚市场。贵重的景德镇瓷器被欧洲人称为白色黄金，成为王宫贵族生活中夸耀财富的手段。英国、瑞典、荷兰、韩国、日本等国都模仿中国制瓷技法，开辟了欧、亚制瓷历史的新纪元。

► **南宋龙泉窑青釉内出筋菊瓣纹盘**

南宋磁灶窑黑釉扁腹小口罐 ▼

龙泉窑位于浙江龙泉市，是宋代著名的青瓷产地，也是当时销量最大的外销瓷器，出口地遍及亚洲的东部、南部、西部和非洲东海岸的大部分地区。

磁灶窑位于福建晋江市，是宋元时期华南沿海一处重要的外销陶瓷产地，大量远销东亚、东南亚以及东非的许多国家和地区。

尺寸　高 17cm　口径 26cm

▲ **"南海Ⅰ号"沉船复原图**

"南海1号"是南宋初期一艘在海上丝绸之路向外运送瓷器时失事沉没的木质古沉船，从泉州港驶出，目的地是东南亚地区或中东地区，沉没于广东省阳江海域。

▲ **清乾隆景德镇窑广彩徽章纹汤盆**

徽章瓷是中国外销瓷的一种。16~18世纪时，欧洲贵族及上层人士都以拥有装饰徽章图案的中国餐具作为荣耀与权威的象征。这件汤盆的鸟雀栖枝纹是英国波内（Powney）家族的徽章。

清乾隆广彩人物纹盘 ▶

这种瓷盘是 16~18 世纪专门为适应欧洲市场而特制的外销瓷。

清乾隆粉彩描金徽章纹杯 ◀

尺寸　高 6.8cm　口径 6.5cm
　　　足径 4.4cm

尺寸　高 2.7cm　口径 12.6cm
　　　足径 7.3cm

明、清时期的外销瓷主要是景德镇的青花瓷和釉上彩瓷。许多瓷器的装饰图案是依照外商从欧洲带来的样品由中国画工精心摹绘的。

尺寸　高 19cm
　　　口径 7cm
　　　足径 10.4cm

中国陶瓷外销始于唐代，随丝绸之路输往国外，明代晚期开始，中国瓷器开始大量销往欧洲。

清乾隆粉彩描金徽章纹单柄壶 ▲

该盾形徽章不属于贵族徽章，可见欧洲普通家庭也向中国定制瓷器。

问题：
宋代销量最大的外销瓷是什么？

答案：龙泉窑瓷器。

144
绘画

152
雕刻

170
音乐

150
书法

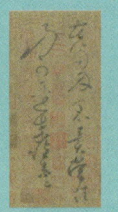

160
建筑

178
博弈

文明之韵

民间艺术

　　文明之"韵"的韵，不仅仅是和谐悦耳的声音，还包括古代艺术所展现的气韵、神韵、韵味，它是中华文明的极致之美。

　　艺术是人类按照自己的意志进行的某种创作，这种有意识的创作也可认为是人类进入文明时代的标志之一。

　　从广义角度来看，艺术包括绘画、书法、音乐、舞蹈、雕刻、建筑等，都凝结着人类艺术创作的灵感，这些内容我们在其他章节已经有所提及，你可以从艺术的角度重新感受那些杰作。这些艺术有的发源自中国，如书法，有的整合了外来文化并最终成为中国文化的代表，如舞狮。

　　艺术是人类对于世界和自身的思考，是人类在历史进程中，通过不断认识自然、认识社会、认识自我后，创造出来的精神文明。

绘画 - 岩画陶画

岩画是一种石刻文化，人类祖先以石器作为工具，用粗犷、古朴、自然的方法——石刻，来描绘、记录他们的生产方式和生活内容，它是人类社会的早期文化现象，是人类先民们给后人的珍贵文化遗产。

岩画 ★

岩画的绘制通常有两种方法，一种是用利器在岩石上刻画，一种是用有色矿物研磨成粉调成颜料绘制。

贺兰山岩画 ▼

贺兰山岩画位于宁夏贺兰山东麓，总计约有组合图画5000组以上、单体图像2.7万多幅，绝大部分是岩刻。

记录了远古人类3000~10000年前放牧、狩猎、祭祀、征战、舞蹈等生产生活场景。

花山岩画 ▼

花山岩画位于广西壮族自治区崇左市宁明县花山屯北面的明江东岸的崖壁，高44米，宽170米，壁画是古人用赭红色的赤铁矿粉和动物脂肪稀释调匀后绘制的。

花山岩画生动地表现了距今2500~2200年前骆越族人的生活场景，骆越人是今天壮族、侗族、黎族、布依族、傣族、仡佬族等少数民族的祖先。

时间　距今约7000~5000年

▼ 仰韶文化石研磨盘和赤铁矿

赭红色颜料矿石为赤铁矿，是新石器时代普遍使用的染色剂，仰韶人将赤铁矿研磨成粉，加水调成颜料，用于绘制陶器图案。

马家窑文化双格陶调色盒 ▶

盒中有一隔断，当时人们用它调出两种颜色用以绘制陶器上的图案。

尺寸　高6.5cm
时间　距今约5300~4000年

尺寸　高14.1cm　宽28cm
时间　距今约5300~4000年

▼ 马家窑文化舞蹈纹彩陶盆

彩陶盆上的舞蹈画面带有原始宗教色彩，再现了先民们用舞蹈来庆祝丰收、欢庆胜利、祈求上苍或祭祀祖先的场景。

文明之韵 绘画 | 145

尺寸　长21.2cm　宽17.2cm
　　　高11.6cm
时间　距今7000~5000年

仰韶文化鹳（guàn）鱼石斧图彩绘陶缸 ▼
这幅画中白鹳全身涂白，石斧和鱼的外形采用"勾线"的画法，体现了中国画"画神不画形"的特点。

▼河姆渡文化猪纹陶钵
这件陶钵上的猪纹是刻上去的，陶泥塑成陶坯后，先用硬物刻画猪纹的图案，然后再烧制而成。河姆渡有着发达的水稻农业，猪是当时的主要家畜之一，猪纹反映了河姆渡人的生活面貌。

陶画主要有三种形式，一是在陶坯上刻画图案，二是用陶拍在陶坯上印图案，三是用矿物颜料绘制图案。

尺寸　高12.8cm

龙山文化线刻画纹陶拍 ▶
使用陶拍拍打陶坯，不仅可以使陶器更加坚固，还可以给陶器印上精美的图案。

尺寸　高47cm
　　　口径32.7cm
　　　底径20.1cm
时间　距今约7000~5000年

尺寸　高16.5cm　口径39.8cm
时间　距今约7000~5000年

尺寸　直径40.7cm　高9cm
　　　底径15cm　腹深7.8cm
时间　距今约4300~3900年

彩陶是中国新石器时代原始的绘画艺术，这件彩陶盆由赤铁矿粉等矿物颜料绘制成图案后，再入窑烧制而成。

龙山文化彩绘蟠龙纹陶盘 ▲
陶盘内壁彩绘蟠龙是蛇形龙的形象，此时，以龙作为图腾的华夏部落已经形成。

▲仰韶文化人面鱼纹彩陶盆
盆中的人面鱼纹由人鱼合体而成，是原始的宗教图腾。这件文物出土于西安市半坡遗址，半坡人生活在河谷地带，过着采集渔猎的生活，鱼纹装饰是他们生活的写照。

问题：
你知道吗：新石器时代最常用的颜料是什么颜色的？

答案：红色、棕色。

绘画 - 漆画壁画

壁画是历史最悠久的绘画形式之一，起源于古老的岩画，常见于寺庙、墓室、石窟等建筑物中。漆画常用在木建筑中，也绘制于漆木器上，是一种极具中国特色的艺术。

尺寸　高8cm　盖径16.5cm　底径15.6cm

◀ 战国彩绘凤鸟纹漆圆奁（lián）

战国时期，漆器空前繁荣，在一定程度上取代了青铜器，不仅用于装饰家具、器皿、艺术品，而且还应用于乐器、丧葬用具、兵器等。这一时期，漆器一般以红黑色调为主，以线条和构图表现绚丽的漆器之美。

尺寸　长121cm
时间　距今8000~7000年

◀ 跨湖桥文化漆弓

中国是世界上产漆最多、用漆最多的国家，漆画具有悠久的历史。

最初的漆器以实用为目的，后来才赋予了审美功能。跨湖桥文化漆弓是迄今为止发现的世界上最早的漆器实物，经碳14测年，其年代距今约8000年。

战国人物车马出行图漆画（局部）描绘了战国时期楚国贵族乘坐马车出行的场景，这种由三匹马拉的车叫骖（cān）。

▼ 战国彩绘人物车马出行图圆奁

漆画绘制在圆奁上，奁是中国古代女子存放梳妆用品的盒子，流行于战国直至唐宋年间，类似于现代的首饰盒。漆奁上的漆画全部展开长87.4厘米，宽5.2厘米，成为一幅画卷，各段分别绘制了出行、迎送、对话等情节。漆画采用了深红、橘红、土黄、棕褐、青色等色彩，是迄今为止考古发现用色最多的先秦绘画作品

尺寸　高10.8cm　直径27.9cm

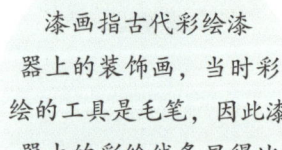

漆画指古代彩绘漆器上的装饰画，当时彩绘的工具是毛笔，因此漆器上的彩绘线条显得比较流畅。

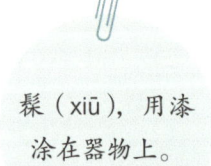

髹（xiū），用漆涂在器物上。

西汉朱地彩绘棺 ▶

木棺出土于长沙马王堆一号汉墓，通体内外髹朱漆，外部用青绿、粉褐、藕褐、赤褐、黄白等明亮的颜色，彩绘龙、虎、朱雀、鹿和仙人、高山等"祥瑞"的图案，是中国古代漆器工艺中的珍品。

尺寸　长230cm　宽92cm　高89cm

尺寸　长514cm　宽327cm

◀ 西汉四神云气图壁画

四神云气图面积约16.8平方米,是中国目前所见画面最大、保存最为完整的西汉壁画。画中四神为青龙、朱雀、白虎和玄武。

东平汉墓壁画局部 ▼

壁画再现了汉代的生活风貌,包括饮酒、舞蹈娱乐等,是山东地区年代最早、保存完好、艺术水平最高的汉代壁画。

尺寸　高78cm

魏晋南北朝绘画上承秦汉下启唐宋,处于中国绘画史上的重要转折期,人物画已臻成熟,山水画成为独立画科。当时的绘画注重写实和传神,人物造型严谨准确,自然环境也得到了精心的描绘。

▲ 东晋竹林七贤模印砖画局部

竹林七贤指三国时期嵇(jī)康、阮(ruǎn)籍、山涛、向秀、刘伶、王戎及阮咸七位著名的文人士大夫,他们常在竹林之下一起饮酒弹唱,故得其名。

南北朝飞天壁画 ▲

飞天是敦煌壁画的标志性特点,也是敦煌市的城市形象标志。

敦煌壁画色彩十分丰富,有红、黄、绿、蓝、白、黑、褐等三十多种颜色,它保存了从北魏到元代近千年的大量彩绘艺术颜料样品,被称为颜料标本博物馆。

▼ 唐永泰公主墓壁画《宫女图》

这是目前发现保存最完整,也最为动人的唐墓壁画,反映了唐代宫女的形象:体态丰盈,头梳高髻,身着长裙,肩披纱巾。

◀ 唐红衣舞女壁画

壁画绘制的是双手执长巾而舞的"巾舞"的形象,流行于宫廷、贵族宅院和民间,反映了唐代生活娱乐面貌。

尺寸　高116cm　宽70cm

尺寸　高176cm　宽197cm

问题:

你知道吗:中国壁画最多的地方是哪里?

绘画 - 帛画纸画

中国画的特点是用毛笔蘸水、墨、彩作画于绢或纸上，也称为水墨丹青，在世界美术领域中自成体系。

尺寸　长 205cm
　　　上宽 92cm
　　　下宽 47.7cm

西汉马王堆帛画 ▶

这幅帛画是"招魂幡（fān）"，用于引领灵魂升天。画中人物正行进在通往"天国"的途中，天上有月宫、扶桑太阳鸟、青白二龙等图案。

尺寸　长 37.5cm　宽 28cm

◀ 战国人物御龙图帛画

这幅帛画是中国最早的水墨画之一，画中男子侧身立于龙身，头顶有一华盖，龙昂首弓身成舟，旁有鲤鱼伴随，寓意指引灵魂升天。

尺寸　纵 25cm　横 348cm

▲ 东晋顾恺之《女史箴图》唐代摹本局部

《女史箴图》为中国东晋顾恺之创作的绢本绘画作品，原作已佚，现存有唐代摹本。

尺寸　长 31cm　宽 22.5cm

◀ 战国人物龙凤帛画

全图描绘飞腾的神龙、神凤引导墓主人灵魂升天，画中女主人细腰，宽袖、长裙，反映了楚人的服饰特点及"好细腰"的风俗。

东晋顾恺之《洛神赋图》宋代摹本 ▼

原为东晋顾恺之的绢本画作，这是宋代摹本。画面内容为曹植所写《洛神赋》，描绘曹植在洛水河边与洛水女神相逢的情景，是中国第一幅改编自文学作品的画作。

> 《招魂》是战国时期楚国诗人屈原的诗作，收录于《楚辞》中，此诗模仿民间招魂习俗写成。古人认为躯体和灵魂是可以分开的，人死亡以后，灵魂离开了，就要举行招魂仪式，呼唤灵魂归来。

诗中有"细腰"

楚王好细腰，宫中多饿死。
《墨子·兼爱中》
春秋末战国初宋国·墨子

是指上有所好，下争相仿效。也反映了楚国流行细腰的文化。

尺寸　纵 27.1cm　横 572.8cm

诗中有"魂"

魂兮归来！反故居些。
《招魂》战国时期楚国·屈原

> 步辇，是古代一种用人抬的代步工具，类似轿子。

尺寸　纵 38.5cm
　　　横 129cm

◀ 唐代阎立本《步辇（niǎn）图》

这是一幅出色的工笔重彩人物绢本画作，现存画作被认为是宋朝摹本。画卷描绘的是唐太宗李世民接见吐蕃使臣，并决定将文成公主许配给松赞干布的场景。

> 顾恺之主张"画神不画形"，这种绘画理论对中国传统绘画的影响很大，也是中国画的主要特点。

◢ 北宋张择端《清明上河图》局部

《清明上河图》是北宋画家张择端的绢本画作，描绘了北宋都城东京（今河南开封）繁华热闹景象，再现了12世纪北宋全盛时期都城东京的生活面貌。

尺寸　纵 24.8cm　横 528cm

尺寸　纵 51.5cm　横 1191.5cm

◤ 清代威罗瓦金刚唐卡

唐卡上所绘大威德金刚有四头八臂四足，是一位能降伏恶魔、消除烦恼的神。

唐卡系藏语，意为用彩缎织物装裱成的卷轴画，是藏族文化中著名的一种宗教（佛教密宗）艺术品。

北宋王希孟《千里江山图》局部 ▲

《千里江山图》是北宋王希孟创作的绢本画作，画卷长度接近12米，画卷中的"青绿山水"用石青、石绿等矿物上色，是宋代青绿山水画中具有突出艺术成就的代表作。

尺寸　高 124cm　宽 68cm

元代黄公望《富春山居图》卷水墨画局部 ▶

《富春山居图》是元代画家黄公望于1350年创作的纸本水墨画，是中国水墨画的代表作之一。由水和墨调配成不同深浅的墨色所画出的水墨画被视为中国传统绘画，也就是国画的代表。

尺寸　纵 31.8cm　横 51.4cm

齐白石《雏鸡出笼图》▶

齐白石是近现代中国绘画的代表人物之一，主张艺术"妙在似与不似之间"，形成独特的大写意国画风格。

尺寸　纵 67.2cm　横 32cm

尺寸　纵 130cm　横 76cm

◀ 徐悲鸿《奔马图》

徐悲鸿于1941年创作了纸本画《奔马图》，他提倡融会中西的"写实彩墨"，在中国画笔墨的造型中融入了西画的解剖和透视学，被尊称为中国现代美术教育的奠基者。

问题：

你知道吗：中国画的特点是什么？

书法

书法指书写的法度，是中国特有的一种传统艺术。从甲骨文、金文演变而为大篆、小篆、隶书，至东汉、魏、晋的草书、楷书、行书诸体，书法一直散发着独特的艺术魅力。

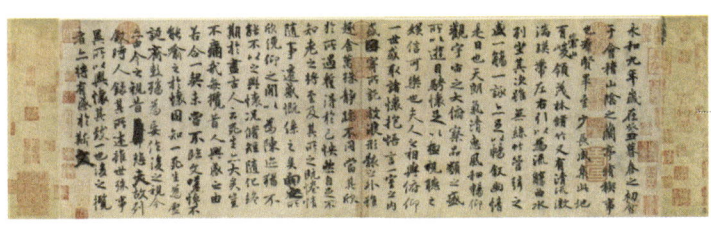

尺寸　纵 24.5cm
　　　横 69.9cm

▲ 王羲之《兰亭序》唐代冯承素摹本 – 行书

《兰亭序》是"书圣"王羲之的代表作，在中国书法史上具有崇高的地位，被称为"天下第一行书"，全文28行324字。

尺寸　纵 26.1cm
　　　横 26.9cm

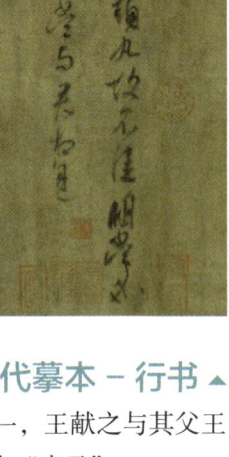

王献之《鸭头丸帖》唐代摹本 – 行书 ▲

《鸭头丸帖》是王献之的代表作之一，王献之与其父王羲之并称为"二王"，在书法史上被誉为"小圣"。

王羲之（303~361年），东晋书法家，对中国书法艺术的发展具有继往开来的巨大贡献，对日本书法界也有深刻影响，有"书圣"之誉。

尺寸　纵 25.1cm
　　　横 12cm

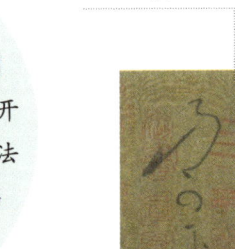

诗中有"草书"

少年上人号怀素，草书天下称独步。
墨池飞出北溟鱼，笔锋杀尽中山兔。
　　　　　《草书歌行》 唐·李白

唐代怀素《苦笋帖》– 草书 ▶

怀素与张旭合称"颠张狂素"，是中国草书史上两座高峰，李白称怀素草书天下第一。

尺寸　纵 107.7cm
　　　横 33.9cm

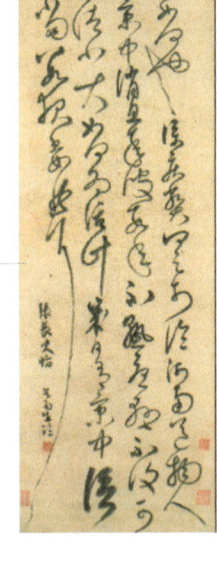

张旭《秋深帖》明朝陈璧临本 – 草书 ▶

张旭是唐代书法家，擅长草书。他往往醉后呼叫狂走，甚至以头发濡墨而书，风格奔放，不拘泥法度。

草隶是隶书的草书写法，或将行草书的笔法融于隶书之中，笔画圆转连属，流行于后汉至西晋间。

尺寸　纵 23.7cm　横 20.6cm

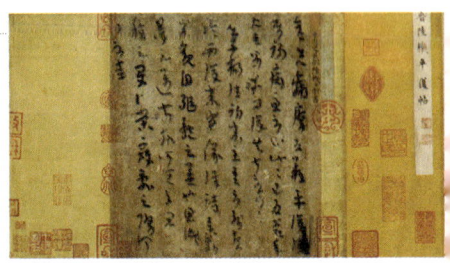

晋陆机草隶《平复帖》– 草隶 ▶

《平复帖》的书写年代距今已有1700余年，是现存年代最早并真实可信的西晋名家法帖。它用秃笔写于麻纸之上，其字体为草隶书。

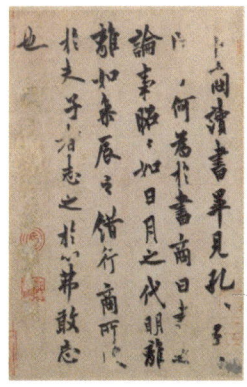

◀ 唐欧阳询《卜商读书帖》- 欧楷

　　欧阳询的书法于平正中见险绝，称为"欧体"。

　　欧阳询还在书法理论方面总结了书法用笔、结体、章法等书法技巧。

尺寸　纵 25.7cm　横 16.5cm

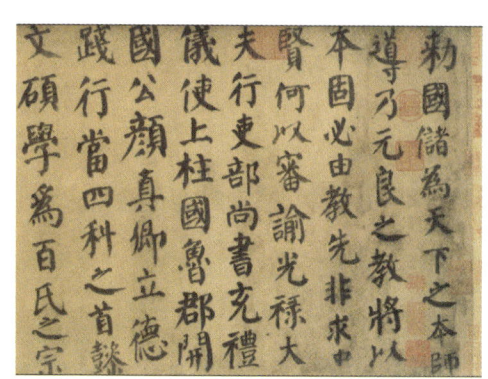

唐颜真卿《自书告身帖》局部 - 颜楷 ▲

　　颜真卿正楷端庄雄伟，行书气势遒劲，称为"颜体"。与柳公权并称"颜柳"，被称为"颜筋柳骨"。

尺寸　纵 28.5cm　横 1166.6cm

元代赵孟頫(fǔ)《高上大洞玉经》局部 - 赵楷 ▼

尺寸　纵 29.7cm　横 457cm

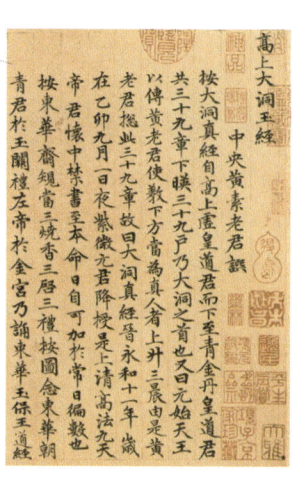

欧阳询、颜真卿、柳公权、赵孟頫并称中国楷书四大家。

▲ 唐柳公权《金刚经》拓本局部 - 柳楷

　　柳公权楷书继承了钟繇、王羲之等人的风格，吸取了颜真卿、欧阳询之长，自创独树一帜的"柳体"。

北宋赵佶《千字文》局部 - 瘦金体 ▼

　　瘦金体是宋徽宗赵佶所创的一种字体，与晋楷、唐楷等传统书体区别较大，是书法史上极具个性的一种书体。

《淳化阁帖》是北宋编印的大型书艺法帖，包括王羲之、王献之、张芝、钟繇、索靖及欧、褚、颜、柳诸家在内的宋以前历代书法巨匠的精品。

尺寸　纵 30.9cm　横 322.1cm

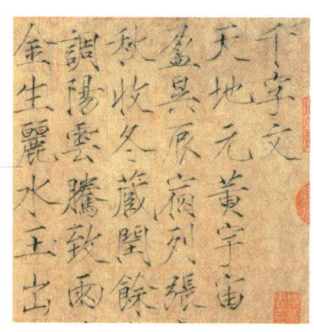

《淳化阁帖》明代拓本 ▲

　　唐代由于帝王的喜爱，出现勾摹前人墨迹集帖。宋代出现了汇集历代名家书法墨迹，将其镌刻在石或木板上，然后拓成墨本并装裱成卷或册的刻帖。这种刻帖既使古人的书法得以流传，又是学习书法的范本，故又称之为法帖。

问题：

你知道吗：临和摹有何不同？

雕刻－篆刻

文字的雕刻技术可以追溯至甲骨文，而印章则从古老的陶器印模、简牍泥印逐步发展而来。篆刻是将文字、书法、雕刻、印章结合的一种艺术。

尺寸　长 11.7cm　宽 5cm　厚 1.5cm

商代陶印模 ▲
印模用于在陶器制作泥胎时印出花纹，这是印章的来源，印上也可以设计特定的图案，用以表明生产者或所有者。

尺寸　直径 2.9cm　高 1cm

▾ 西周涡纹玺
专家推测这枚玺印可能是西周时期某个部族的标识印记，处于中国印章的早期阶段。

尺寸　直径 3.4cm　高 1.2cm

西汉"阳陵令印"封泥 ▴
秦汉时期，简牍文书以绳捆扎，在绳结处密封胶泥块并盖印，既可以防止泄密，又能用来表明书写者的身份，这种"封泥"便是"印泥"的由来。隋唐以后，公私书信一律用纸，于是人们采用水调蜂蜜、朱砂等方法，将印章印在纸上。由于水干后朱砂易脱落，到了明代，人们开始使用油调朱砂，这便是现今使用的油印。

尺寸　长 2.92cm　宽 2.69cm　厚 0.7cm

战国巴蜀图形玺 ▲
秦灭巴蜀后，巴蜀图符玺随之消失，玺上的图符不是文字，但已具备表意的功能。

◂ 西汉河间王玺封泥
这块印泥上的四个字为"河间王玺"，河间王指刘辟疆，汉代的"玺"还不是皇帝专属，诸侯王印文也可以称为"玺"。

尺寸　纵 3.25cm　横 3.4cm

尺寸　高 11.9cm　口径 7.8cm

东晋前凉"升平十三年"错金泥筩 ▸
用于盛装封泥，筩盖已经遗失。随着造纸技术的提高，纸张取代了简牍，用于密封简牍的封泥逐渐退出了历史舞台。铭文中的升平十三年为公元 369 年，为此器的刻款年代。

尺寸　纵 2.3cm　横 2.3cm　高 1.9cm

◂ 战国春安君玉玺
战国时期，玉玺已成为一种新的身份标志或地位的象征。

尺寸　高 10.1cm
　　　印面 20×20cm

▎太平天国天王玉玺

太平天国是清代道光至同治年间由洪秀全领导的太平军建立的政权,定都天京(南京),存在仅14年(1851~1864)。

尺寸　高 1.82cm
　　　印面 2.45×2.45cm

战国匈奴相邦玉玺 ▲

该玉玺由赵国制作,用来赏赐匈奴。战国时期匈奴与中原经常发生战争,中原王朝用不同方式与匈奴部族保持政治联系。

西汉刘贺玉印 ▼

该印出土于南昌西汉海昏侯墓,为揭示墓主身份是刘贺提供了最直接的证据。

尺寸　边长 2.13cm　高 1.57cm

刘贺是汉武帝刘彻之孙。公元前74年,汉昭帝驾崩,因无子,刘贺被征召入朝承袭皇帝的尊号。在位第27天被霍光废为庶人,史称汉废帝,是西汉历史上在位时间最短的皇帝。公元前63年,汉宣帝封刘贺为海昏侯。

清朝二十五方御宝
分别为:大清受命之宝、皇帝奉天之宝、大清嗣天子宝、皇帝之宝二方、天子之宝、皇帝尊亲之宝、皇帝亲亲之宝、皇帝行宝、皇帝信宝、天子行宝、天子信宝、敬天勤民之宝、制诰之宝、敕命之宝、垂训之宝、命德之宝、钦文之玺、表章经史之宝、巡狩天下之宝、讨罪安民之宝、制驭六师之宝、敕正万邦之宝、敕正万民之宝、广运之宝。

尺寸　高 7.6cm
　　　印面 7.9×7.9cm

尺寸　高 7.7cm
　　　印面 7.2×7.2cm

▲ 清乾隆"皇帝亲亲之宝"玉玺

1746年,乾隆将清朝玉玺总数定为二十五方,并详细规定了各自的使用范围。"皇帝亲亲之宝"是皇帝封赏亲族时的宝玺。

"大清嗣(sì)天子宝"金玺 ◥

这是清代二十五御宝中唯一的金质玺印,皇帝即位时,宣读的即位诏书上,盖的就是大清嗣天子宝,每一位即位的清朝皇帝,都使用过一次这枚金玺,也就是通常所说的"传国玉玺"。

问题:
战国时期的玉玺是怎么使用的?

答案:悬挂佩戴于身上。

雕刻－石雕

中国石雕、石刻创造了非常辉煌的艺术成就，像龙门石窟、莫高窟、云冈石窟、麦积山石窟、大足石刻、乐山大佛等遗迹都已经成为世界文化遗产。

中国四大名窟：莫高窟（甘肃敦煌）、云冈石窟（山西大同）、龙门石窟（河南洛阳）、麦积山石窟（甘肃天水）。

敦煌莫高窟 ▲

莫高窟始建于北朝前秦公元366年。隋唐时期，随着丝绸之路的繁荣，敦煌逐渐兴盛。莫高窟壁画保存了中国宋代以前丰富的人物画、山水画、动物画、装饰图案的实例。

大同云冈石窟 ▲

云冈石窟开凿于北魏，有窟龛252个，造像51000余尊，代表了公元5世纪至6世纪时中国杰出的佛教石窟艺术。释迦坐像露天大佛是云冈石窟的代表作品，高13.7米。

洛阳龙门石窟 ▲

龙门石窟始凿于北魏，现存洞窟像龛2345个，造像11万余尊，是世界上造像最多、规模最大的石刻艺术宝库。卢舍那大佛，是武则天根据自己的容貌仪态雕刻的，通高17.14米。

◀ 天水麦积山石窟

麦积山石窟始建于晋代（384~417年），存有221座洞窟、10632身泥塑石雕，1300余平方米壁画，以其精美的泥塑艺术闻名世界，被誉为东方雕塑艺术陈列馆。

◀ 重庆大足石刻

大足石刻开凿于唐宋时期，代表了公元9~13世纪世界石窟艺术的最高水平。大足石刻除佛像造像外，还有中国本土特色的道教、儒家造像。

四川乐山大佛 ▶

乐山大佛为弥勒佛坐像，开凿于唐代713年，历时约90年才完成。乐山大佛通高71米，是世界上最高的石刻佛像。

◀ 西汉马踏匈奴石雕

马踏匈奴石雕是西汉著名将领霍去病墓的主体雕刻，在与匈奴的战争中，霍去病占领了河西走廊，追击匈奴军直至狼居胥山，史称"封狼居胥"。

尺寸　高 168cm　长 190cm

他山之石　可以攻玉

其他山上的石头，可以用来琢磨玉器。比喻能帮助自己改正缺点的人或意见。

尺寸　高 150~177cm

顺陵石狮 ▶

石狮是唐代帝陵前象征守卫的石刻，随着"丝绸之路"的兴盛，原产于非洲和西亚的狮子传入中原，成为了唐代帝陵的石刻形象之一，并被其后历代帝陵石刻所沿袭。

尺寸　高 305cm　长 345cm

乾陵石人像 ▲

这些神态各异的石人都是依照当时唐王朝属下的一些少数民族首领、朝廷文武官员和外国国王、王子以及特使的真人雕刻而成，见证了唐王朝的辉煌。

昭陵六骏之飒露紫 ▼

尺寸　高 250cm　宽 300cm

尺寸　高 250cm　宽 300cm

◀ 昭陵六骏之拳毛䯄（guā）

昭陵六骏是为纪念六匹随唐太宗李世民征战疆场的战马而刻制的。六骏分别是特勒骠、青骓（zhuī）、什伐赤、飒（sà）露紫、拳毛䯄、白蹄乌。

胸前中箭，李世民的大将军丘行恭正在将箭拔出。

身中九箭，显示了李世民在唐朝开国战争中的功绩。

词中有"雕"

雕栏玉砌应犹在，
只是朱颜改。
问君能有几多愁，
恰似一江春水向东流。
《虞美人》 南唐末代·李煜

隋赵州桥双龙石雕 ▼

赵州桥，又名安济桥，位于河北赵县，是世界上现存最早的石拱桥，桥上石雕显示了隋代浑厚、严整、俊逸的雕刻艺术。

尺寸　长 212cm　高 85cm

问题：

你知道吗：世界上最高的石刻佛像是什么？

答案：乐山大佛。

雕刻 - 玉雕

玉雕是中国独有的技艺,具有悠久的发展历史和鲜明的时代特征,"玉"寓意美好与高雅,常用来比喻和形容一切美好的人或事物。

尺寸 高 15cm
宽 10.2cm
厚 3.8cm

◀ 良渚文化玉琮王

玉琮是良渚文化原创的玉器器形,对中华文明影响深远,良渚文化始创的玉礼器,成为了商周玉礼器系统中的组成部分。

尺寸 高 9cm
重量 重 6.5kg
时间 距今约 5000~3700 年

红山文化玉猪龙 ↘

距今约 5000~6000 年红山文化代表了史前北方最高的玉雕水平,玉猪龙是其代表作,兼有猪与龙的特征,是中国最早的龙形图腾之一。

▼ 石家河文化玉人像

石家河玉雕代表史前长江中游地区的最高水平,玉人头"戴冠帽、菱形眼、宽鼻、戴耳环和表情庄重",代表原始宗教信仰中的神或巫师的形象。

时间 距今 4200~4000 年

诗中有"玉门关"

黄河远上白云间,一片孤城万仞山。
羌笛何须怨杨柳,春风不度玉门关。
《凉州词》唐·王之涣

玉门关地处河西走廊最西端,因西域输入玉石时取道于此而得名。公元前 121 年,汉武帝设置河西四郡(武威郡、张掖郡、酒泉郡、敦煌郡)时,设立了玉门关。

尺寸 长 188cm

西汉刘胜金缕玉衣 ▲

玉衣是穿戴者身份等级的象征,皇帝及部分近臣的玉衣以金线缕结,称为"金缕玉衣",其他贵族则使用银线、铜线编造,称为"银缕玉衣""铜缕玉衣"。

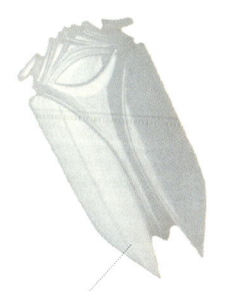

◀ 西汉蝉形玉琀

古人认为蝉的羽化是生命的重生,蝉被认为是一种神虫。

尺寸 长 5.7cm 宽 2.9cm

西汉滇王玉衣 ▶

滇王玉衣体现了汉王朝与滇国的密切关系及滇王对汉文化的认同。

尺寸　高 7cm　宽 3.5cm

◁ **跪坐玉人**

商代工匠用写实的艺术手法，雕刻出了当时人物的坐姿、发型、服饰等内容。

唐代玉飞天

飞天是佛教壁画或石刻中的在空中飞舞的神。玉飞天是唐代玉器的一大主题，其形象如同唐代贵妇人，脸型丰满、婀娜多姿，发髻雍容华贵，飘带旋回流畅，颇具盛唐气息。

尺寸　长 7.1cm　宽 3.9cm

玉云龙纹炉 ▼

宋代，受理学"格物致知"思想的影响，崇尚复古，仿古青铜器玉器是宋代玉器的一大特色，这件玉云龙纹炉的造型源自商周时期的青铜簋。

尺寸　高 7.7cm　口径 8cm　足径 4.2cm

螭（chī）是古代中国上古神话传说中的龙的九子之一，属于一种没有角的龙，嘴大、肚子能容纳很多水。

尺寸　高 7.9cm　口径 12.8cm

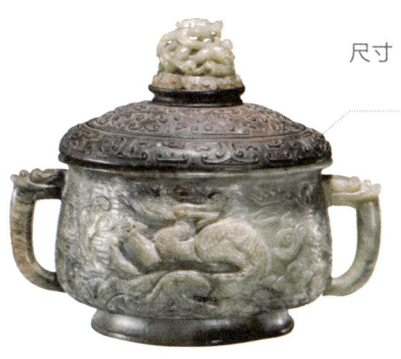

▲ **白玉双螭耳杯**

玉杯主人万贵（1392~1475）是明宪宗朱见深的宠妃万贵妃的父亲，曾任锦衣卫都指挥使，负责保卫皇帝的安全。

仿古玉器也是明代的特色之一，与宋代的单纯模仿相比，明代还有所创新，这件玉杯与商周时期的青铜器簋相比，有着明朝的时代特色。

清代肉形石 ▷

肉形石由一块玛瑙石雕刻而成，并通过染色，做成了这件肉皮、肥肉、瘦肉层次分明，毛孔逼真的作品。

尺寸　高 19cm　宽 14cm

尺寸　高 6cm　宽 7cm

清代翡翠蝈蝈白菜 ▷

由翡翠雕刻而成，菜心处的翠绿色圆雕成了一对蝈蝈和一只螳螂。

尺寸　长 19cm　宽 9cm

◁ **清代翠玉白菜**

翠玉白菜由翠玉雕刻而成，菜叶上有一只蝈蝈、一只蝗虫。

问题：

你知道吗：翡翠是玉吗？

答案：翡翠属于玉，玉分为软玉和硬玉，翡翠属于硬玉。

雕刻 – 其他

雕刻是最古老的艺术之一，除了石雕、玉雕，还有骨雕、牙雕、木雕、竹雕、角雕等等，几乎万物皆可雕。发展到现代，有冰雕、沙雕，反映了人们对精神文明的追求与往向。

尺寸　长 15.8cm
时间　距今约 7000~5000 年

◀ 河姆渡文化牙雕凤鸟匕形器

这是中国最早的牙雕艺术品之一，使用的材料为当时生活在浙江一带的亚洲象象牙。

尺寸　高 15.8cm　宽 7.5cm
　　　厚 3.9cm

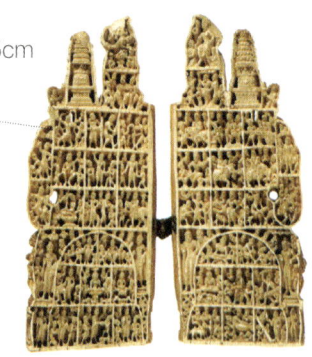

尺寸　高 2.2cm
　　　宽 0.75~0.95cm

二里头文化骨猴 ▶

二里头文化骨猴采用微雕的雕刻技法，骨猴仅有小指头肚大小，猴脸人身，抱膝蹲坐，透过放大镜才能看清。

唐代牙雕佛传造像 ▲

由两片象牙微雕而成，内雕人像、动物、车、塔近 300 个造型。唐代与印度、西域、中亚文化交流频繁，这件牙雕是当时丝绸之路佛教文化交流的见证。

> 微雕顾名思义，是一种以微小精细见长的雕刻技法。

诗中有"酒杯"

葡萄美酒夜光杯，欲饮琵琶马上催。
醉卧沙场君莫笑，古来征战几人回？
《凉州词》 唐·王翰

尺寸　高 8.5cm
　　　口径 18.1cm

明代山茶花犀牛角杯 ▲

这件犀牛角杯内壁雕成葡萄叶纹，外壁雕葡萄和山茶花，营造一种杯中盛放"葡萄美酒"的韵味。

尺寸　高 58.5cm
　　　口径 12.5×11.2cm
　　　底径 10.2×9.2cm

> 中医认为犀角是名贵药材，其性寒，具有凉血、清热、解毒之功效，所以用犀角雕成的工艺品中酒杯占大多数。

◀ 清代象牙镂雕人物塔式瓶

象牙瓶采用镂雕、浅刻、微刻等多种技法，通体以人物、花卉、楼台亭榭和园林风光为主，其间人物达数百人之多。

尺寸　高 12.8cm
　　　口径 14×8.1cm
　　　足距 8.2×7.5cm

清代犀角雕螭纹杯 ▶

清犀角雕螭纹杯是仿古代青铜爵雕刻制作，正背两面各有一条浮雕的螭口衔灵芝向杯口攀爬，杯口内还有一条浮雕的小螭向上游动。

尺寸　高 9cm　口径 9.7cm
　　　盘径 16.9cm

◀ 明永乐款剔红云凤纹盏托 – 雕漆

剔红也称雕漆，是以大漆为原料，在胎体上一层层涂堆到适当厚度再进行加工雕刻的艺术品。

清代送米图人物砖雕 ▲

砖雕是指在青砖上雕出山水、花卉、人物等图案，是古建筑雕刻中很重要的艺术形式，这件砖雕是徽州古民居建筑上的装饰材料。

雕梁画栋
原指在栋梁等木结构上雕刻花纹并加上彩绘，形容建筑物富丽堂皇。

明代竹雕人物笔筒 ▶

这件笔筒采用浮雕、透雕、深雕等多种雕刻方法，图中有山、有树，展现文人雅士琴、棋、书、画的生活场景。

尺寸　高 18cm　口径 15cm

清代封赐禄竹雕狮子戏球 ▼

尺寸　长 6cm　高 4cm

竹雕也称竹刻，是在竹制的器物上雕刻多种装饰图案和文字，或用竹根雕刻成各种陈设摆件。

尺寸　大羊高 4.7cm
　　　长 6cm　宽 3.8cm
　　　通高 7cm

◀ 清代竹根雕三羊

这件根雕的作用是写字、作画时用以压纸，称为镇纸。

尺寸　长 11cm　宽 3.5cm
　　　厚 2.7cm

太和殿龙椅 ▼

明代太和殿龙椅以楠木制成，造于嘉靖年间（1522~1566），是现存做工最讲究、装饰最华贵、等级最高、雕镂最精美的宝座，也是中国木雕工艺的巅峰之作。

河姆渡文化木雕鱼

河姆渡文化木雕鱼距今约 7000 年，是中国木雕工艺品最早的实物之一。河姆渡人的木雕技术十分发达，不仅用木头雕出独木船、木桨、木碗，并且还使用木构件榫卯来建造房屋。

尺寸　高 173cm　宽 159cm

问题：
你知道吗：还有哪些雕刻艺术？

建筑 – 巢居的起源与发展

早期的人类生活于天然洞穴之中，如 70 万年前的北京周口店猿人遗址。进入新石器时代以后，仰韶人挖地为穴，过着半穴居的生活，同一时期的河姆渡人则用木桩、榫卯技术建造了早期的木屋。

中国建筑之特色在一砖一瓦，在亭台楼榭，在山水木石，在宫殿、在城池、在庙宇、在园林、在村落……中国建筑在世界的东方独树一帜，它和欧洲建筑、伊斯兰建筑并称世界三大建筑体系。

传说有巢氏是华夏人文始祖之一，是中国上古时期部落首领，他教会了人们建造房屋，人类开始从"穴居"走向"巢居"。

周口店山顶洞 ▶

山顶洞人曾居住于此，洞穴的下层则是约 70 万~20 万前的北京猿人遗址，人类曾在此洞穴居住生活长达数十万年。

时间　距今约 2 万年前

◀ 靠崖式窑洞

靠崖式窑洞一般建在黄土高原的山坡上，是天然黄土中的穴居形式。因其具有冬暖夏凉、不破坏生态、不占用良田、经济省钱等优点，被当地人民群众广泛采用。

窑洞是中国北部黄土高原上居民的古老居住形式，目前在中西部地区仍有人居住在窑洞中。

下沉式窑洞 ▲

下沉式窑洞全部位于地面以下，人们先向地下挖一个方形土坑，然后再向四壁凿出窑洞，形成一个地下四合院。

◀ 仰韶文化陶房

陶屋显示的仰韶文化建筑为半地下结构，先从地表向下挖出一个穴坑，在穴坑中埋设立柱，然后沿坑壁用树枝捆绑成围墙，内外抹上草泥，最后架设屋顶。地下空间，不仅冬暖夏凉而且能抵御野兽的侵袭。

尺寸　高 8.8cm　底径 5.6cm
时间　距今约 7000~5000 年

河姆渡干栏式房屋

河姆渡人已较熟练地掌握伐木技术和将木材加工成桩、柱、梁、板等建筑构件的技术，梁柱间用榫卯接合。他们建造的房屋远离地面，既能保持干燥，又能抵御野兽的侵扰。

 茅屋是用茅草等材料建造屋顶的原始简陋房子，因此得名。在古代常作为厕所，因此茅房也有厕所的意思。

尺寸　长 102cm
时间　距今约 7000~5000 年

尺寸　长 82cm
时间　距今约 7000~5000 年

河姆渡文化榫卯木构件

榫卯是河姆渡人建造干栏式房屋的主要构件之一，凸出部分叫榫；凹进部分叫卯（mǎo）。榫卯技术是中国古代建筑、家具及其他木制器的经典工艺。

河姆渡文化双凸榫木构件

河姆渡房屋梁柱间用榫卯接合，地板用企口板密拼，不同榫卯形式均基本符合受力要求。木构件上刻有双圆、直线、斜线、植物茎叶等装饰图案。因工具限制，加工显得较粗糙。

河姆渡文化苇席编

苇席以芦苇为原料，剖成长篾条后，以 6 条为一组，以六经六纬的方式编织而成。苇席可铺于地面作为地垫，也可配合茅草铺设屋顶。

尺寸　长 21.2cm
　　　宽 17.5cm

诗中有"茅屋"

八月秋高风怒号，卷我屋上三重茅。
《茅屋为秋风所破歌》唐·杜甫

杜甫草堂位于四川省成都市，是杜甫为避"安史之乱"，携家带口到成都避难时的故居。

 良渚人于公元前 3300~前 2300 年建立了良渚古城，作为早期的城市，良渚古城拥有大型的土质建筑群、城市规划和水利系统，是中国长江下游环太湖地区的一个区域性早期国家的权力中心。

尺寸　长 7cm　宽 6cm
　　　高 6cm
时间　距今 5000~3700 年

 夯土是指使用重物将泥一层层压实，中国古代重要建筑的高大台基都是用夯土筑成的，如长城、故宫。

良渚文化陶房

良渚人拥有高超的夯（hāng）土技术，通过夯土将地基抬高，房子建于地基之上，屋顶用草覆盖，四面开有气窗用于采光和通风。

问题：
你知道吗：至今仍在使用的穴居住宅是什么？

答案：窑洞。

建筑 - 砖瓦

砖瓦的烧制与陶瓷的烧制原理相近，中国陶瓷闻名世界，而以砖瓦建造的中国建筑同样闻名世界，可以说，砖瓦与榫卯木构件一样都是中国建筑的灵魂。

尺寸　宽24cm

▲ 西周都城岐（qí）邑（yì）板瓦

岐邑是西周前期的都城，这个时期，随着建筑与制陶技术的发展，瓦的使用逐渐普及，建筑物屋顶已经大都用瓦覆盖。

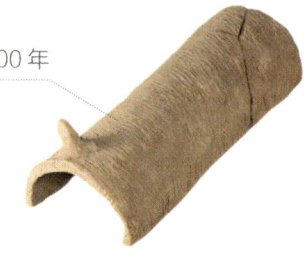

尺寸　长17cm
时间　距今4100~3700年

齐家文化陶瓦 ▲

这件红陶绳纹筒瓦是已知中国最早的陶瓦，瓦钉用于固定陶瓦。

尺寸　直径16cm

↘ 秦始皇陵地面建筑云纹瓦当

瓦当用于遮蔽屋檐的前端，既起到装饰的作用，也防止雨水浸蚀。

尺寸　残长35.5cm　宽15cm
　　　厚1.4cm

西夏王陵绿釉兽面筒瓦 ▲

西夏王陵是西夏历代帝王陵，位于宁夏银川市的贺兰山麓，1227年西夏为蒙古所灭，西夏王陵遭到蒙古军队严重破坏。

尺寸　宽35cm　高18cm

▲ 战国燕下都双龙纹筒瓦

公元前311年，战国七雄之一的燕国在河北易县建造了"下都"，燕下都是已发现的战国都城中最大的一座。

> **诗中有"瓦"**
>
> 陶尽门前土，屋上无片瓦。
> 十指不沾泥，鳞鳞居大厦。
> 《陶者》宋·梅尧臣

尺寸　宽19cm

汉代四神纹瓦当 ▲

四神分别指青龙、朱雀、白虎、玄武。青龙的方位是东，代表春季；朱雀的方位是南，代表夏季；白虎的方位是西，代表秋季；玄武的方位是北，代表冬季。

尺寸　宽20cm

元大都黄绿琉璃瓦 ▲

元大都是元朝的首都，始建于1267年。面积约50平方公里，大街宽28米，位于北京元大都城垣遗址公园，现存北段、西段城墙遗迹以及护城河。

尺寸　长 100cm
　　　宽 38cm
　　　厚 16.5cm

▲ 秦咸阳宫龙纹空心砖

公元前 350 年，秦迁都咸阳。据《史记》记载，秦国每灭掉一国，都要在咸阳仿建该国的宫殿林苑，从而在渭水北岸建成了各具特色的"六国宫殿"，各宫之间又以道路相连接，形成繁华的大都市。

西汉南越王宫殿砖踏跺 ▲

公元前 203 年，秦将赵佗割据岭南，建立南越国，在番禺（今广州）兴建南越王宫。

尺寸　边长 33.5cm
　　　厚 7.3cm

北宋开封城砖 ▶

北宋都城开封（也称汴梁、汴京）是当时世界上最繁华的大都市，人口达 100 多万，《清明上河图》所描绘的正是开封城的繁荣景象。

尺寸　长 32cm　宽 15cm
　　　厚 5cm

▲ 唐大明宫莲花纹方砖

大明宫始建于 634 年，是唐帝国最宏伟壮丽的宫殿建筑群，也是当时世界上面积最大的宫殿建筑群。

明南京城砖 ▶

1368 年，朱元璋建立明朝，定都南京，历时 27 年建造的南京明城墙是世界第一大城垣。

尺寸　长 41cm　宽 19.8cm
　　　厚 11.4cm

尺寸　边长 60~77cm

清御窑金砖 ▶

御窑金砖是为皇宫烧制的方砖，用于铺设太和殿、天安门城楼等宫殿的地面，因颗粒细腻，质地密实，敲之作金石之声，称为金砖。

问题：

你知道吗："秦砖汉瓦"是什么意思？

秦砖汉瓦，指秦汉时期的砖瓦。"秦砖汉瓦"，并不是指秦代的砖、汉代的瓦，而是秦汉时期建筑装饰材料的一个总称。

建筑 – 其他建材

新石器时代晚期，城市逐渐形成，如何在雨季排涝是城市永恒的一个问题，因此，陶排水管是城市形成的标志。

尺寸　长35~45cm
　　　大口宽34cm　小口宽28cm
时间　距今约4600~4200年

尺寸　长50cm　外宽14cm
　　　内宽10cm
时间　距今约4200~3600年

龙山文化平粮台古城陶水管 ▶
平粮台古城遗址位于河南淮阳，距今约4400年，面积约5万平方米，有夯土城墙及通向城外的陶排水管。

尺寸　长66.3cm
　　　宽23.8cm

二里头文化陶水管 ▲
二里头夏都遗址位于洛阳盆地东部，距今3800~3500年，为夏王朝中晚期都城，已经具备中国古代都邑建筑特点，如大型夯土基址、中轴线建筑群、排水系统等。

齐家文化陶水管 ▲
齐家文化的建筑用陶瓦、排水管道等构筑了先进的排水系统，房基外面发现的排水管长达上百米。

尺寸　长42cm　直径21.3cm

尺寸　高72.5cm　宽65.5cm
　　　厚4cm

商代殷墟陶排水管 ▲
殷墟位于河南安阳，核心区域包括宫殿区、王陵区、一般墓葬区、手工业作坊区、平民居住区和奴隶居住区。公元前14世纪盘庚迁都于此，至纣亡国，作为商朝首都前后达273年。

唐朝国都长安（今西安）是当时世界上规模最大、最繁华的都市。通过繁盛的丝路，中国与世界广泛交往，唐朝政治经济文化全面发展。

尺寸　长30cm
　　　宽22cm

▲ 唐代长安城下水道铁闸门
闸门能防止杂物阻塞，同时也是城防的构成之一，避免敌军从下水道进入城中。

商代门轴石 ▶
门轴石用于固定门，甲骨文的"门"字，反映了商代门的结构，即左右两边是门轴，人从中间进出。

三国魏许都故城柱础 ▶

公元 196 年，曹操迎汉献帝到许县后，进行了大规模改建扩建。由于长年战乱，长安、洛阳都已经破败不堪，许都成为了三国时期北方的政治、军事、文化中心。

尺寸 边长 63cm 高 16cm

柱础是中国建筑构件的一种，用于支撑房屋的柱子，同时避免柱子因受潮湿而腐烂。

尺寸 高 152cm 宽 92cm 厚 32cm

西夏于 1038 年由党项羌族首领李元昊在兴庆府（银川市）称帝建国，势力范围包括整个河西走廊、内蒙古和青海部分地区，与宋、辽形成了三国鼎立的局面，1227 年被蒙古所灭。

◢ 西夏皇陵绿釉鸱吻

西夏王陵位于宁夏银川，受到佛教建筑的影响，把汉族文化、佛教文化、党项族文化有机结合，构成了中国陵园建筑中别具一格的形式，有东方金字塔之称。

尺寸 高 64cm 长 76cm

传说螭为龙的九子之一，因能喷水降雨，用在屋脊上，可以避免火灾。

独占鳌头
原指科举考试中了状元可以站在鳌头上领榜，现泛指占首位或第一名。

明故宫琉璃龙吻建筑构件 ◣

螭吻是皇宫专用的建筑构件，除了"避火镇灾"，它还是稳定宫殿结构、防止漏水的建筑装饰物。

诗中有"门"
闲居少邻并，草径入荒园。
鸟宿池边树，僧敲月下门。
《题李凝幽居》 唐·贾岛

▲ 清代砖雕鳌（áo）鱼脊饰

鳌鱼是安徽徽州古民居用来装饰屋脊的装饰物，有防火镇宅的寓意，鳌头还有高中状元的含义。

尺寸 高 74.5cm 环宽 29cm

战国燕下都透雕龙凤纹铜铺首 ▶

这件铺首出土于燕下都，高 74 厘米的巨大铺首再现了当时宫殿大门的宏伟。

铺首是中国传统建筑门饰，神兽衔环有镇宅去邪的含义。

相传在远古时代，金、银色的鲤鱼想跳过龙门，飞入云端升天化为龙，但是它们偷吞了海里的龙珠，只能变成龙头鱼身，称之为鳌鱼。

◀ 唐大明宫鎏金铜铺首
尺寸 宽 26.4cm

问题：
你知道吗：叩门和敲门有什么区别？

答案：叩门是举手上下敲门，动作轻而缓。

建筑 – 明宅

中国流行"事死如事生"的观念，明宅是指墓主人死后用的明器入葬的陶院、陶楼、木房，是当时地面建筑的式样、结构、风格等诸方面的实物例证。

尺寸　高 38.5cm　宽 20cm
　　　进深 15cm

◀ 东汉黄釉陶楼

阁楼指位于房屋坡屋顶下部的房间，是一种建筑结构，就是在楼房的空间比较高，在中间再重新制作一层阁楼楼板。

钩心斗角
原指建筑的内外结构精巧工致，比喻人与人相互之间的明争暗斗。

东汉绿釉陶楼院 ▶

尺寸　高 105cm　长 67.7cm
　　　宽 54.4cm

汉代由于礼制限制，普通人不能修筑大体量的建筑，因此贵族们普遍修筑"修狭而高"的建筑来彰显自己的富贵。

▼ 东汉绿釉陶水榭

水榭（xiè）是水边或水上的供人游玩和休息的房屋，是中式园林建筑中的特色建筑。

尺寸　高 60cm
　　　长 46cm

东汉绿釉陶楼 ↘

木结构建筑是中国古代建筑的特色之一，春秋战国时期抬梁、穿斗、井干、干阑（lán）等各种形式的木结构建筑方法已基本形成，大体量、多层木结构建筑都有了初步的发展。

东汉七层彩绘连阁陶仓楼 ▼

主楼七层，附楼四层，仿造中国传统的木结构高楼建筑，整楼共由 31 块建筑构件模型拼装组合而成。

尺寸　通高 192cm
　　　面阔 168cm
　　　进深 78cm

诗中有"楼"
危楼高百尺，手可摘星辰。
不敢高声语，恐惊天上人。
《夜宿山寺》唐·李白

尺寸　高 53cm　边长 45cm
　　　池径 40cm

四合院，是中国的一种传统合院式建筑，其格局为一个院子四面建有房屋，从四面将庭院合围在中间。

西汉灰陶院落

西汉三进四合院建筑，由前院、中庭、后院等组成。院内菜园有水井、灌溉沟和土埂。

尺寸　高 84cm　长 130cm　宽 114cm

尺寸　高 30cm　长 62cm　宽 48cm

尺寸　长 38cm　宽 37cm　高 34.5cm

坞堡，又称坞壁，是一种民间防卫性建筑，大约形成王莽天凤时期，当时北方发生大饥荒，社会动荡不安，为了防御强盗和流寇，豪强地主纷纷构筑坞堡躲避战乱。

三国吴青瓷坞堡

坞堡为封闭式建筑，外围筑有高高的围墙，大门是进出坞堡的唯一通道；在围墙的四角高耸着用于观察周边情况的望楼，院内则有谷仓和厢房等。

东汉四海六楼陶城堡

陶城堡为正方形，城堡内有两座陶房，城墙上有六座城楼，用于瞭望和防御强盗土匪。

尺寸　高 74.5cm　长 180.5cm　宽 55.7cm

诗中有"屋"

安得广厦千万间，
大庇天下寒士俱欢颜！
《茅屋为秋风所破歌》
唐·杜甫

元代木屋

木屋可以分隔成七间房，这种格局的房子通常见于四合院的东西厢房。

问题：
你知道吗：亭台楼榭是哪四种建筑？

答案：亭供乘凉，有围栏无墙壁；榭搭于高台或水边的房子。

建筑 - 代表作品

中国建筑的经典之作不胜枚举,许多已经成为世界文化遗产,是人类建筑的杰出范例。

拉萨布达拉宫 ▲

布达拉宫始建于公元7世纪,吐蕃王朝松赞干布为迎娶文成公主而兴建,17世纪重建后,成为历代达赖喇嘛的冬宫居所,为西藏政教合一的统治中心。

平遥古城 ▲

平遥古城建于1370年,是中国汉民族地区现存最为完整的古城。平遥是中国古代商业中著名的"晋商"的发源地之一,清代曾是中国金融业的中心。

北京明代慕田峪长城 ▲

长城是中国古代的军事防御工事,又称万里长城,现代测绘总长超过2.1万千米。春秋战国时期,列国争霸,长城修筑进入第一个高潮。秦灭六国统一后,连接和修缮战国长城,始有万里长城之称。明朝是最后一个大修长城的朝代,人们所看到的长城多是此时修筑。长城成为中华民族大一统的象征,也是中国的国家符号。

松赞干布是西藏历史上最重要、最广为人知的藏王。他统一了西藏,正式建立了吐蕃王朝。公元641年,松赞干布迎娶唐宗室女文成公主,唐封他为驸马都尉、西海郡王。

西递和宏村 ▼

西递和宏村是安徽南部民居中最具有代表性的两座宋代古村落,是徽派建筑的典型代表,它有着独有的建筑特色:白墙、青瓦、黑墙边。

丽江古城 ▲

丽江古城始建于13世纪后期,位于云贵高原与青藏高原的连接部位,古代"南方丝绸之路"和"茶马古道"经由此地,是纳西族风格的古代城镇。

◀ 北京明清故宫

北京故宫始建于1406年,是中国明清两代的皇家宫殿,旧称紫禁城,位于北京中轴线的中心。北京故宫以太和殿、中和殿、保和殿三大殿为中心,占地面积约72万平方米,是世界上规模最大、保存最完整的木结构宫殿建筑群。

福建土楼

福建土楼产生于11世纪至13世纪，因大多数为福建客家人所建，故又称"客家土楼"，这种土楼的主要功能是御敌。

开平碉楼

开平碉楼是外国建筑艺术大规模移植中国乡村的集中展示和杰出代表，包括古希腊、古罗马、欧洲中世纪、文艺复兴时期和17世纪欧洲巴洛克风格等建筑。

北京圆明园西洋楼遗址

圆明园是中国清代大型皇家园林，有"万园之园"之称，被誉为"一切造园艺术的典范"。1860年，遭英法联军洗劫后烧毁。

> 江南园林是中国古典园林的杰出代表，它将亭、台、楼、阁、泉、石、花、木组合在一起，在城市中创造出人与自然和谐的居住环境。江南"四大名园"的代表分别是南京瞻园、苏州留园、苏州拙政园、无锡寄畅园。

瞻（zhān）园

瞻园是南京地区保存最为完好的明代古典园林建筑群，"江南四大名园"之一。曾是明朝开国功臣徐达府邸的一部分，是清朝各任江南布政使办公的地点，太平天国时期为东王杨秀清王府。

北京天坛祈年殿

祭天是古代的重大祭祀，起源于上古时期，是人与天的"交流"形式。祭天仪式通常由"天子"（皇帝）主持，通过祭天来表达人们对于天滋润、哺育万物的感恩之情，并祈求皇天上帝保佑。

> 天坛建于1420年，是明、清两代帝王祭祀皇天、祈五谷丰登之场所。天坛是圜丘、祈谷两坛的总称，是中国保存下来的最大祭坛建筑群，也是世界上最大的祭天建筑群。

问题：

你知道吗：中国古代还有哪些代表性建筑？

答案：长城、故宫、孔庙、乐山大佛、都江堰等。

音乐 - 吹奏乐器

笛子是汉族乐器中最具代表性最有民族特色的吹奏乐器，箫、竽、笙等吹奏乐器都由笛子演变而来。

尺寸　长 23.6cm
时间　距今约 9000~7800 年

贾湖骨笛▶

贾湖骨笛是一种竖吹笛，由鹤骨制成，是迄今为止中国发现的最早、保存最为完整的管乐器。

中国战国时期的七声音阶由原有的五声音阶宫、商、角、徵（zhǐ）、羽五音加上变徵与变宫两音而成，贾湖骨笛已经具备七音。

诗中有"箫"

锦城丝管日纷纷，半入江风半入云。
此曲只应天上有，人间能得几回闻？
《赠花卿》 唐·杜甫

尺寸　长 8cm
时间　距今约 7000~5000 年

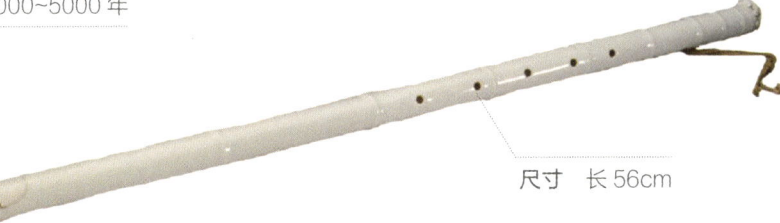

尺寸　长 56cm

河姆渡文化三孔骨哨▲

骨哨用于狩猎时模仿动物声音，或者在围猎时进行传唤沟通，这件骨哨已具备笛子的雏形。

明代白釉瓷箫▲

唐代以前"箫"指多管箫，即"排箫"。明代的箫指竖吹的笛，也称为"洞箫"。

尺寸　最长 32.7cm
　　　最短 11.8cm

尺寸　高 34cm
　　　宽 37cm

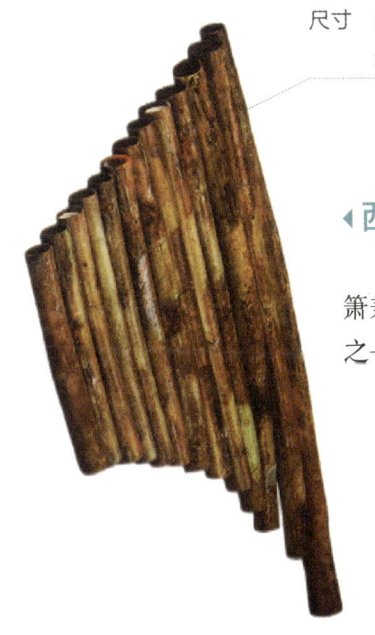

◀西周骨排箫

这件骨排箫由 13 根禽类腿骨制成，排箫兼具独奏和合奏功能，是早期宫廷乐器之一。

诗中有"箫"

箫鼓追随春社近，
衣冠简朴古风存。
《游山西村》 宋·陆游

清乾隆朱漆龙纹排箫▲

这是清代宫廷专用吹奏乐器，顶部由 16 根竹管构成箫的主体，再由木板固定。

尺寸　长9cm　宽5cm
时间　距今约7000~5000年

尺寸　高7.3cm

▶ 商代陶埙

埙是一种中音吹奏乐器，因为它的音色古朴醇厚，同古人说话时惯用的高频调相比，显得格外柔润。所以埙特别受到古人的推崇。

▼ 河姆渡文化陶埙（xūn）

埙是中国最古老的吹奏乐器之一，早期用于模仿动物声音进行狩猎，后成为祭祀、宫廷乐器的重要成员。

尺寸　长78cm

◀ 西汉竹竽（yú）

竽和笙构造与原理都相似，小的称为笙，大的称为竽，竽是宫廷音乐的领乐，先吹竽然后再鸣奏其他音乐。

滥竽充数
不会吹竽的人混在队伍中装模作样，比喻无本领的冒充有本领，次货冒充好货。

西汉铜葫芦笙（shēng）▼

这件葫芦笙是古代滇人使用的一种吹奏乐器，出土时竹管已经腐朽，葫芦笙源自中原传入的笙，至今仍是云南许多少数民族乐器。

诗中有"笙"
呦呦鹿鸣，食野之苹。
我有嘉宾，鼓瑟吹笙。
《短歌行》东汉·曹操

尺寸　高28cm

尺寸　高50cm　宽12cm

◀ 清代笙

笙是一种古老的吹奏乐器，春秋战国时期，笙已非常流行，与竽并存，在当时不仅是为声乐伴奏的主要乐器，而且也有合奏、独奏的形式。

尺寸　长29.3cm　宽15cm
　　　厚3.8cm

◀ 辽代吹笙图雕刻砖

笙的音色明亮甜美，在和其他乐器合奏的时候，能起到调和乐队音色、丰富乐队音响的作用。

问题：
你知道吗：五音不全的五音是哪五音？

答案：宫、商、角、徵、羽。

音乐 – 弦乐器

中国弦乐器比较典型的代表有筑、琴、瑟和琵琶，关于琴、瑟的最早文字记载见于《诗经》："窈窕淑女，琴瑟友之。"

二胡 -2 弦 ▶

二胡是二弦胡琴的简称，始于唐朝，至今已有一千多年的历史，是民族乐器弓弦类乐器中使用最普遍，也是最具有中国民乐气质和特点的乐器。二胡有"东方小提琴"之称，最大的区别是小提琴有四根弦，而二胡是两根弦。

马头琴 -2 弦 ▶

马头琴从唐宋时期拉弦乐器奚琴（二胡）发展演变而来，因琴头雕饰马头而得名，是蒙古民族的代表性乐器，成吉思汗时（1155~1227）已流传民间。马头琴能够准确地表达出蒙古人的生活，如：辽阔的草原、呼啸的狂风、丰美的水草、奔腾的马蹄声、欢乐的牧歌等。

诗中有"琵琶"

凉州七里十万家，胡人半解弹琵琶。
《凉州馆中与诸判官夜集》 唐·岑参

尺寸　长 55.2cm
曲颈高 17.4cm

诗中有"箜篌"

孔雀东南飞，五里一徘徊。
十三能织素，十四学裁衣，
十五弹箜篌，十六诵诗书。
《孔雀东南飞》 汉·乐府诗作

尺寸　长 61cm
地点　距今 2500 年

五代木雕曲颈琵琶 -4 弦 ▲

琵琶是一种四弦乐器，又称"批把"，批把来自西域，是一种胡人在马上弹奏的乐器，向前弹出称作批，向后挑进称作把；根据它演奏的特点而命名为"批把"。

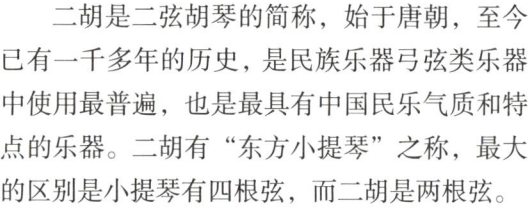

西周五弦箜（kōng）篌（hóu）▶

箜篌由一整块胡杨木刻挖而成，共有五道弦，琴弦用羊肠衣做成，音箱处蒙羊皮。

筑是一种流行于先秦两汉的乐器，演奏方法是左手执筑，右手以竹尺击弦。

尺寸　长 115cm

尺寸　长 31cm

战国彩绘凤鸟五弦琴 ▲

琴身由木头雕刻而成，首段中空为共鸣箱，外侧有五个弦孔，琴身、琴面共绘有 24 只凤鸟。

◀ 西汉五弦筑

五弦对应五音，中国许多古老的弦乐器，如琴、筝、筑等都由五弦发展而来。

尺寸　长 81.5cm
　　　宽 12~12.6cm

西汉七弦琴 ▲

琴的面板和底板分别用软硬不同的桐、梓木料制成，琴面有弹拨琴弦的磨损痕迹，可见这琴曾经被使用较长时间。

诗中有"琴"

若言琴上有琴声，放在匣中何不鸣？
若言声在指头上，何不于君指上听。

《琴诗》 北宋·苏轼

尺寸　长 124cm

尺寸　长 124.8cm

唐代"九霄环佩"七弦琴 ▲

这件琴以梧桐作面，杉木为底。曾被苏轼收藏，并在背面题诗："蔼蔼春风细，琅琅环珮音。垂帘新燕语，苍海老龙吟。"

唐代落霞式"彩凤鸣岐"七弦琴 ▲

714 年，"中华第一制琴师"雷威制作了这把琴作为皇室大婚的嫁妆，后流入民间。琴的两侧分布有波浪起伏的弧线，如晚霞一般，因此称为落霞式琴。

彩凤鸣岐

取自典故"凤鸣岐山"，指周朝兴盛前，岐山有凤凰栖息鸣叫，寓意王朝兴盛。

焚琴煮鹤

琴和鹤在古代都是美好事物的象征，把琴烧了用来煮鹤，比喻糟蹋美好的事物。

唐代"独幽"七弦琴 ▼

唐代是古琴文化的黄金时代，由于音乐因受到皇家重视得到飞跃发展，擅长鼓琴的名家辈出，唐琴也是古琴中的顶峰。

对牛弹琴

比喻对不讲道理的人讲道理，对不懂得美的人讲风雅，也用来讥讽人讲话时不看对象。

相传有兄弟二人争抢一件"瑟"，瑟破成两件，于是一人得到了一件"筝"。

尺寸　长 120.4cm

西汉二十五弦瑟 ▼

瑟是中国最早的弹弦乐器之一，先秦便极为盛行，汉代亦流行很广，南北朝时常用于相和歌伴奏，唐代以后不再流行。

尺寸　长 74cm
　　　宽 25cm

尺寸　长 116cm 宽 39.5cm
　　　高 10.8cm

战国浮雕十弦琴 ▲

这张琴有十根弦，琴面有凤、蛇、兽面纹等浮雕，是迄今所见先秦最精美古琴之一。

问题：

你知道吗：瑟和筝的区别是什么？

答案：一般认为瑟最初有五十弦，今天的古筝一般 21 弦。

音乐 - 敲击乐器

中国古代的敲击乐器有鼓、铙（náo）、磬（qìng）、编钟、钹（bó）、拍板等，用于演奏振奋、鼓舞、激扬的乐音，常用于祭祀、喜庆、战争等场景。

尺寸　长 37cm
时间　距今 4800 年

马家窑文化彩陶鼓 ▲

这种两头大，中腰细的鼓通常称为腰鼓，用手掌拍击，多在节日、祭祀等喜庆时表演。

尺寸　长 59cm　鼓面直径 22.2cm

唐代鲁山窑花瓷腰鼓 ▲

腰鼓有两种演奏形式：一是席地而坐或跪坐，腰鼓放在腿上，双手击拍；另一种形式是腰鼓挂在胸前，边舞边击。

西汉翔鹭纹铜鼓 ▶

这是古代西南少数民族所使用的乐器，是节日和宗教活动中的重要乐器。民间使用铜鼓，常常与祈求风调雨顺等农业生产相关的宗教祭祀活动相关。

尺寸　高 75.5cm

◀ 西周崇阳铜鼓

这是中国目前发现最早的铜鼓。铜鼓在古代常用于战争中指挥军队进退，也是一种用于宴会、乐舞中的打击乐器。

尺寸　高 36.8cm　面径 56.4cm
　　　足径 67.4cm

大张旗鼓
旗帜张开，鼓声擂起，壮大进攻的声势，形容声势浩大。

文中有"鼓"
一鼓作气，再而衰，三而竭。
《左传》春秋·左丘明

战国虎座鸟架鼓 ▶

虎座鸟架悬鼓是战国时期楚国的代表性乐器种类，鼓架为漆器，双虎双凤的设计具有浓厚的楚文化特色。

商代饕餮纹铙（náo）▼

铙是中国最早使用的青铜打击乐器之一，流行于商周时期，最初用于退军时发令，后来在祭祀祖先和自然神明时进行敲击演奏。

尺寸　高 47.5cm

尺寸　高 135.9cm　宽 134cm

尺寸　长67cm　宽29cm
时间　距今约3800~3500年

▲ 二里头文化石磬（qìng）

磬是中国历史上最古老的石制打击乐器和礼器，在祭祀、礼仪活动中演奏，是身份地位的象征。

编钟是中国古代大型打击乐器，多用于宫廷的演奏，每逢征战、朝见或祭祀等活动时，都要演奏编钟。

编钟兴起于西周，盛于春秋战国直至秦汉。它由大小不同的青铜钟按照音调高低次序排列，悬挂在钟架上，以敲打的方式进行演奏。

西周晋侯苏钟 ◢

编钟上共刻铭文355字，记述晋侯苏（公元前822~前812）率军参加周厉王亲自指挥的讨伐东夷的战争。晋侯苏因战功，多次受赏，因作此编钟。

件数　共16件

尺寸　最大的钟高152cm
　　　全套共65件
重量　重204kg

战国早期曾侯乙编钟 ▲

战国曾侯乙编钟是战国早期曾国国君的一套大型礼乐重器，全套编钟共65件，是中国迄今发现数量最多、保存最好、音律最全的一套编钟，代表了中国先秦礼乐文明与青铜器铸造技术的最高成就。

尺寸　盘径40.5cm
　　　高10cm

元代互击钹 ▲

铜钹，民间称镲（chǎ），打击乐器，碰奏体鸣乐器的一种。演奏时双手各持一面互击，常用于民间器乐合奏、地方戏曲、歌舞伴奏和锣鼓队中。

◀ 清代檀木彩绘大拍板

商行拍卖货物时因成交而拍打木板，现在比喻当事人做出决定。

尺寸　长26cm

拍板是一种碰奏体鸣乐器，起源于唐朝，元、明、清时期是宫廷乐器之一。

问题：
你知道吗：鸣金收兵的"金"最早指哪种乐器？

答案：铙。

音乐 – 伎乐俑

商周时期中国音乐以编钟雅乐等为主,汉代丝绸之路开通以后,西域音乐、舞蹈传入中原地区,先秦礼乐开始转向歌舞伎乐。

尺寸　俑高 33cm　瑟长 54cm

西汉陶抚瑟女俑▶

这件抚瑟俑再现了 2000 多年前的弹瑟场景,瑟放在地上,表演者席地而坐。

尺寸　高 75cm　宽 41cm

东汉抚琴陶女俑▶

这件陶俑再现了东汉抚琴的场景,女子跪坐身着交襟长袍,琴置腿上,两手高低错落,正在演奏曲目。

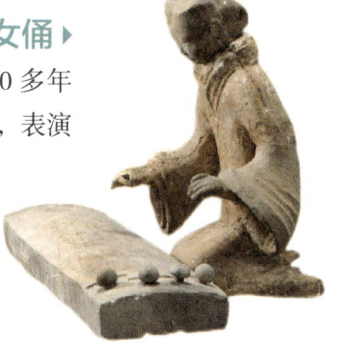

"俑"是古代殡葬用的木制或陶制的偶人,伎乐俑描绘的是墓主人生前府中养的乐伎、舞伎。

尺寸　高 15.5m

◀唐代黄釉画彩弹竖箜篌伎乐陶俑

唐代是箜篌的黄金时期,演奏技艺达到极高的水平,流传也较为广泛,宋代后逐渐失传。

尺寸　高 34cm　宽 7.8cm

唐代陶彩绘持琵琶女俑▶

琵琶在唐代成为当时非常盛行的乐器。琵琶演奏时竖抱,左手按弦,右手五指弹奏。

西汉陶搴袍女舞俑▶

长袖舞曾是战国时期楚国的宫廷舞,舞女的特征是长袖细腰,凭借身体与长袖来完成舞蹈动作。

尺寸　高 48cm

长袖善舞
袖子长,有利于起舞。形容善于钻营,会走门路。

诗中有"琵琶"

千呼万唤始出来,
犹抱琵琶半遮面。
《琵琶行》 唐·白居易

尺寸　高 30cm

唐代胡腾舞木俑▶

唐代中原与西域文化交流高度发展,胡腾舞的舞者大多是中亚人,他们通常在一块花毯上纵情起舞,以横笛、琵琶等丝竹乐器作为伴奏。

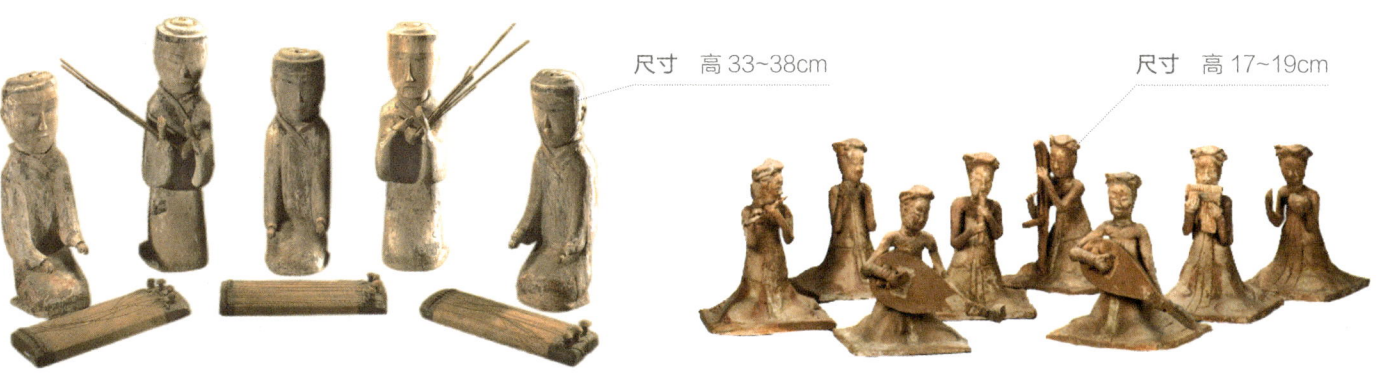

西汉鼓瑟吹竽木俑组合 ▲

这是西汉瑟竽合奏的场景，瑟音出自丝弦，竽音出自竹管，因此"丝竹"泛指音乐。

尺寸 高 33~38cm

隋代伎乐俑组合 ▲

这组陶乐俑演奏的乐器包括笛、琵琶、箫、箜篌、排箫、钹等。

尺寸 高 17~19cm

钹　　排箫　　　　　　　　　　　笙　箜篌

尺寸 高 21~21.5cm

◀ 隋代青釉伎乐俑组合

乐俑演奏的乐器中，有的来自西域地区，有的是中原地区传统的乐器，体现了隋统一后的多民族文化融合。

北窑湾唐墓出土彩绘伎乐俑 ▶

中国古代音乐发展至唐代，已经形成了融歌、乐、舞为一体的大型表演艺术，唐代也是上古以来中国乐器、器乐艺术发展的鼎盛时期。

尺寸 高 13~17cm

▲ 元代元曲吹笛、拍板伴乐俑

元代的元大都一代（今北京）流行元曲，笛、拍板都是元曲乐器，著名的元曲有《窦娥冤》《西厢记》等。

尺寸 高 39cm

> **问题：**
> 你知道吗：哪些乐器是从西域传入中国的？
>
> 答案：琵琶、胡琴、唢呐、箜篌。

博弈

博弈是中国古代游戏活动的重要组成部分,博是指博戏,弈是指下棋,其中围棋和象棋至今流行。

尺寸 宽2.2cm

尺寸 边长45cm 高17cm

▲ 西汉错金银镶嵌铜骰(tóu)子

骰子共18面,分别是"一"至"十六"的点数以及"酒来"和"骄",博戏通过掷骰子来玩。

▲ 西汉博具

博是古代一种争胜负、赌输赢的游戏,先秦时期已经出现,汉代十分盛行。

博弈犹贤

指不要饱食终日,无所事事。

尺寸 高9cm 边长30cm

◀ 西汉铜六博棋盘

博戏通过掷骰子或者来走棋,很大程度上靠运气取胜,因此具有"赌博"的性质。

◀ 汉代木雕博戏俑

汉代非常盛行博戏,汉景帝刘启在当太子时,有一次因为玩博戏与吴国太子发生争吵,刘启年轻气盛,用博具将吴国太子击死,由此引发了七国之乱。

文中有"博弈"

子曰:"饱食终日,无所用心,难矣哉!不有博弈者乎?为之,犹贤乎已。"

《论语》 春秋·孔子

尺寸 人高29cm

尺寸 棋盘边长50cm 高11cm

东汉六博俑 ▲

六博是博戏的一种,共有十二枚棋子,双方各执六枚,所以称为六博。

尺寸 高24cm 长28cm 宽19cm

辽代楠木围棋 ▲

现在通行的围棋棋盘上有纵横各19条线段,361个交叉点,唐宋时期,围棋得到长足发展,对弈之风遍及全国。

尺寸　宽 3cm

宋代铜象棋 ▲

宋代象棋，双方的棋子是一模一样的，此时还没有"帅""相""兵"。另外，宋代火器还没有普及，"炮"是石字旁"砲（pào）"，主要指投石车。

尺寸　纵 62.3cm　横 54.2cm

诗中有"棋"

山僧对棋坐，局上竹阴清。
映竹无人见，时闻下子声。
《池上二绝》唐·白居易

举棋不定

指拿着棋子，不知下哪一步才好。比喻犹豫不决，拿不定主意。

唐代弈棋仕女图 ▲

弈（yì）的本意是围棋，"以子围而相杀，故谓之围棋"。由于棋盘上纵横交错的线条像地图，唐代围棋有"吴图"的别名，又由于下围棋时是用手进行互动交流，围棋又有"手谈"的美称。

▼ 隋代白釉瓷 19 道围棋盘

在古代围棋广泛流行于文人和显贵之间，既是一种竞技游戏，也是重要的社交手段。

尺寸　匣长 27cm　宽 27cm

尺寸　棋子高 3.8~7cm

从隋唐起，"琴棋书画"（弹琴、下棋、书法、绘画）开始相提并论，被人们视为风雅之事，也被用来表示个人的文化素养。

清代蒙古象棋 ▲

蒙古象棋的造型、走法与国际象棋相似，棋子共 32 枚。棋子中骑马武士相当于将、狮子相当于炮、马拉车相当于车、骆驼相当于象、站立的马相当于马、端坐的人相当于卒。

清代彩绘雕饰蒙古象棋 ▲

蒙古象棋（汉文音译沙特拉）是内蒙古民间盛行的一种体育游戏，是北方草原古老独特的博弈游戏之一。蒙古象棋把象刻成骆驼，把兵刻成猎狗的形象，增添了草原游牧生活的气氛和特色。在民间，玩蒙古象棋仍然是古波斯的走法，这也是国际象棋原来的走法。蒙古象棋弈法主是靠口头传授下来的，因而不同地区的习惯、弈法不尽相同。

问题：

你知道吗：弈是指哪一种棋？

答案：围棋。

民间艺术

在数千年的历史演变中，中国民间产生了许许多多的艺术，有些艺术原属宫廷，有些则本身来自民间，它们共同构成了中国艺术的主体。

`京剧` ★

京剧，是中国影响最大的戏曲剧种，集中体现了中国传统文化的精髓，有"国粹"之称。

满族入主中原后，宫中娱乐活动也发生了变化，入关前"篝火观舞""饮酒摔跤"等形式粗犷的娱乐渐少，受汉文化影响，戏曲成为宫中重要的娱乐享受。

尺寸　高 15cm
　　　宽 6.5cm
　　　厚 3.5cm

清代京剧玩偶执双锤花脸泥人 – 戏剧

戏曲泥人曾是当年皇帝小时候的玩具，通过把玩可以从中了解中国传统戏曲知识。

清代宫廷演出戏服 – 戏剧

清代掌管宫廷戏曲的演出机构是升平署，隶属内务府，始于康熙年间，曾招募民间艺人为宫廷演出。

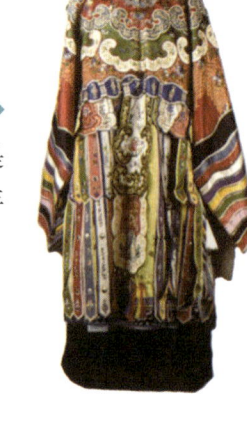

清乾隆五十五年（1790年）起，以安徽籍艺人为主的四大徽班陆续进入北京，与来自湖北的汉调艺人合作，同时接受了昆曲、秦腔的部分剧目、曲调和表演方法，又吸收了一些地方民间曲调，通过不断的交流、融合，最终形成京剧。

尺寸　高 10cm　宽 4.5cm
　　　厚 3.5cm

◀ 清代绿褶子戴桥梁巾花脸泥人

中国戏曲文化源远流长，京剧形成的过程，也是京剧在中国传统文化中海纳百川的过程。

尺寸　高 52cm
　　　伸展长度 40cm

清代皮影戏人物道具 ▲

皮影戏始于西汉，已经有 2000 多年的历史，是一种以兽皮或纸板做成的人物剪影以表演故事的民间戏剧。

民国皮影戏人物道具 ▲

"皮影"是对皮影戏和皮影戏人物（包括场面、道具、景物）制品的通用称谓。

尺寸　长 11.6cm　高 13cm

◀ 唐代舞狮俑

舞狮是唐代大型宫廷舞蹈表演的一种，后演变为中国优秀的民间艺术。舞狮被认为是驱邪避害的吉祥瑞物，每逢节庆或有重大活动必有舞狮助兴，历代相传。

假戏真做
指戏演得逼真或把假的事情当作真的来做。

北朝对马团花剪纸

中国剪纸是一种用剪刀或刻刀在纸上剪刻花纹，用于装点生活或配合其他民俗活动的民间艺术。剪纸民俗艺术的产生和流传与中国农村的节日风俗有着密切关系，逢年过节抑或新婚喜庆，人们都会贴些剪纸，渲染喜庆的气氛。

时间　约公元 386~581 年

锦绣前程

锦绣是精美鲜艳的丝织品，比喻美丽的或美好的。

锦囊妙计

本义指小说里描写足智多谋的人把对付敌方的计策写在纸条上，放在锦囊里，以便当事人在紧急时拆阅。比喻有准备的巧妙办法。

尺寸　长 12cm　宽 5.5cm

东汉"元和元年"锦囊－织锦

囊袋上织有"元和元年"四个清晰的字，代表着东汉章帝年号（84），是目前发现唯一有纪年的汉代织锦。

> 中国刺绣又称丝绣、针绣，是中国优秀的民族传统工艺之一。中国四大名绣分别是苏绣、粤绣、湘绣、蜀绣。

> 织锦指的是用染好颜色的彩色经纬线，经提花、织造工艺织出图案的织物。南京云锦、成都蜀锦、苏州宋锦、广西壮锦并称"中国四大名锦"。

清代白缎地彩绣人物伞－刺绣

白缎刺绣人物太阳伞生产于 19 世纪 60~70 年代，本为外销欧洲的私人定制品。

南宋沈子蕃缂（kè）丝《梅鹊图》

缂丝是中国传统蚕桑丝织技艺，入选世界非物质文化遗产。缂丝的编织方法不同于刺绣和织锦，它采用"通经断纬"的织法，而一般锦的织法皆为"通经通纬"法，即纬线穿通织物的整个幅面。

尺寸　纵 104cm　横 36cm

▲ 白族扎染布

扎染是中国传统的手工染色技术之一，其工艺特点是用线将织物结扎起来再进行印染，使部分不能着色。

宋代鹭鸟纹彩色蜡染褶裙 ▶

蜡染是中国一种传统民间印染工艺。用熔化的黄蜡在白布上绘制图案，染色后再煮去蜡质，呈现出染色图案。

尺寸　裙身长 62.5cm　宽 51.2cm　裙腰长 31cm

问题：

你知道吗：还有哪些民间艺术？

184
交通 > 陆路

190
交通 > 水上交通工具

198
交通 > 其他陆路交通工具

202
交易 > 早期铜币

206
交易 > 钱范

188
交通 > 水路

194
交通 > 陆路交通工具

200
交易 > 贝币

204
交易 > 圆形方孔钱

文明之道

210
交易 > 白银

214
交易 > 契约

208
交易 > 黄金

212
交易 > 纸币

本章节所要描述的文明之道包含两层含义，一层是交流，一层是交易。

中国不仅是一个大陆国家，也是一个海洋国家，中国古人开创的陆上丝绸之路和海上丝绸之路，作为东西方世界之间的重要通道，在传播和沟通东西方经济文化中发挥了重大作用和贡献。

中华文明自身的发展也与道路的建设息息相关，可以说中国人修路的历史源远流长。3000年前的商朝，已经懂得夯土技术，修筑了6~10米宽的可供马车奔驰的"商道"，周朝也修建了连接镐京（西安）和洛邑（洛阳）的周道，秦朝更是修建了著名的秦直道……

实际上，中华文明与世界文明的碰撞远不止丝绸之路和海上丝绸之路，在中原地区商朝都城殷墟出土的货贝被证明来自遥远的印度洋——"商人"这个词，既是对商朝古人的称呼，也是对参与商品贸易的商贾的称呼。

交通 - 陆路 - 古道与丝绸之路

古代埃及、古代巴比伦、古代印度、古代中国四大文明古国，对应着世界四大文明发源地，这四大文明对其所在地区都产生了巨大影响，而文明交流是从道路开始延伸的，包括陆路和水路。

中国境内有许多十分古老的交通路线，在3000多年前的商朝已经出现了马车，也出现了最早的马路——商道，其后还有周朝的周道、秦朝的秦直道。汉代以后有了著名的丝绸之路，唐代延续了丝绸之路的繁荣，并且开辟了唐蕃古道、茶马古道等等，这些道路都是文明交流的见证。

◀ 商道

在3000年前，商朝筑路人已经懂得夯土筑路，并利用石灰稳定土壤。河南商都城遗址里发现了大路11条，路面宽6~10米，这些道路有的用碎陶片和砾石铺筑。甲骨文记载，一位商朝的信使在途中行了48天，终于到达目的地，共走了约500公里。

这条商代道路是双向两车道，有明显的双轮车痕，这是一条从殷墟宫殿区通向洹河边的道路。

周道 ▶

周朝除都城镐京（今西安附近），还修建了东都洛邑（今洛阳），连接镐京和洛邑之间的大道，称为周道。

周原遗址发现的西周道路宽8米，能供3辆马车并排行驶。

崤函古道 ▼

崤函古道，是古代对洛阳至潼关这段道路的统称。崤函古道的重要关卡是函谷关，崤函古道的西端是关中平原，东端是河洛平原，北边是晋南平原。两周和汉、唐时期实行的"两京制"（长安和洛阳两个首都），崤函古道成了一条名副其实的京畿大道。

◀ 秦直道

秦直道始建于公元前212年，位于内蒙古、甘肃和陕西境内，是一条秦代修筑的交通干道。

秦始皇统一六国后为防范北方匈奴的侵扰，令大将蒙恬率30万大军修筑了由咸阳通往塞北长城的道路，由于道路大体南北相直，故称"直道"。

考古人员在秦直道旁挖出大量建筑基址，主要烽火台遗迹和兵站遗迹，这说明秦直道是投放兵力的军事高速公路。

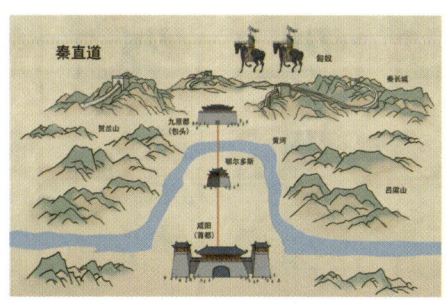

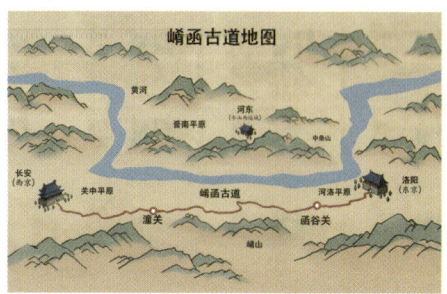

唐蕃古道

唐蕃（bō）古道是唐代以来中原内地去往青海、西藏乃至尼泊尔、印度的必经之路。唐蕃古道起自陕西西安（即长安），途经甘肃、青海，至西藏拉萨（即逻些），全长3000多公里。著名的文成公主远嫁吐蕃王松赞干布走的就是这条大道。整个古道横贯中国西部，跨越举世闻名的世界屋脊，连通中国西南的友好邻邦，故亦有丝绸南路之称。

唐茶马古道

茶马古道位于中国西南地区，是中国历史上内地和边疆地区进行茶马贸易所形成的古代交通路线。

丽江古城的拉市海附近、大理州剑川县的沙溪古镇、祥云县的云南驿、普洱市的那柯里是保存较完好的茶马古道遗址。

马帮是中国西南地区特有的一种交通运输方式，它也是茶马古道主要的运载手段，自唐宋时期起，马帮的马队从内地及成都把铁器、铜镜、丝织品和瓷器等物品输入云南及东南亚各国，同时把金银、珠宝、玉石、香料、象牙、犀角等物品及云南生产的农牧等产品输往内地。

愚公移山
形容坚持不懈地改造自然，比喻努力不懈，不畏艰难，自能成事。

蜀道

是古代由长安通往蜀地的道路。蜀道穿越秦岭和大巴山，山高谷深，道路崎岖，难以通行。通常是指由关中通往汉中的褒斜道、子午道、故道、傥骆道（堂光道）以及由汉中通往蜀地的金牛道、米仓道、荔枝道、祁山道等。

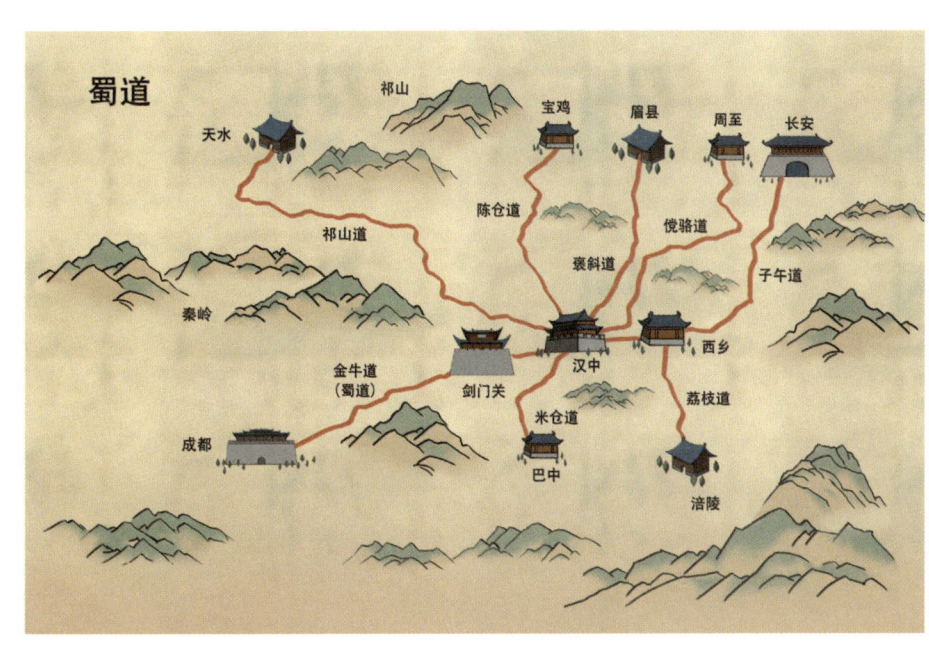

金牛道开通于战国中期（公元前316年前后），连接成都和汉中，约600公里，诗人李白赞叹的"蜀道难，难于上青天"，就是指的这一段，其中最险要之处是剑门关。

米仓道因为翻越米仓山而得名，是连接巴蜀的重要交通要道，从汉中到巴中（今重庆）全长250公里。

傥骆道修建于三国时期，也称骆谷道，从长安去汉中，要先越骆水、入骆谷，称骆谷道。而汉中去长安，要先越傥水、入傥谷，故又称傥骆道，是当时从长安通往汉中最近的一条道路。

传祁山道开通于春秋战国时期（公元前770年～前221年），连接甘肃天水和陕西汉中，全长约300公里。祁山道往北进入北方草原地区，向南则连接金牛道进入四川，祁山道便成为一条沟通川蜀与西方的丝绸之路，在汉代十分繁荣。

得陇望蜀
原意是指已经取得陇右，还想攻取西蜀，后用于讥讽人不知道满足、总想得到更多。"陇"指甘肃，"蜀"指四川，祁山道是连接"陇"与"蜀"的交通要道。

荔枝道是唐天宝年间（742~756）唐玄宗为满足宠妃杨玉环食新鲜荔枝的喜好，颁旨在涪州建优质荔枝园，修整涪州（今涪陵）到长安（今西安）的道路，一路设置驿站，换人换马不换物，接力快速传送，荔枝道因此得名。

褒斜道 ▼

褒斜道是由长安穿越秦岭通往陕南、四川的一条道路。

秦昭襄王时期（公元前306年～前251年），范雎在路经的悬崖绝壁间穴山为孔，插木为梁，然后铺上木板接通道路，此后褒斜道才成为驿道。

诗中有"荔枝"
长安回望绣成堆，山顶千门次第开。
一骑红尘妃子笑，无人知是荔枝来。
《过华清宫绝句三首》 唐·杜牧

著名典故"明修栈道，暗度陈仓"里的栈道就是褒斜道。"栈道"又称"栈阁之道"，古人在悬崖上凌空开凿一排排孔穴，插入石桩或木桩，在桩上铺木板或石板，构成了可以通行的道路。

陈仓道上最著名的历史故事是"明修栈道，暗度陈仓"。刘邦被封为汉中王后，烧毁了褒斜栈道，向项羽表明不回关中的决心。后来，刘邦采用韩信计策，假装重修烧毁的褒斜栈道，军队主力则绕道陈仓道的远路来到宝鸡，然后东进长安。

子午道

子午道穿越子午谷，从长安南行开始一段道路方向正南北向。古代称北方为子，南方为午，南北走向的道路即称子午道路。

公元5年，王莽下令修凿子午道，并设置子午关，此后子午道成为巴蜀连接中原地区的重要通道。

三国时期，蜀汉名将魏延在诸葛亮首次出兵北伐时，提出了由子午道进军攻克长安的军事计划，但是诸葛亮认为此计过于凶险并且难以成功，所以没有采纳。

丝绸之路

德国地质地理学家李希霍芬在《中国》一书中，把"从公元前114年至公元127年间，中国与中亚、中国与印度间以丝绸贸易为媒介的这条西域交通道路"命名为"丝绸之路"。

丝绸之路，起自中国古代都城长安（洛阳），经中亚国家、阿富汗、伊朗、伊拉克、叙利亚等而达地中海，以罗马为终点。这条路被认为是连接亚欧大陆的古代东西方文明的交汇之路，而丝绸则是最具代表性的货物。

丝绸之路兴盛于汉唐时期，明清以后随着造船技术和航海技术不断发展，海上交通代之而起，使丝绸之路贸易全面走向衰落。

> **问题：**
> 唐玄宗为杨贵妃送荔枝的道路叫什么名字？
>
> 答案：荔枝道。

丝绸之路

（地图：罗马、黑海、伊斯坦布尔（君士坦丁堡）、地中海、大马士革、亚历山大、埃及、红海、耶路撒冷、巴格达、里海、苏萨、波斯湾、西域诸国、乌鲁木齐、玉门关（敦煌）、兰州、西安（长安）、黄河、洛阳、长江、印度次大陆）

交通 - 水路 - 运河与海上丝绸之路

运河是用以沟通地区或水域间水运的人工水道，通常与自然水道或其他运河相连。除航运外，运河还可用于灌溉、分洪、排涝、给水等。

◀胥河

春秋时期公元前506年，吴王阖闾为运输伐楚所用粮食，命伍子胥开挖运河，连通太湖和长江。

胥河是世界上最古老的人工运河，中国现有记载的最早的运河。

公元前486年吴王夫差为了北上伐齐、称霸中原，修建了贯通长江与淮河的运河用以运输军粮和辎重。该运河以古邗城为起点，因此称为"邗沟"。古邗城即现在的扬州，淮河与运河的交点则是淮安，因此邗沟也称淮扬运河。公元605年，隋炀帝疏通扩大了邗沟旧道以便行船，邗沟成为了隋唐大运河的重要组成部分。

伍子胥（公元前559年～前484年），父亲伍奢被楚平王杀害后，从楚国逃到吴国，成为吴王阖闾重臣。与孙武一起攻破楚国国都，掘楚平王墓，鞭尸三百，以报父仇。

秦朝末年楚汉相争时，两军以鸿沟为界，隔河对峙，因此鸿沟也被称为"楚河汉界"，用来比喻事物间明显的界线。

鸿沟是中国古代最早沟通黄河和淮河的人工运河，位于古代荥阳成皋一带。战国魏惠王十年（公元前360年）开始兴建，它向南通淮河与长江贯通，向北通黄河与渭河、洛水相连，为南北大运河的开凿奠定了基础。秦始皇统一中国后，充分利用了鸿沟水系，把在南方征集的大批粮食运往北方，并在鸿沟与黄河分流处兴建规模庞大的敖仓，作为转运站。

公元前484年吴王夫差大败齐国后，决定再开凿一条沟通黄河和淮河的运河，以争霸天下，于是在今山东鱼台和定陶之间开出了一条运河——菏水。

大禹像 ↘

大禹治水是中国古代的神话传说故事，传说在4000多年前的尧帝时期，中华大地上洪水泛滥成灾，大禹采用疏通水道的办法治理水患，历经13年终于治理好了水患。大禹治水时疏通的水道，便是运河的前身。

水到渠成
指是水一流到，沟渠自然形成；比喻条件成熟，事情就会自然成功。含褒义。

菏水的开辟，将淮河流域与中原联系起来。夫差率领强大的吴国大军循水路到达济水岸边的黄池（今河南封丘县西南）与晋定公会盟黄池，成为春秋五霸之一。

◀ 灵渠

秦始皇统一中国后,发兵50万南征百粤,为了运载粮饷军需,在湘江与漓江之间修建了一条人工运河,连接了长江和珠江两大水系。灵渠于公元前214年凿成,秦兵随后攻克岭南,设立了桂林、象郡、南海3郡。

广通渠是隋唐时期关中的水渠。隋开皇四年(584),隋文帝命宇文恺率水工开凿。因渠经渭口广通仓下,故名"广通渠"。广通渠自大兴城西北引渭水,略循汉代漕渠故道而东,至潼关入黄河,长三百余里。

隋运河 ▲

世界上最长的运河:京杭大运河 ▲

京杭大运河北起北京,南至杭州,途经今河北、山东、江苏、浙江四省及北京、天津两市,贯通海河、黄河、淮河、长江、钱塘江五大水系,全长约1797公里,是世界上里程最长、工程最大的古代运河,也是最古老的运河之一。大运河开掘于春秋时期,完成于隋朝,繁荣于唐宋,取直于元代,疏通于明清,是中国仅次于长江的第二条"黄金水道"。2014年,京杭大运河成功入选《世界文化遗产名录》。

通济渠(唐宋时期称作汴河、汴水),始建于隋朝,是隋唐大运河的首期工程,连接黄河与淮河。通济渠自河南省郑州市荥阳的板渚(今汜水镇)出黄河,经鸿沟、蒗荡渠、睢水沟通了江苏盱眙境内的淮河,全长650公里,共流经3省6市,是古代中国劳动人民创造的一项伟大工程。

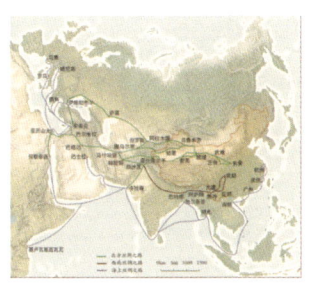
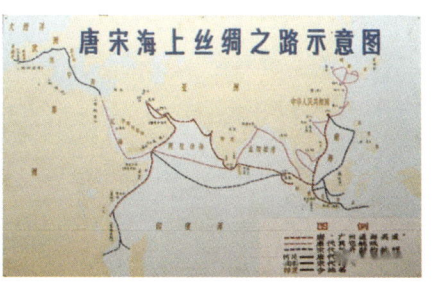

唐宋海上丝绸之路 ▲

在唐朝中期以前,中国对外主通道是陆上丝绸之路,之后由于战乱及经济重心转移等原因,海上丝绸之路取代陆路成为中外贸易交流主通道。

唐代,伴随着我国造船、航海技术的发展,我国通往东南亚、马六甲海峡、印度洋、红海,及至非洲大陆的航路纷纷开通与延伸,海上丝绸之路终于替代了陆上丝绸之路,成为中国对外交往的主要通道。唐朝的海上航线叫"广州通海夷道",全长1.4万千米,是当时世界上最长的远洋航线,途经100多个国家和地区。

海上通道在隋唐时运送的主要大宗货物仍是丝绸,所以后世把这条连接东西方的海道叫作海上丝绸之路。到了宋元时期,瓷器出口渐成为主要货物,因此又称作"海上陶瓷之路"。

隋代开永济渠,南引沁水通黄河,北通涿郡(今北京)。永济渠是隋朝调运河北地区(指当时黄河以北、太行山以东的河北道)粮食的主要渠道,也是对北方用兵时,输送人员与战备物资的运输线。

问题:
海上丝绸之路除了丝绸还出口什么商品?

答案:瓷器。

交通 - 水上交通工具 - 内河小舟

中国是一个海洋大国，也是世界上河流最多的国家之一，河流与海洋共同孕育了中华文明，因此也有着非常悠久的水上交通历史。

筏 ★

筏是用竹、木等编扎成的水上交通工具，小一点的筏叫桴（fú）。

乘桴浮于海
坐在小木筏上在海上漂浮，指归隐。

火焦法就是在木头表面用火烤，烤焦了用坚硬的工具刨的挖凿方法。

尺寸　长 560cm　宽 53cm
时间　距今 8000~7000 年

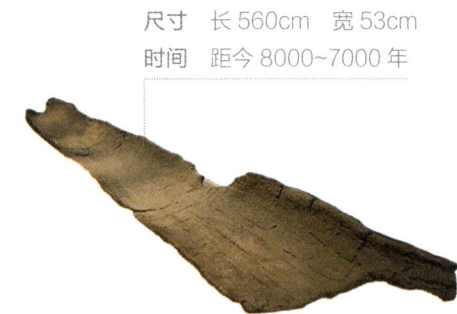

▲ 跨湖桥独木舟

跨湖桥遗址位于水网密集的钱塘江流域，跨湖桥独木舟是目前发现的国内最早的独木舟相关遗迹。

它用整根马尾松挖凿而成，采用火焦法制作，在舟体上，一些烧焦的痕迹清晰可见。

尺寸　长 745cm

西周淹城独木舟 ▲

独木舟是一种用单根树干挖成的小舟，是人类最古老的水域交通工具之一。

常州淹城建于春秋晚期，距今有 2900 余年历史，淹城内外无陆路相接，只有城河间的水道相通，以舟楫作为出入工具。

诗中有"舟"
江上往来人，但爱鲈鱼美。
君看一叶舟，出没风波里。
《江上渔者》 宋·范仲淹

逆水行舟
逆着水流的方向行船。比喻不努力就要后退。

◀ 隋唐时期独木舟

山东莱州是中国古代通向朝鲜半岛和日本的重要港口。

尺寸　长 660cm

尺寸　长 21cm
　　　宽 7cm

诗中有"船"
野径云俱黑，江船火独明。
《春夜喜雨》 唐·杜甫

东汉农家小陶船 ▲

这是汉代南方农民在夏收夏种时的出行小船，也用于装载稻谷。这种小船与独木舟的区别是由木板拼装而成。

尺寸　长 37cm

▼ 明嘉靖竹雕人物船

篷船是有篷盖的船，船身狭小，船板低矮，船板上铺草席，可坐可卧，由独木舟发展而来。

清代银制小龙舟

龙舟是船上画着龙的形状或做成龙的形状的船,由独木舟发展而来,赛龙舟是汉族传统节日端午节的主要习俗。

> 春秋以前,吴越之地有在阴历五月初五以龙舟竞渡形式举行部落图腾祭祀的习俗;后因诗人屈原在这一天逝世,赛龙舟也成了中国人民纪念屈原的传统节日习俗。

时间　距今 8300~7800 年

井头山遗址船桨 ▲

这是一件可以用于近海岸航行的船桨,井头山遗址是中国海洋文明的源头之一,井头山人曾用这块木桨划水出海捕鱼。

渡江战役中最先到达南岸板石矶的木帆船 ▼

小型木帆船是船体为木制的利用风力前进的船只,曾广泛用于渔业捕捞和内河运输。1949 年渡江战役时人民解放军就是使用小型木帆船渡江作战的。

尺寸　长 886cm　宽 248cm

尺寸　长 74cm　桨面长 27.2cm　残宽 6.4cm
时间　距今约 7000~6000 年

马家浜文化木桨 ▲

马家浜文化主要分布在太湖地区,这里水网密布,马家浜人已经发明了桨和橹,他们乘船用网捕捉草鱼、鲫鱼、蟹等水生动物,也采集菱角等水生果实。

> 桨是带动船前进的用具,是划船的工具,这把桨由一整块原木砍削加工而成。

尺寸　长 120cm　最宽 18cm
时间　距今 7000~6000 年

马家浜文化木橹 ▲

"鲁"本义为"鱼儿摆尾"。橹由"木"与"鲁"构成,表示"木制的仿生鱼尾"。

问题:
桨和橹的区别是什么?

答案:桨一般较短,使用时一插一拔;橹较长,使用时左右摇摆。

交通 - 水上交通工具 - 大型船只

中国的远洋航海、造船技术都曾长期领先世界，如水浮指南针，水密舱技术等，这些技术的发展促进了远洋航海活动的发展，明代郑和七下西洋，跨越了大半个地球。

尺寸 高21cm 长54cm

◂ 东汉内河船

春秋战国时期，中国开凿了邗（hán）沟、鸿沟、灵渠等大量人工运河，到了汉代，内河水运已经十分发达。

在中国北方，通常以马匹、马车作为随葬品，中国南方则常以陶船作为随葬品，说明了"船"作为南方水上交通工具的重要性。

东汉陶船 ▾

尺寸 高16cm 长54cm

锚古代称为碇，系上绳索沉入水底使船停泊。

舵是控制船只航行方向的装置，是中国古代造船技术的重要发明。

诗中有"船"

窗含西岭千秋雪，
门泊东吴万里船。
《绝句》 唐·杜甫

尺寸 高22cm 长64cm

◂ 东汉大型内河陶船

流经广西的西江是珠江水系中最长的河流，也是中国华南地区最长的河流，曾是古代海上丝绸之路重要的内河之一，陶船是参照当时的大型运输船制造的。

清代银制楼船 ▾

楼船因船只过高，重心不稳，不适于远航，通常在内河及沿海的水战中担任主力战舰。

见风使舵

看风向转动船舵。比喻根据形势的变化而改变态度，随机应变。

尺寸 高26cm 长25cm

东汉楼船模型 ▴

楼船，因船高艑宽、外观似楼而得名，在古代曾作为水战的主力战船。

明代福船模型

福船是中国海上丝绸之路上的主力船舶，内部采用了水密隔舱结构，全船分成多个小舱，增强了船舶的抗沉性。水密隔舱结构是中国古代造船技术的重大发明。

一帆风顺
船挂着满帆顺风行驶。比喻做事非常顺利，没有阻碍。

民国初银三桅（wéi）船模

三桅帆船是西方的发明，它有三根桅，能利用65度角以内的风行驶，能装载大量生活必需品，可以在海上连续待上数月，甚至可以环绕地球航行。

尺寸　长20.7cm
　　　高26.3cm

诗中有"帆"
长风破浪会有时，
直挂云帆济沧海。
《行路难·其一》 唐·李白

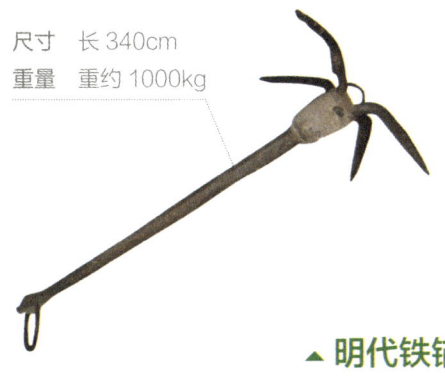

尺寸　长340cm
重量　重约1000kg

"镇远"舰铁锚

1894年中日甲午战争中，清军北洋舰队主力铁甲战列舰"镇远"舰被日军俘获，铁锚被陈列于东京上野公园，抗日战争胜利后，归还中国。

尺寸　长415cm
重量　重约4000kg

▲ 明代铁锚

这只重达1吨的大铁锚反映了明代远洋帆船的庞大以及先进的造船技术。

尺寸　宽10cm

日本和歌山县徐福登陆点 ▶

宋代水浮指南针

宋代海船使用水浮指南针，其原理是将磁针穿过灯芯草，使其浮于水面，静止时，磁针分别指示南北。

◀ 徐福东渡日本

秦朝时，中国航海已经十分发达，据《史记》记载，秦始皇二十八年（公元前219年），徐福奉秦始皇之令，率童男童女三千人东渡瀛洲（今日本）寻找长生不老药。

问题：
你知道吗：古人在发明指南针之前用什么来辨别方向？

答案：看日月星辰，有其是北极星和北斗星。

交通 – 陆路交通工具 – 马与马车

马是古代一种重要的交通工具，历朝历代在官道上设有驿（yì）站，都备有若干马匹，以供递送文书的人或过往官员骑乘。商代晚期出现了双轮马车，战车同时发展成为战争的主力和衡量一个国家实力的标准，到春秋时出现了"千乘之国"的说法。

尺寸　高 180cm

◀ **秦陶乘马**

尺寸　长 211cm　高 168cm

◀ **秦陶马**

秦代，马按照使用方式的不同分为"车马"与"乘马"。

"车马"即拉车的马，"乘马"则配有马鞍，用于骑乘。

马帮 ★

马帮是大西南地区特有的一种交通运输方式，它也是茶马古道主要的运载手段，自唐宋时期起，马帮的马队穿过山高路陡、道路崎岖的古道，从内地及成都把铁器、铜镜、丝织品和瓷器等物品输入云南各地及东南亚各国，同时把金银、珠宝、玉石、香料、象牙、犀角等外国物品及云南生产的农牧等产品输往内地。

尺寸　高 38cm

◀ **彩绘骑马女陶俑**

隋唐时期是较为开放的社会，女性骑马很常见。

尺寸　俑高 36.8cm　马高 40cm

▲ **彩绘驯马陶俑**

唐代引进了西域良马进行训练，既作为战马，也作为日常骑用，还作为表演舞马。

老马识途

是指老马认识走过的道路，比喻有经验的人对事情比较熟悉。

尺寸　长 22cm　高 22cm

明代铜乘马 ▲

明太祖朱元璋认为马是重要的战略物资，马匹的多少决定着国力的大小，所以他建立了一套官民联合养马的国策。

尺寸　高 115.5cm　长 109cm　背宽 30cm

文中有"马"

骐（qí）骥（jì）一跃，不能十步；驽（nú）马十驾，功在不舍。

《劝学》 先秦·荀子

◀ **西汉大铜马**

二马驾一车的叫"骈"；三马驾一车的叫"骖"；四马驾一车的叫"驷"。六马驾的马车只有皇帝能坐，称为"天子六驾"。

西汉彩绘木轺（yáo）车

轺车是一种四面敞露的马车，由车轮、车轴、车舆和伞盖等组成，车在组装完成后涂有油漆，一般供朝廷使者乘坐。

尺寸　木马高 88.2cm　长 78.8cm
　　　车高 95.2cm　长 96.5cm

▲ 盂（yú）城驿

盂城驿位于江苏省高邮市，始建于明朝洪武八年（1375年），是明代沟通南、北二京的重要驿站，也是运河沿线保存较好、规模较大的古代驿站遗存。

尺寸　长 35cm　宽 17cm

鸡鸣驿 ▲

位于河北省张家口市怀来县，是一处建于明代的驿站遗存，保存有驿署、马号、驿仓、驿道以及商店和民居等建筑，是北京通往张家口的交通要道和军事要塞。

▲ 魏晋"驿使图"壁画砖

驿站是供传递军事情报的官员途中食宿、换马的场所。秦汉时期已经建立完整的驿传制度。唐朝有1639个驿站，分水驿、陆驿。明代共有驿站1936个，每60~80里设一个驿站。清朝有驿站1785处，紧急时甚至可日行八百里，即"八百里加急"。

奚仲造车 ★

据民间传说，奚仲是夏代的车正（掌管车的官），他在薛地（今山东滕州境内）创造了世界上第一辆用马牵引的木制车辆。

学富五车

读过的书可以装满五车，形容读书多，学识丰富。

诗中有"车"

结庐在人境，而无车马喧。
问君何能尔？心远地自偏。
《饮酒》 东晋·陶渊明

东汉铜车马 ▶

尺寸　全长 112cm
　　　高 88cm

问题：

你知道吗：古代的加急快递一天可以跑多少里？

答案：800里。

交通 - 陆路交通工具 - 马车构件

马车主要分为三个部分，车厢，车轮，车辕。车厢又名车舆，上通常有盖，用一根长木支撑，车轮又分为轮和轴，轮是中心有孔的圆木，用以贯轴。车辕是驾车的部分，其后部与车轴相连，前端拴着一根弯曲的横木，叫轭（è）。

尺寸　长 317cm　高 106cm

西周双兔车軎（wèi）▼

车軎位于两个车轮的外侧，用于固定车轮，将軎套于轴的最外端，能防止轮子脱落。

尺寸　高 8.8cm　宽 15.6cm

秦铜车马二号车 ▲

秦铜车马按秦代真人车马 1/2 比例制作，是中国考古史上出土的体型最大、结构最复杂、系驾关系最完整的古代车马，由 3500 余个零部件用铸造、镶嵌、焊接、子母扣连接、活铰连接等多种工艺组装而成。铜车马是秦始皇的陪葬品之一，形制模仿秦始皇出行时乘坐的銮（luán）驾。

诗中有"车"

远上寒山石径斜，白云生处有人家。
停车坐爱枫林晚，霜叶红于二月花。
　　　　　　　《山行》 唐·杜牧

尺寸　长 6cm

西汉青铜车軎 ▶

固定軎与车轴的管状小部件叫"管辖"，"管辖"因此有约束的意思。

尺寸　长 7.3cm　内端径 5.6cm　外端径 2.9cm

战国中山国错金银铜车軎 ▲

战车的车軎外侧有时被安装上锋利的青铜戈等兵器，用以杀伤敌军。

尺寸　长 36.5cm

西周弓形器 ▲

用来协助驾车者挽系缰绳，该器臂身的连接处有明显系挽缰绳的使用痕迹。

马头式弓形器 ▼

尺寸　长 31cm　高 53cm

信马由缰

放松缰绳，随马到处乱走。比喻漫无目的地游荡。

战国错金银铜辕(yuán)首 ▼
尺寸　长 22.5cm　最宽 12.2cm
　　　最高 8.3cm

战国兽首铜辕饰 ▼
尺寸　高 9.5cm　长 10.5cm
　　　口径 3.1cm

改辕易辙
改变车辕的方向，走新的路。比喻改变原来的态度和做法。

> 辕门射戟是一个三国时期的典故。袁术派大将纪灵攻打刘备。刘备请求吕布帮忙，吕布宴请纪灵和刘备，提议"如果自己能在一百五十步外，射中了立在辕门中间的戟，两方就罢兵"。吕布射中后，双方罢兵。

> 辕门是古代军队扎营后，竖起两辆马车，车辕相对，作为军营大门。

> 先秦以前车与马的中间用一根曲辕来连接，辕饰固定于辕的最前端，朝向前进的方向。

西汉鎏金镶嵌玛瑙松石龙首形铜辕饰 ◀
尺寸　长 20cm
　　　颈宽 3.6cm

尺寸　长 20cm　宽 5.7cm

战国蛇衔蛙形铜马饰 ▶
这是战国时期游牧民族东胡部落的马当卢，东胡部落逐水而居，青蛙是其信仰的图腾之一。

南辕北辙
想往南去而车子却向北行。比喻行动和目的正好相反。

尺寸　高 9.6cm　宽 4.7cm
　　　厚 0.2cm

◀ 秦国金当卢
当卢，也称当颅，用于装饰马首额头中央的饰物，这是秦始皇陵铜马车马头的饰物。

尺寸　长 20.8cm　宽 7cm
　　　厚 0.5cm

◀ 西汉鎏金铜当卢
这件当卢上有翼马的形象，飞马是希腊神话最广为人知的动物之一，汉代经由丝绸之路传入中国。

问题：
你知道吗：古代马车的车轮是用什么做的？

交通 – 其他陆路交通工具

先秦时期出行多用马车，牛车主要用于运载货物。汉末以后，由于常年战乱，马匹不足，皇帝与大臣日常出行改乘牛车。除此以外，骆驼、驴、人力轿都是古代重要的交通工具。

王亥 ★

据记载，商代（公元前1600年～前1046年）第七任国君王亥发明了牛车。商部落用牛车拉着货物，到处去贸易，人们就把商部落人称为"商人"，把用于交换的物品叫"商品"，把商人从事的职业叫"商业"。

尺寸　车长60cm

▼ 汉代高轮木牛车

高轮车是河西走廊车辆特有的样式，在沙漠戈壁行进时，能增强通过性，避免深陷泥沙或坑洼中。

▲ 西晋灰陶牛车

西晋规定了牛车礼制，牛车成为身份的象征，同时也成为了人们日常出行的主要交通工具。

尺寸　通长33cm

尺寸　车高31.2cm
　　　牛高23.2cm

南北朝陶牛车 ▶

牛车在南北朝是非常盛行的交通工具，皇帝、王公大臣、官员都乘牛车。

尺寸　车高44.2cm　长73cm
　　　牛高24cm　长42.5cm

汗牛充栋

用牛来拉书要累得出汗，存放起来可以堆满整个房间。形容藏书非常多。

▲ 东晋陶牛车及陶俑群

陶牛车与俑群在一起，体现了牛车在当时的盛行，同时也再现了东晋豪门贵族出行时被侍从前呼后拥的场景。

尺寸　长42cm　高23.5cm
　　　宽18cm

尺寸　高27~29cm

尺寸　高87cm
　　　长82cm

唐代陶骆驼 ▲

骆驼性情温顺，耐饥渴能力强，是丝绸之路最主要交通运输工具。

唐代铜牛车 ▲

唐代，由于唐太宗李世民大力发展养马业，骑马盛行，牛车一般作为女性的出行工具。

唐三彩骆驼 ▶

骆驼有"沙漠之舟"的美誉，既能作为坐骑，又能作为运输商品的载具。

◀ 元忽必烈象舆雕塑

元朝时（1271年~1368年），忽必烈征服了盛产大象的缅甸、越南、柬埔寨等南方诸国后，象舆成为了忽必烈出行的座驾。

尺寸　高 23.5cm
　　　长 26.5cm

借坡下驴
利用坡，从驴上下来。比喻利用有利条件行事。

◀ 清代宫廷步舆（yú）

步舆是古代一种人抬的代步工具。这件步舆为清代皇帝御用，由8人抬行，是皇帝在宫内往来时乘坐的代步工具。

尺寸　长 150cm
　　　宽 90cm
　　　高 275cm

马可·波罗对忽必烈所乘象舆的描述为：大可汗常常坐在一个美丽的木头寝室中，由四只象抬着，室中金碧辉煌，外面盖着狮子皮。

舆的本意是车上可以载人载物的部分，轿特指由人抬着走的交通工具。

◀ 唐代蓝釉陶驴

这头驴装有鞍，用于骑乘，驴速度比马慢，载重量也不如马，在唐代是普通人的出行工具。

清代金箔贴花花轿 ▶

"轿"的名称起于宋代，在此之前通称"肩舆"。宋后期，轿子的使用数量超过了车，各级官员偏爱坐轿，因为轿比车要平稳。

木牛流马，史载公元231~234年诸葛亮在北伐时所使用，分为木牛与流马。从蜀道难走的情况来看，可以推测木牛流马和独轮车类似，有很好的通行能力。路况允许时可以利用轮子推着前行，在翻山越岭时木牛流马的"腿"可以起到防滑的作用。而在路况不好时，还能方便地抬着走。整体而言，诸葛亮发明的木牛流马应该与现代常见的手推车相似。

清朝时，由八个人抬的"八抬大轿"成为高级官员的出行标志及身份象征，民间只有娶亲用的花轿允许八人抬轿。

手推车最早出现于2世纪的汉朝。独轮车的路面适应性强，可在狭窄、坑洼的路面上通行。这种车可以在乡村田野间劳作，又方便在崎岖小路和山峦丘陵中行走。

尺寸　长 134cm
　　　宽 75cm
　　　高 80cm

淮海战役支前小车 ▶

1948至1949年淮海战役期间使用手推车运送物资。

问题：
你知道吗："木牛流马"是什么交通工具？

答案：手推车。

交易 - 贝币

贝币，学名为货贝，商代常见的是一种齿贝，背面往往磨平，或钻一穿孔。由于它大小适中、携带方便、易于计数，货贝逐渐成为商品交换的一般等价物。贝币是最早的货币，很多跟钱财有关的汉字都是贝字旁。

尺寸　最小长 1.5cm　宽 1.1cm
　　　最大长 1.9cm　宽 1.5cm

▶商代贝币

"朋"字的古字形像两串贝连在一起。古代用贝做货币，因此朋本义指一种货币单位。商周时期，5 个贝币为一串，两串为一朋。因贝币系在一起的状态，引申出关系亲密的人的意义，即朋友。

> 春秋时期，秦穆公用五张山羊皮换回了百里奚，在百里奚帮助下，秦穆公内修国政，开地千里，称霸西戎，秦国崛起成为春秋五霸之一。由于百里奚是用五张羊皮换回的，因此也被称为"五羖（gǔ）大夫"。羖指黑色的公羊。这个故事可以看出，羊皮到了春秋时期仍可作为交易货币。

诗中有"贸丝"

氓之蚩蚩，抱布贸丝。
《诗经·卫风》 先秦·佚名

尺寸　高 51cm　盖径 32cm
　　　底径 29.7cm

◀滇国诅盟场面青铜贮贝器

西汉时，滇国疆域主要在以滇池中心的云南中部及东部地区。据考证，贮贝器中的海贝来自印度洋和东南亚海域，2000 多年前，古滇人已经开辟了从云南到缅甸抵印度的"南方丝绸之路"。

抱布贸丝

用麻布换取丝的意思，布匹在古代不仅仅是制作衣服的原料，本身也可以交换的货币。

西周卫盉（hé）▶

口径 20.2 厘米，铸造于周恭王时期（公元前 922~前 900 年）。该器盖内有铭文 132 个字，铭文中记载了当时价格：玉璋价值 80 朋，虎皮价值 20 朋。说明西周时期，玉璋价值 800 个贝币，虎皮价值 200 个贝币。

尺寸　高 29cm
　　　口径 20.2cm

东周蚌贝 ▶

贝是用蚌壳模仿天然货贝的形状磨制而成的。

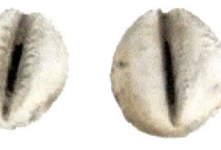

尺寸　长约2cm

尺寸　长1.9cm　宽1.4cm　高0.25cm

西汉石贝 ▶

石贝一般是以有光泽的石英石等原料，经过打磨钻孔而成。

> 随着经济发展，天然的贝壳作为货币渐渐供不应求，又出现了人工贝币，如石贝、骨贝、蚌贝等，贝作为实物货币一直沿用到春秋时期。

尺寸　长2cm

◀ 春秋骨贝

用动物骨头模仿天然货贝的形状磨制而成。

尺寸　长2cm

楚国青铜贝币 ▶

狐朋狗友
泛指一些吃喝玩乐、不务正业的朋友。

商和西周时期已经有青铜铸造的贝币，但不铸文字，这种有文字的青铜币是楚国特有的。

尺寸　长约2.5cm

◀ 战国包金铜贝

鎏金铜贝较青铜贝更为贵重，主要用于封赏。

商周时期古蜀国玉贝 ▶

尺寸　长3cm

西汉玉贝 ▶

秦始皇统一货币以后，玉贝不再流通，一般作为饰品或者殉葬品。

以物易物
以物易物便是最原始的交易方式，面对面获取商品或者食物，各取所需。

问题：
你知道吗：币字为什么是"巾"部首？

答案：古代布帛曾作为货币进行流通。

交易 - 早期铜币

铜的价值主要取决于重量,可以根据需要熔炼铸造成为各种各样的形状,既方便携带,价值也十分稳定,因此铜很快取代了贝壳,成为主流的货币。

> 战国时期,诸侯国互相攻伐兼并,各国边界十分不稳定,多种货币共存,货币良莠不齐,一直持续到秦统一中国。

战国四大货币 ★

蚁鼻钱:楚;圜钱:秦;铲布:魏、韩;刀布:赵、齐、燕。

战国齐国齐大刀 ▶
齐国是使用刀币的主要国家,燕国、赵国、中山国也通行刀币。

尺寸 长 18.5cm

战国铜削 ▶
铜削用于竹简、木牍的修正,一般认为这是刀币的原型。

尺寸 长 26cm

战国楚国蚁鼻钱 ▶
蚁鼻钱原是青铜仿贝,是战国时期四大青铜货币之一,因为上面的文字像一个鬼脸,俗称鬼脸钱,又像一只蚂蚁站在鼻子上,又称蚁鼻钱。

尺寸 长 2cm

尺寸 长 10cm 宽 1.2cm

◀ 战国赵国"言刀"直刀
赵国刀布与燕刀、齐刀的最大不同之处是刀柄和刀身接近于垂直,因此称为直刀。

◀ 战国燕国明刀
燕国刀币上通常铸有一个"明"字,故这种刀俗称明刀。

尺寸 长 13cm 宽 2cm

尺寸 长 18.44cm

◀ 战国"西刀"尖首刀
尖首刀布由当时的北方游牧民族铸造,他们吸收了中原的货币文化,同时保留了自己的特色。

王莽新朝"一刀平五千"错金刀币 ▶
"一刀平五千"的意思等价于五千枚小铜钱,这是一种虚价的钱币,实际上并没有这样的价值,因此无法正常流通。

尺寸 高 7.34cm 环径 2.761cm

尺寸　长17cm　刀宽8.8cm

◀ 商代铜铲

布币，因形状似铲，又称铲布，从青铜农具演变而来，是中国春秋战国时期流通于中原诸国的铲状铜币。

尺寸　长18cm　宽10.3cm

◀ 春秋"卢氏涅金"平肩弧足空首布

最初的布币，大小和铜铲一样，还留有装柄的銎（qióng）孔，因此称为空首布。

尺寸　长8.2cm　宽4.8cm

春秋"卢氏"斜肩弧足空首布 ▶

这枚空首布的铭文为"卢氏"（今河南省卢氏县），地名是当时铸币的主要铭文之一。

良渚文化素面玉璧 ▶

玉璧通常被认为是圜（yuán）钱的前身，圜象征天。

尺寸　直径24.3cm　内径4.9cm　厚1.2cm
时间　距今约5300~3700年

尺寸　长14.5cm　宽6.9cm

◀ 战国耸肩尖足空首布

空首布肩部有三种形状：平肩、耸肩和斜肩，底部则通常为弧形或尖足。

战国秦国商鞅"半两"钱 ▼

公元前356年，商鞅在秦孝公支持下实施改革，包括对度量衡的规范，钱币的大小也趋于标准化。

尺寸　直径3.7cm
重量　重0.0116kg

战国魏国圜钱"漆垣一釿（jīn）"▶

釿为魏国的重量与货币单位，秦统一度量衡时废除。

尺寸　直径3.8cm
重量　重0.0129kg

尺寸　直径4cm
重量　重0.011kg

◀ 战国齐国"六锱（yì）"圜钱

锱是齐国的重量与货币单位，秦始皇统一衡制时废除。

战国秦国秦半两 ▶

早期的秦国"一两"重量十分混乱，这枚"半两"钱重64克，是目前所见战国秦半两钱中最重的一枚。

尺寸　直径4cm

尺寸　高5cm　宽3cm

战国东周平首布 ▶

空首布在发展过程中逐渐减轻、变薄、变小，装柄的孔消失了，币身成为片状，称为平首布。

问题：
你知道吗：圆形方孔钱的形状有什么特殊含义？

答案：外圆内方，象征天圆地方的宇宙观。

交易 - 圆形方孔钱

圆形方孔钱是中间有方形孔洞的圆形钱币，由圜钱（环形钱）演变而来是中国古代铜钱的固定形式，自从秦统一货币后，沿用了两千多年。

尺寸　直径 3~3.6cm

尺寸　直径 2.5cm
重量　重 0.004kg

铢是古代重量单位，二十四铢等于旧制一两。

▲ 秦朝秦半两钱

公元前 221 年，秦始皇统一中国后，废除了战国时期各个国家的货币，规定以"秦半两"作为法定货币。

▲ 西汉上林三官五铢

元鼎四年（前 113 年），西汉中央政府统一铸造五铢钱，即"上林三官五铢"。这种钱的重量、大小均一，直径 2.5 厘米，重量约 4 克。五铢钱制确定了铸币的重量和大小，在此后延续了 700 多年，成为中国货币史上使用时间最长的铸币。

◀ 唐开元通宝

开元通宝发行于公元 621 年，每枚价值一文，重一钱，这便是"钱"的由来。从此，货币也被称作钱，"一文"成为钱的最小单位。

◀ 北宋大观通宝

这种钱币最大的特点是"大观通宝"四字为宋徽宗御笔的"瘦金体"。

尺寸　径 4cm
重量　重 0.004kg

尺寸　直径 5cm

诗中有"铢"

势分三足鼎，业复五铢钱。
《蜀先主庙》 唐·刘禹锡

尺寸　径 3cm

尺寸　直径 2.8cm
重量　重 0.008kg

一文不值
用来形容价值很低或者没有价值。

▲ 元代大元通宝

文字为八思巴蒙古文，铸于 1309 年。元代主要发行纸币，铜钱铸造较少。

北宋靖康元宝铁钱

宋代由于铜币不够用，于是大量铸造铁币，成为中国历史上铁币使用最为鼎盛的一个时期。

▴ 明代洪武通宝

明代以白银作为法定的流通货币，大额交易使用白银，小额交易使用铜钱。

尺寸　直径 2.85cm
重量　重 0.0049kg

尺寸　直径 4.9cm

满文"天聪通宝"▴

"天聪"是皇太极的年号，清朝在入关之前称为"后金"，发行满文铜币。

贯 ★

贯本义是古代穿钱的绳索，把方孔钱穿在绳子上，每一千个为一贯。

尺寸　直径 4cm

◂ 三国吴国"大泉当千"

公元 238 年，吴国孙权铸造了"大泉当千"，一枚等于 1000 枚小钱，这是一种虚价的钱币，结果导致物价上涨。

锱铢必较

锱（zī）和铢都是古代的重量单位，六铢等于一锱。该成语的本义是一分一厘也一定要计较，形容斤斤计较，十分吝啬。

万贯家财

表示家里有一万贯钱财，形容非常富有。

尺寸　长 6.2cm
　　　圆径 3.1cm

太平天国圣宝 ▾

这种装饰精美的铜钱主要用于封赏，非流通货币。

"国宝金匮直方"铜钱 ▴

王莽规定国宝金匮等于一万枚小钱，这是一种虚价的钱币，无法正常流通。

尺寸　直径 11.2cm

问题：

你知道吗："开元通宝"铜钱上的字是哪位书法家写的？

答案：欧阳询。

交易－钱范

钱范是古代铸造金属货币的模子，有石、陶、铜等多种材质，铸币是古代青铜工艺的重要组成部分。

秦朝秦半两钱陶范 ▲
尺寸 长约 10cm

秦统一后的货币秦半两钱由国家统一铸造，禁止私铸，交易时禁止挑选。

尺寸 长 18cm 宽 7cm

西汉五铢钱铜范 ▲
公元前 113 年，汉武帝实行货币专铸制度，由中央统一铸造五铢钱，同时废除各种旧币。

有模有样
意思是形容模仿得很像。

尺寸 长 23cm 宽 16cm

新朝"大泉五十"钱范 ◥
"大泉五十"钱是王莽新朝通行货币中流通时间最长、铸量最多的货币。

▼ 新朝"大泉五十"铜质钱范
尺寸 长 11cm 宽 8cm

尺寸 长 14cm 宽 8cm

▲ 新朝"大泉五十"陶范
叠铸法是秦汉至南北朝时期铸钱的主要方法，采用层层对合叠起的铸钱陶范，一次最多可浇铸上百枚钱币。

▶ **新朝布币铜模具**

尺寸　长 9cm　宽 7cm

战国齐国"齐大刀"石范 ▶

尺寸　长 27cm　宽 12.6cm

这件铜制模具用于塑造钱范泥胎，晾干后再烧制成陶钱范。

再把金属熔化后倒入模具内制成器物。

大家风范
意思是出自高贵人家特有的气派。

◀ **战国平首布石范**

尺寸　长 11cm　宽 9cm

尺寸　长 27cm　宽 10.7cm
厚 0.95cm

▲ **战国楚国蚁鼻钱青铜钱范**

铜范内的钱币呈齿贝形状，每行 16 枚，共 4 行，一次能铸 64 枚。

尺寸　长 13.4cm　宽 8.3cm
高 1.4cm

模范本指制造器物时所用的模型，引申为值得学习的榜样。

东汉建武十七年五铢叠铸铜制范盒 ▲

这是一件铸造于建武十七年（41 年）的五铢钱铜制模具，可用来制作陶范。

问题：
你知道吗：模和范的区别？

答案：模是由来铸范的，范由来铸造器物。

交易 - 黄金

战国时期，楚国金币是中国最早的黄金铸币和称量货币，使用天平和砝码来确保重量的精确。

尺寸 长 4cm
重量 重 0.064kg

尺寸 横 4cm 宽 4cm
重量 重 0.074kg

◀ **战国楚国郢（yǐng）爰（yuán）金币**

金币上有篆书铭文"郢爰"，郢是楚国的国都，"爰"是楚国货币重量单位。

战国楚国郢爰金币 ▲

上面的文字一般是在金版冷却过程中用印章印上去的，所以这种金币又被称为"印子金"。

> 爰金是目前中国发现并已著录的最早的黄金货币。

战国楚国"专锊（lüè）"金版 ▶

楚国金币是称量货币，使用时需要称重，楚国使用砝码天平来确保重量的精确。上面的文字"专"是地名，"锊"为重量单位。

尺寸 2.1cm

诗中有"金"

一寸光阴一寸金，
寸金难买寸光阴。
《白鹿洞二首》 唐·王贞白

▼ **西汉马蹄金**

公元前 95 年，汉武帝铸造了中空椭圆、状如马蹄的金币，重量相当于汉代的一斤，用于封赏。

尺寸 直径 6cm
重量 重约 0.25kg

尺寸 长 6cm 宽 5cm
     高 4cm
重量 重约 0.25kg

西汉金饼 ▲

这些金饼的重量每枚相当于西汉时期的一斤。

◀ **汉代马蹄金**
尺寸　长 5.7cm　宽 4.5cm
　　　高 3.7cm

西汉麟趾金 ▼
重量　重约 0.08kg

南宋"韩四郎十分金"金叶子 ▶
尺寸　长 9.7cm　宽 3.6cm
重量　重约 0.035kg

金无足赤　人无完人
没有含量为百分之百的黄金，也没有十全十美的人。比喻人有优点和缺点。

一诺千金
许下的一个诺言有千金的价值。比喻说话算数，极有信用。

尺寸　长 1.7cm　宽 0.9cm
　　　厚 0.1cm
重量　重 0.004kg

南宋金牌
小额金币的使用，反映了南宋时期繁荣发达的社会经济。

南宋"苏宅韩五郎"金锭 ▶
尺寸　长 6.9cm
　　　上宽 4.3cm　下宽 4.4cm

尺寸　长 6cm　最厚处 2cm
　　　一端宽 3.7cm　一端宽 3.9cm
重量　重 0.385kg

明代金锭 ▶
铭文大意是"1614 年，云南布政使司上交黄金十两"。

问题：
你知道吗：商周时期的"金"是指一种什么金属？

答案：青铜。

交易 - 白银

白银是以银锭为主要形式的一种称量货币,起于汉代盛行于明清。唐宋以后,白银成为一种国家税收、大额贸易的支付货币,明清时期白银是交易所使用的主流货币。

尺寸　长 15cm　宽 11cm
重量　重约 1.8kg

唐代五十两银铤 ▲

银铤(ding)是熔铸成锭的白银,隋唐以前称银锭为"银饼""银铤"。民间口语中常称白银为"锭",于是银铤又改称银锭。

尺寸　长 14.6cm
　　　宽 9.1cm
重量　重 1.82kg

南宋五十两银铤 ▶

这是 1228 年四川达州用来上供朝廷的银铤。宋代以后,地方政府向中央缴纳的税收,以白银计价。

金朝盐税银铤 ▶

金代实行国家专卖的盐税制度,这块银铤属于国家盐税收入,铭文标注的重量为"四十九两七钱"。

尺寸　长 15cm　宽 9cm
重量　重 1.93kg

尺寸　长 2.9cm　宽 1.9cm
重量　重 0.019kg

明代"茶课"小银锭 ▶

"茶课"即茶税,是茶商向政府缴纳的税银。

尺寸　长 15.1cm　宽 10.7cm
重量　重 1.97kg

尺寸　长 6cm　宽 5cm
重量　重 0.371kg

▲ 明代"解秋粮银"五十两银锭

秋粮银锭是明代农业税,秋节粮食丰收后,将需要缴税的粮食折合成白银上缴国库。铭文表明这是 1515 年广州向朝廷上交的秋粮税银。

◀ 清代盐厘局银锭

"盐厘局"是清代管理盐税的官署,这块银锭是盐税收入。

金朝"承安宝货"银币

这是金朝于1197~1120年铸造发行的银币,由于私铸泛滥,这种银币中往往掺杂有铜、锡等金属杂质,使得银币价值降低,最后不得不停铸。

尺寸 长 5cm 宽 3cm
重量 重 0.04kg

> 1269年,元朝将国家银库的白银熔铸成"锭",每锭白银重50两,称为"元宝",也就是"元朝之宝"的意思。黄金锭叫作金元宝,白银锭叫作银元宝,"元宝"于是成为了金银货币约定俗成的通称。

尺寸 径 2.4cm
重量 重 0.023kg

尺寸 长 11.2cm 上宽 8.3cm

◀ 明代"金花银"银锭

流通中的白银通常掺有杂质,缴税的白银必须成色足而有金花,称为金花银,是上好白银的代名词。

▲ 清代雍正四年"平乱治蜀"银饼

银饼上有铭文"平乱用银治蜀倾兑"。清初,由于长期战乱,四川人口锐减,清政府采取了"湖广填四川"的移民政策。

尺寸 直径 2cm
重量 重 0.012kg

▲ 清代"雍正通宝"小银饼

这是碎银的一种,银是称量货币,可以任意大小,交易时进行称重,通常一两白银等一千文铜钱,十两白银等一两黄金。铭文为篆书"雍正通宝",铸于1723年。

尺寸 宽 4cm

◀ 清代光绪元宝"一两"银币

清代中后期,中国开始仿制外国的银圆,这枚带"寿"字的银圆,面额"一两",相传是为庆贺慈禧太后70岁生日而铸造的。

此地无银三百两
传说古代某人将银子埋在地里,怕人知道,就在上面竖一块木板,写道:"此地无银三百两"。邻里王二看见牌子,就把银子偷走,也插了个牌子,上面写:"隔壁王二不曾偷。"

民国袁世凯头像银币 ▶

袁世凯头像银币规定含银89%,含铜11%,是中国近代流传最广、影响最大的银圆品种。

尺寸 宽 4cm
重量 重 0.027kg

问题:
你知道吗:为什么有的白银看起来是黑色的?

答案:银被氧化了。

交易 – 纸币

交子是中国最早的纸币，也是世界上最早使用的纸币。早期的"交子"相当于是一种存款凭据，出现于 1008 年，主要是为了方便交易。1023 年，北宋发行官方纸币"官交子"，这是世界上发行最早的纸币。

▲ 贞祐交钞壹拾贯铜钞版

1154 年，金朝迁都燕京（今北京）后，因为境内铜少，仿北宋"交子"印刷纸币，这是印刷十贯交钞的铜版。

十贯相当于 1 万文铜钱的价值，这种钱大量印刷会导致无法兑换，从而让纸币失去信用，实际根本不值 1 万文。

尺寸　长 20.2cm　宽 11.6cm

▲ 贞祐宝券伍贯铜钞版

金朝的大面额纸币由于并不能兑换等额的铜币或者金银，人们在交易时往往选择铜钱或者真金白银来确保交易的公平性，这种纸币很快就退出了历史舞台。

尺寸　长 34.8cm　宽 21.6cm

▲ 明代"大明通行宝钞"壹贯铜钞版

"大明通行宝钞"是世界上面积最大的纸币。明代的宝钞最大面额是 1 贯，虽然控制了面额，但是由于发行量过大，仍然导致纸币贬值，最终明朝采用白银作为通用的基准货币，大明宝钞在使用了 60 多年后，也退出了历史舞台。

尺寸　长 32.5cm　宽 21.2cm
　　　厚 4cm

> **诗中有"钱"**
>
> 厨有臭败肉，
> 库有贯朽钱。
>
> 《伤宅》唐·白居易

中国通商银行 ▲

1897 年，中国通商银行简称通商银行在上海成立，这是中国人自办的第一家银行。

中国通商银行曾发行银两、银圆两种钞，这是我国近代银行第一次发行的钞票。银两钞票的面值有一两、五两、十两、五十两、一百两五种，银圆钞票的面值有一元、五元、十元、五十元、一百元五种。

▲ "日昇昌"票号

钱庄，也称为票号，是中国最古老的一种银行。钱庄最初功能是兑换各种货币，比如把铜钱换成白银，把白银换成黄金等，宋代以后出现纸币，也可以在钱庄将纸币换为铜钱、白银、黄金。

1823 年，日昇（shēng）昌票号成立于山西省平遥县，日昇昌的鼎盛时期，分号达 35 处之多，被誉为"中国现代银行的鼻祖"。

◀ 元代"中统元宝交钞"壹贯文省

元末由于过量发行纸钞，导致纸币无法正常兑换白银，不断贬值。

▲ 元代"至元通行宝钞"贰贯文

元朝以纸币为官方货币，纸币以白银作为担保，两贯宝钞可以兑换约二两白银。

明代贰伯文"大明通行宝钞"▶

大明通行宝钞的一贯等于铜钱一千文或白银一两，四贯等于黄金一两。

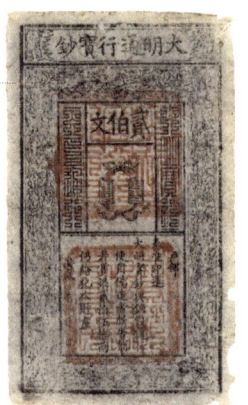

空头支票

原指因票面金额超过存款余额或透支限额而不能兑现生效的支票。现比喻不能实现的诺言或保证。

◀ 明代"大明通行宝钞"肆拾文

明代没有回收旧纸币的制度，纸币很容易因破损而遭受损失，白银最终成为明朝的主要流通货币。

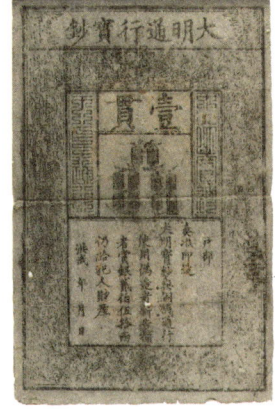

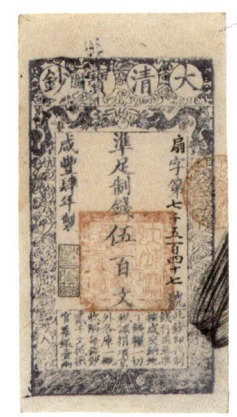

◀ 清代"大清宝钞"五百文

1854年，正值太平天国起义，清政府因财政紧张而印纸钞。

▲ 明代"大明通行宝钞"一贯

明代从1392年开始发行纸币，只有"大明通行宝钞"一种，后期由于纸币滥发，又开始用铜钱、白银作为货币。

问题：

你知道吗：纸钞可以无限量印刷吗？

答案：不能，印多后信誉丢失，人们也就不用了。

交易 - 契约

"契"的本义是"刻"的意思。契约是指人们在交往中将约定的事刻于玉、陶、石等材质上作为法律依据，后使用纸张来书写约定，相当于现代的合同。

◀ 西汉竹简遗嘱

竹简记述了一桩有关遗产继承与土地权转移的内容，西汉时期已有法定继承与遗嘱相结合的遗产继承法规。

> **诗中有"契"**
>
> 死生契阔，与子成说。
> 执子之手，与子偕老。
> 《诗经》

尺寸　长 20cm　宽 1cm

唐代租地契 ▶

这份租地契显示，公元 643 年，赵怀满向地主租田，地租以干净饱满的小麦支付。

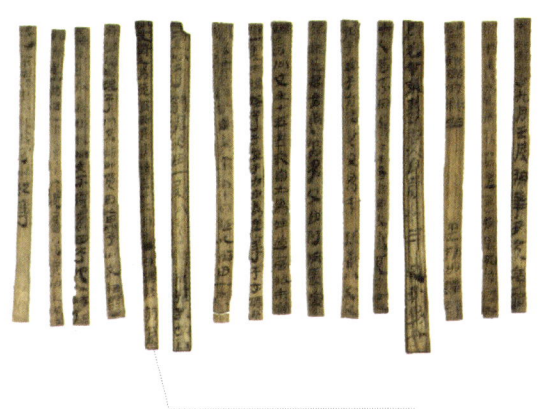

尺寸　宽 22cm　高 27cm

◀ 明代刘文举卖地契

这份卖地契的内容是刘文举将菜园、两座煤窑卖给同村康守礼，价银十二两五钱，上有画押，并有里长、乡长等见证人。

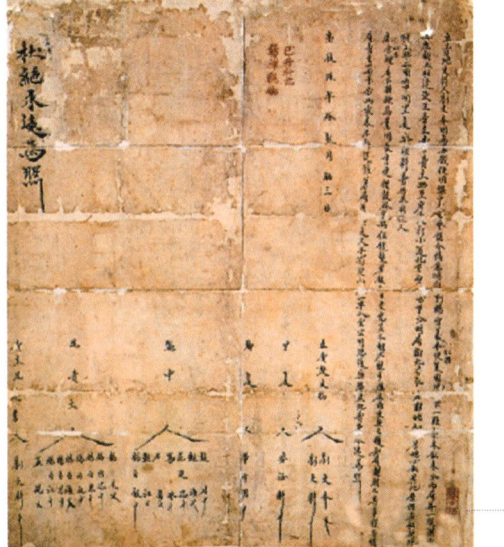

尺寸　长 52cm　宽 29.8cm
　　　厚 0.4cm

尺寸　长 57cm　宽 49cm

唐代钱镠免死铁券 ▶

公元 897 年，钱镠平定叛乱有功，唐昭宗赐给他这块免死铁券，凭铁券本人可以免死罪 9 次，子孙后代可免死罪 3 次。

东汉玉刻买地券

这是已知东汉最早的买地券，券上记录了公元81年的一桩墓地买卖，注明了东南西北四个位置、面积以及见证人。

尺寸　长 7.1cm　宽 4.5cm

尺寸　长 39.5cm　面阔 1.9cm

刘元台填朱七角砖刻地券 ▲

东汉时期，土地兼并严重，豪强地主云集，土地买卖盛行，土地契约也体现在丧葬文化中。

尺寸　高 30cm　宽 17.2cm　厚 8.5cm

东晋《朱曼妻薛氏买地券》石刻 ▲

商周时期土地是国有的，公元前350年，秦国商鞅变法，废除了井田制，实行土地私有制，土地开始自由买卖。

尺寸　长 33cm　宽 26cm

尺寸　长 31cm　宽 17.6cm　厚 1.8cm

券的原意是用刀将写有交易信息的简牍分成两半，双方各拿一半以作为凭证。

▲ 宋元嘉十年徐副石买地券

这张买地券刻有"众星拱照北斗"的星符，有"上天"作证的含义。

南宋林村宋墓买地券 ▲

土地是古人最重要的财富之一，"无立锥之地"表示没有立锥子的地方。比喻连极小的地方也没有，十分贫穷。

问题：
你知道吗：中华人民共和国是否允许土地买卖？

答案：不允许，中华人民共和国实行土地公有制。

218
军事装备 > 弓弩

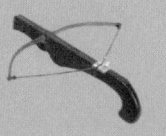

222
军事装备 > 戈

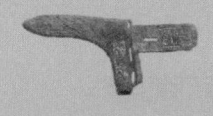

226
军事装备 > 青铜剑

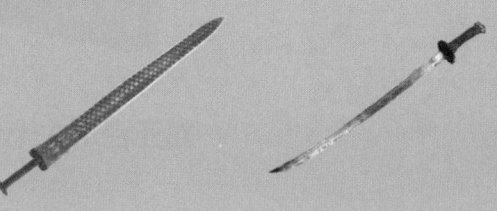

230
军事装备 > 刀

234
军事装备 > 非常规武器

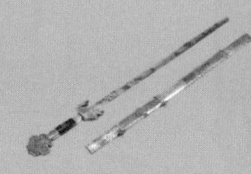

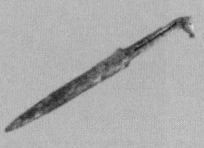

220
军事装备 > 矛

224
军事装备 > 戟

228
军事装备 > 钢铁剑

232
军事装备 > 匕首

236
军事装备 > 防具

文明之戎

238
军事装备 > 车骑

242
军事令牌

240
军事装备 > 火器

华夏文明的开端由一场著名的史前战争拉开序幕——涿鹿之战，此战炎黄联盟战胜蚩尤部落，华夏族由此形成。

中国历史上有许多著名的军事战争，如牧野之战、柏举之战、巨鹿之战、长平之战、河西之战、官渡之战、赤壁之战、靖康之役、鄱阳湖水战、山海关之战等等。

悠久的历史进程中，涌现出非常多的军事将领，如妇好、姜子牙、孙武、吴起、白起、廉颇、李牧、王翦、韩信、项羽、卫青、霍去病、诸葛亮、岳飞、成吉思汗、徐达等等。

《孙子兵法》是中国现存最早的兵书，是古代军事思想精华的集中体现，被誉为"兵学圣典"和"古代第一兵书"，被世界许多知名军校选为经典教材。

历史的战争画卷非常宏大，无法一一展开。本章我们精选了军事战争相关的箭弩、矛、戈、戟、剑、刀、匕首、斧钺、甲胄、战马、战车、火铳、火炮、兵符等等，再现古代战争的画面，以及冶金技术的发展。

军事装备 – 弓弩

弓是冷兵器时代最普遍也是使用历史最为悠久的远程武器,弩则是一种装有臂的弓,主要由弩臂、弩弓、弓弦和弩机等部分组成。弩更加便于射击,威力也更大,是步兵有效克制骑兵的一种武器。

> **诗中有"弓"**
>
> 风劲角弓鸣,将军猎渭城。
> 草枯鹰眼疾,雪尽马蹄轻。
> 《观猎》 唐·王维

尺寸 长 145cm
最宽 25cm

清代铁镞成钑箭 ▼
尺寸 长 102cm

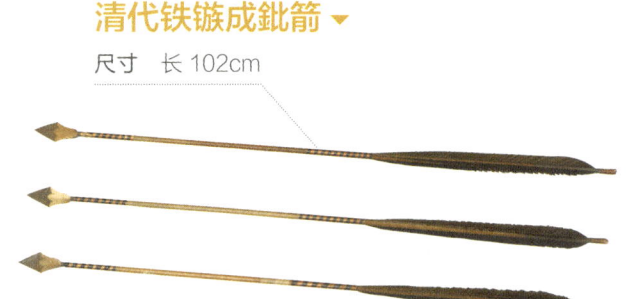

木黑牛角金桃皮弓 ▲
弓上刻有铭文,1757年,乾隆曾用这弓在木兰围场狩猎时,射中一只老虎。

> **一箭双雕**
>
> 发一箭射中两只雕,比喻做一件事达到两个目的。

尺寸 弓袋长 62cm 宽 29cm
箭袋长 42cm 宽 21cm

清代弓袋、箭袋 ▶
弓在射击过程中,需要大量的箭,因此箭袋是射手的标配之一,弓袋则可以起到保护弓弦的作用。

> **诗中有"弓"**
>
> 林暗草惊风,将军夜引弓。
> 平明寻白羽,没在石棱中。
> 《和张仆射塞下曲·其二》 唐·卢纶

马家窑文化骨镞 ▶

镞(zú)、杆、羽共同构成箭,由于年代久远,杆和羽早已腐烂,因此出土的文物中都以镞为主,有石、骨、铜、铁等材质。

尺寸 长 7cm
时间 距今约 5000 年

> **军事战争** 逐鹿之战
>
> 距今大约4600年前的炎帝时期是中国农耕飞速发展的一个时期,农耕为大规模的战争积累了充足的粮食,同时也为战争提供了动力——抢夺土地和耕种的奴隶。逐鹿之战是黄帝部族联合炎帝部族,与蚩尤率领的东夷部落之间进行的一场大战。最终炎帝和黄帝联盟取得了这场战争胜利,华夏族从此形成了。

尺寸 长 10cm
时间 距今 4500~4000 年

◀ 龙山文化三棱石镞
三棱形石镞使箭在飞行中接受的空气阻力比较均匀,使箭的稳定性更好,能大大提高穿透力、杀伤力。

尺寸 长 5.3cm

◀ **战国三棱铜镞**

三棱铜镞进一步提升了对护甲的穿透力，射程与穿透力是弓弩战力的两个重要指标。

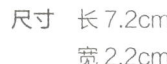
尺寸 长 7.2cm
宽 2.2cm

◀ **春秋双翼铜镞**

双翼铜镞宽而锋利的刃部有很强的切割能力，倒刺则提升了伤害力，缺点是穿透力偏弱，难以穿透护甲。

尺寸 长 5.1cm

◀ **春秋三翼铜镞**

三翼铜镞提升了对护甲的穿透力和射程，同时保留了倒刺，提升伤害力。

清代铁背小弩 ▶

弩的装填时间比弓长很多，但是它比弓的射程更远，杀伤力更强，命中率更高，对使用者的要求也比较低，是古代一种大威力的远距离杀伤武器。

尺寸 高 17cm

◀ **秦朝铜弩机**

铜弩机是弩的核心部件，这是依靠臂力上弦的"轻弩"弩机，有效射程约 80 米，是秦灭六国时使用主要武器之一。

强弩之末

强弩射出的箭，到了射程的尽头也没有力量了。比喻原来强大的力量已经衰竭，起不了什么作用。

尺寸 高 16.6cm 长 15cm

三国魏国弩机 ▶
尺寸 长 11.9cm

◀ **西汉鎏金铜弩机**

弩机外廓加装青铜机匣，使弩机可以承受更大的张力，"强弩"用脚踏上弦，射程可达数百米。

问题：
你知道吗：骑兵为什么一般用弓箭而不是弩？

答案：弩上弦时比较慢，骑兵在马上不方便操作上弦。

军事装备 - 矛

矛是最古老的武器之一,也是最容易制作的原始武器,人类将木棍磨尖,就可以获得一把简易的木矛,用尖锐的石片安装在木棍上就可以升级为石矛。

马桥文化石矛

矛一般用于近战刺杀,也可用远程投掷。

尺寸 长9.5cm 宽4cm
时间 距今3300~2700年

◀ 商代石矛

尺寸 长9cm
　　 最宽4.1cm
　　 最厚0.9cm

以子之矛 攻子之盾
用你的矛来刺你的盾。比喻用对方的观点来反驳对方。

牝鸡无晨
"牝(pin)鸡无晨"是周武王伐商时列举的纣王罪行之一,意思是"母鸡不应该打鸣",指纣王宠信妲己,听女人的话。

尺寸 长20.3cm 宽5cm

◀ 商代青铜矛

早期战车主要有两个兵种,一种拿弓箭远程攻击,一人拿矛近战。

军事战争 牧野之战

约公元前1046年,商朝因为王室继承权问题引发内乱,重臣比干被杀,箕子被囚,微子逃到周。周武王趁商朝主力在淮河流域与东夷部队作战时,突袭商朝首都朝歌。商纣王来不及调动军队,将奴隶武装起来迎战,最终兵败自焚而死,商朝灭亡,西周建立。

尺寸 长30.5cm
　　 銎径4.5cm

尺寸 长29.5cm

春秋吴王夫差矛 ▶
夫差矛并非吴王夫差专用武器,而是夫差时期所铸青铜矛,是春秋末期吴国使用兵器。

越王大子矛 ▶
这件青铜矛是越王勾践的孙子"不寿"制造的,越国是春秋五霸最后一个霸主。

军事人物 姜子牙

姜子牙辅佐武王,指挥牧野之战,消灭商朝纣王的军队,是建立周朝的开国元勋,被封于营丘(即今淄博市),建立齐国。著作有《太公兵法》,也称《六韬》。

姜太公钓鱼 愿者上钩
姜子牙为了引起周文王的注意,在河边用直钩钓鱼。文王见到了,觉得奇怪,于是主动跟他交谈,招入门下。

尺寸 长21cm

◀ 战国巴国青铜矛

巴国位于秦国和楚国之间,常常与两国开战,后被秦国灭亡。

◀ 战国巴国矛

尺寸　长 24cm

尺寸　带柄长 216cm　矛长 20.8cm
　　　鐏长 12.5cm

◀ 西汉带鐏（zūn）铜矛

鐏用于固定和连接矛与木柄。

尺寸　长 33cm

◀ 明三保公铁矛

这件矛是印度尼西亚民间为纪念三宝太监郑和的祭典礼器。

诗中有"矛"

王于兴师，修我戈矛。

《秦风·无衣》　先秦·佚名

尺寸　宽 3cm　长 30cm

宋代铁枪 ▶

枪是由矛发展而来的，本质上没有区别。宋代以后，矛一般都称为枪。南宋抗金名将岳飞，极善使枪，现今尚有岳家枪法。

尺寸　长 43cm

西汉吊人铜矛 ▶

这是滇国人在祭祀、礼仪时使用的青铜兵器。

尺寸　总长 249cm　枪头长 29cm

清代木柄阿虎枪 ▶

清代皇帝围猎时的禁卫军护从叫虎枪营，装备虎枪。

尺寸　长 32cm

◀ 辽代错银铁枪

这件铁枪形制与铍很相似，兼具刺和砍的功能。

◀ 战国越王鸟虫纹铜铍（pī）

铍是一种长矛，刃部与剑十分相似，兼具矛与剑的优点。

尺寸　长 24cm
　　　宽 4.2cm

问题：

你知道吗：古代有哪些名将使用枪或矛？

答案：岳云、岳飞

军事装备 - 戈

战争的"战"字,右边是"戈",戈是春秋战国时期最重要的武器。戈的构造一般是横向伸出的短刃,固定于长杆的一端,用于钩杀或者啄击。

尺寸　长 24.2cm　宽 6.3cm

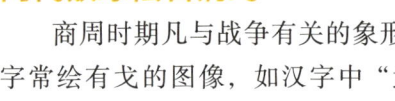

商代嵌绿松石铜戈 ▲
商周时期凡与战争有关的象形文字常绘有戈的图像,如汉字中"武""战""戎"等。

尺寸　长 21.3cm

▲ 西周"楚公"铜戈
这件戈由楚人仿造邻国巴国的戈制成,内端铸有"楚公囗秉戈"五字铭文。非实战兵器,用于典礼仪仗。

> 周朝的爵位分为公、侯、伯、子、男五等,可世袭。

尺寸　长 29.4cm　厚 1cm

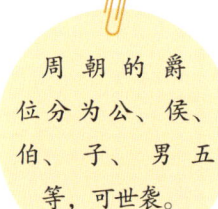

> 春秋五霸:齐桓公、晋文公、秦穆公、楚庄王、宋襄公。

战国兽面纹铜戈 ▲
战国时期,巴国、蜀国分别位于四川的东、西部。公元前 316 年,秦国张仪、司马错等率军攻灭巴、蜀两国。

尺寸　长 26.2cm　宽 9cm

西汉滇手形銎铜戈 ▲
秦汉时期,士兵的军功一律以斩获并带回的敌人首级多少来计算。将人杀死后,砍下头颅作为收集的习惯称为猎首,这件手形铜戈反映这样的一种习俗。

> 銎(qióng),安装长柄的孔。

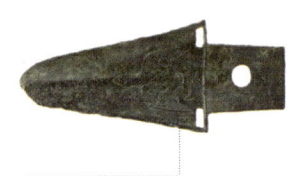

◀ 战国巴蜀鸟纹铜戈
鸟、虎都是巴蜀崇拜的图腾。

尺寸　长 20cm

词中有"戈"

想当年,金戈铁马,气吞万里如虎。
《永遇乐·京口北固亭怀古》
南宋·辛弃疾

内:就是戈尾部横向伸出的部分,用来安装木柄。

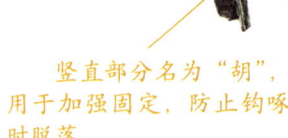

◀ 西周鲁国青铜戈
鲁国是周朝宗邦,国力强盛时一度与齐国争夺东方的霸主。

尺寸　长 23.2cm

竖直部分名为"胡",用于加强固定,防止钩啄时脱落。

尺寸　长 22.3cm

尺寸　长 25.2cm　宽 11cm

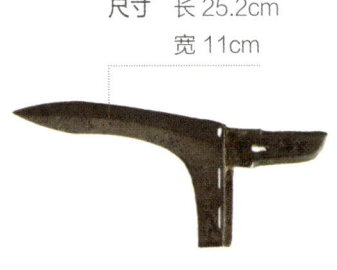

春秋吴王光戈 ▶
吴王光指阖闾,他以楚国旧臣伍子胥为相,以齐国人孙武为将军,攻入楚国郢都,威震华夏。

春秋宋景公栾青铜戈 ▲
宋国是周朝的一个诸侯国,国都商丘(今河南省商丘市),宋襄公时成为春秋五霸之一。

军事战争	城濮（pú）之战

公元前632年，逐渐崛起的楚国企图乘机争霸中原，出兵围困了宋国（今河南商丘），晋文公联合齐国、秦国救宋。晋军采用"退避三舍"的战术，制造战败的假象引诱楚军追击，在城濮（今河南陈留）大败楚军。此战后，晋文公成为春秋五霸之一。

军事战争	邲（bì）之战

公元前597年，楚庄王继位后，重用孙叔敖、伍奢等贤臣，国势强大，借机问鼎中原，与当时的霸主晋国爆发了邲之战（今河南荥阳北）。晋军由于顾忌秦军从背后偷袭，内部分歧不断，将帅不和，楚军利用晋军的弱点，适时出击，打败了晋军，一举奠定了"春秋五霸"的地位。

枕戈待旦
原义是枕着武器等待天明，形容时时警惕，准备作战。

西周矢国铜戈 ▼

西周有"毁兵"葬俗，随葬的青铜兵器会进行不同程度的毁坏，表示不用武力解决问题，反映了"礼治"思想。

尺寸 长24cm

楚国锦文青铜戈 ▶

吴国被越国所灭，越国又被楚国所灭，因此楚国拥有吴越的精美兵器。

尺寸 长24cm

矢国是商王朝时期即已经建立的古老诸侯国，因支持周武王伐纣，被封为诸侯国。

◀ 五年相邦吕不韦戈

吕不韦是秦国相国，对秦王嬴政兼并六国的事业有着重大贡献，著有《吕氏春秋》。

尺寸 长27.6cm 胡长16.8cm

军事人物	吴起

吴起（？～前381），战国初期卫国人，与孙武并称"孙吴"。吴起为魏国创建了魏武卒（一种重甲步兵），以5万兵力大败50万秦军，攻克了秦国的河西地区。后投奔楚国，经过大刀阔斧的改革，在短时间内成功增强了楚国国力，使楚国南平百越，北并陈蔡，却三晋，西伐秦，"马饮于大河"的强盛局面。著作有兵法《吴子》。

战国巴蜀虎纹铜戈 ◤

虎形符号是巴蜀符号中最为常见一种，"尚虎"是古蜀很古老的习俗，古代的巴蜀地区可能生活着大量的华南虎，虎纹可能是为了彰显这把铜戈的威力。

尺寸 长25.2cm
宽13.6cm
厚2.4cm

枕戈待旦
枕着兵器躺着等待天亮。形容随时准备杀敌，一刻也不松懈。

问题：
你知道吗：戈是由哪一种农具演化而来的？

军事装备 - 戟

戟是一种将戈与矛合为一体的长柄兵器，戟主要除了矛的刺杀功能，还具有戈的钩杀、啄击功能。

尺寸　长 27.5cm

西周侯戟 ▶
西周时期的青铜戟由矛与戈一起合铸而成。

西周青铜戟 ▼
因"毁兵"葬俗，而毁坏的青铜戟。

尺寸　长 25.2cm

◀ 西周人头銎戟
这件戟不是中原青铜戟的形制，反映了西周与鬼方、猃（xiǎn）狁（yǔn）等北方游牧民族之间的战争。

尺寸　长 21cm

春秋有钩矛 ▶
春秋后期流行使用战车，钩矛是戟的变形，钩子可用以对付战车上的士兵。

战国长刺连钩铜戟 ▶
带钩铜戟由矛、戈、钩三部分组成，这种装备也称为钩镰枪。

尺寸　长 23cm　宽 9.4cm

诗中有"戟"

折戟沉沙铁未销，自将磨洗认前朝。
东风不与周郎便，铜雀春深锁二乔。
　　　　《赤壁》唐·杜牧

尺寸　长 37.3cm

◀ 春秋六戈戟
尺寸　长 23.3cm　宽 22.3cm

战国秦吕不韦戟 ▶
尺寸　戈长 26.7cm
　　　矛长 16.7cm
　　　带柄全长 267cm

方天画戟 ★
方天画戟属于重兵器，常作为仪仗兵器。在实战方面，方天画戟是多功能兵器，可以实现刺、挑、劈、砍、勾多种功能，威力很大，对使用者要求极高。

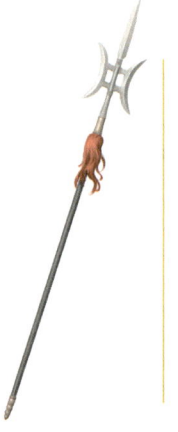

折戟沉沙
意思是折断了的戟沉没在泥沙里。形容失败惨重。

执戟百万
形容军力十分强盛，也说明战国后期已普遍将戈与矛联装成戟来使用了。

联装戟的戈和矛是分别铸造的，然后通过木柄联装而成。这种戟直刺有力，横钩也不容易脱落，因而杀伤力大大增强。

◂ 战国曾国三戈青铜戟

尺寸　带柄全长 343cm

这件兵器安装了三件青铜戈，配合战车的冲锋，可对敌军步兵造成非常可怕的伤害。

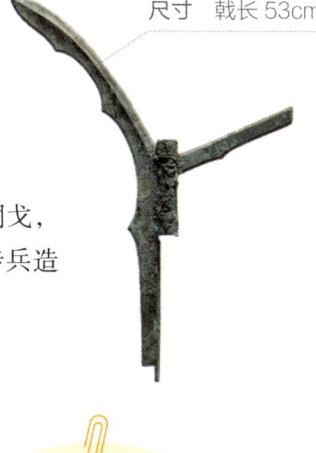

尺寸　戟长 53cm　带柄整长 330cm

◂ 西汉铜戟

西汉以后骑兵兴起，车兵逐渐退出历史舞台，由于作战方式的不同，武器的形制也发生了一些变化，这种"卜"字形的戟适合骑兵使用。

西汉铁戟 ▸

尺寸　长 58.7cm

由于冶炼技术进步，汉代兵器的锻造已接近钢的标准。铁兵器与青铜兵器比有以下优点：1. 更加锋利；2. 韧性更好，不容易折断；3. 更加便宜；4. 更容易锻造。

军事战争　巨鹿之战

公元前 208 年～207 年巨鹿之战（今河北省邢台市）是楚军与秦军之间发生的一场战争，项羽渡过黄河后，命令全军破釜沉舟，只带三日粮，以示不胜则死的决心。项羽打退了章邯，活捉了王离，并坑杀投降的 20 多万秦军。此战摧毁了秦军的主力，扭转了整个战局，项羽也因此确立了"西楚霸王"的威望。

军事人物　韩信

韩信（？～前 196 年）与张良、萧何并称汉初三杰。韩信明修栈道，暗渡陈仓，平定三秦，擒魏、破代、灭赵、降燕、伐齐，在垓（gāi）下围困项羽，全歼楚军，横扫大半个中国，无一败绩。

十面埋伏

韩信以 30 万大军，采用"十面埋伏"的战术将项羽围困在垓下，最后逼迫项羽自刎。

军事战争　垓下之战

公元前 203 年～前 202 年，韩信率领 30 万汉军对 10 万楚军设下"十面埋伏"，夜晚高唱楚歌。项羽听到"四面楚歌"，以为楚地已被汉军攻占，仅率 800 骑兵突围，战至只剩 28 人，来到乌江，无颜再见江东父老，自刎而死。

军事人物　项羽

项羽（前 232 年～前 202 年），楚军将领，在巨鹿之战中，破釜沉舟，打败秦军主力，招降秦军主将章邯，坑杀秦兵二十万。进军关中后，杀秦王子婴，火烧阿房宫，分封十路诸侯，自立为西楚霸王。

诗中有"项羽"

生当作人杰，死亦为鬼雄。
至今思项羽，不肯过江东。
《夏日绝句》宋·李清照

问题：

你知道吗：古代小说中哪些知名武将擅长使用方天画戟？

答案：吕布、薛仁贵。

军事装备 – 青铜剑

剑是冷兵器时代最重要的近战兵器之一,春秋战国时剑成为步战主要兵器,佩剑在古代也是一种身份的象征。

尺寸　长 59.1cm　剑身宽 5cm

◀ 春秋"吴王夫差"青铜剑

吴王夫差时期是吴国鼎盛时期,黄池之会与晋国争霸成为春秋五霸之一。趁吴国大军在外,勾践乘虚而入,最终吴国灭亡,夫差自刎。

尺寸　长 55.6cm　宽 5cm

◀ 春秋越王勾践剑

春秋时期,吴越地区铸剑代表了当时中国短兵器制造的最高水平。越王勾践剑不仅工艺精美,还做了防锈处理,在深埋地下 2500 年后,剑刃锋利如初。

春秋越王嗣旨不光剑 ▶

不光是勾践的第四代孙,战国第五代越国君主,不光在位早期是越国称霸中原、国力巅峰的时期。

尺寸　长 67.3cm　宽 4.5cm

春秋越王者旨於赐剑 ▶

尺寸　长 64cm　宽 4.7cm

尺寸　长 54cm　宽 5cm

◀ 春秋晋国少虞(jù)剑

李白诗:"干将今安在,少虞独煌煌。"少虞剑是现存唯一一把有明确名字记载的青铜古剑。

> **吹毛断发**
> 把头发放在刀刃上,用嘴一吹,头发就会断成两截,形容宝剑十分锋利。

> **军事人物** 孙武
> 孙武(约前 545~约前 470),又称孙子,春秋末期齐国人,经伍子胥举荐成为吴王阖闾的将军。在柏举之战中,率领 3 万军队,千里远袭,歼灭楚军主力 20 万,占领楚国都城郢城,几乎令楚国亡国。著有《孙子兵法》。

> **鱼肠剑** ★
> 鱼肠剑出自专诸刺僚的故事。春秋末期吴国的公子光(即后来的吴王阖闾)欲杀吴王僚而自立,派刺客专诸将宝剑藏于烤鱼的肚子中,在献鱼时刺杀了吴王僚,这把宝剑便是鱼肠剑。

> **铸剑师** 干将莫邪
> 干将莫邪是春秋时期吴国铸剑师,夫妇二人曾铸了干将、镆铘雄雌二剑献给吴王,后世将干将莫邪作为锋利的宝剑的代称。

> **铸剑师** 欧冶子
> 欧冶子是春秋时期越国著名铸剑大师,铸造了湛(zhàn)卢、纯钧、胜邪、鱼肠、巨阙(què)、龙渊、泰阿、工布等宝剑。

> **荆轲刺秦**
> 荆轲是燕国的刺客,他将匕首藏在地图中,在向秦王献地图时趁机刺向秦王,但没刺中。秦王边逃跑边拔佩剑,由于剑太长,情急之下没拔出。在大臣提醒之下,秦王把剑负于背才拔出,最终砍杀了荆轲。

◀ 战国楚国带鞘嵌绿松石铜剑

尺寸　长65cm　宽5cm

战国楚国双色铜剑 ▶

双色剑由铅锡不同配比形成：剑脊含铅多，色浅绿，提高韧性；剑刃含锡多，色黑亮，使刃锋利。

尺寸　长54.2cm　宽5cm

尺寸　长61cm　宽4.4cm

战国越国错金银鸟篆剑 ▶

剑身上刻有春秋时期流行的艺术字体——鸟篆。篆书用鸟形笔画来书写，反映了鸟图腾崇拜的遗风。

剑拔弩张
剑拔出来了，弩弓张开了。形容情势紧张，一触即发。

◀ 战国秦青铜长剑

秦剑的长度远远超出战国时期其他诸侯国的常见青铜剑，这让秦军在近身格斗时占据优势。

尺寸　长92cm　宽3cm

军事战争　柏举之战

公元前506年，此战是《孙子兵法》作者孙武的成名之战，孙武带3万精兵奇袭楚国，在柏举（今湖北省麻城市）击败楚军20万主力，随后占领楚国都城郢（今湖北省荆州市），楚国元气大伤，为吴国称霸奠定了基础。孙武被称为"提三万精兵，而天下莫当"。

战国嵌松石青铜长剑 ▶

尺寸　长93.5cm　宽5cm

军事战争　越灭吴之战

公元前494年，在吴越战争中，越王勾践战败后成为了吴国俘虏，他卧薪尝胆，并将美女西施送给夫差，三年后被释放回国。公元前482年，吴王夫差率领举国兵力北上，与晋国在黄池（今河南省封丘县）争霸，越王勾践趁机攻入吴都。公元前473年，越国消灭了吴国，夫差自杀，勾践成为春秋时期最后一位霸主。

项庄舞剑　意在沛公
原指鸿门宴上项庄表演舞剑，想借机杀死刘邦。比喻做事另有企图，与"醉翁之意不在酒"同义。

卧薪尝胆
以柴草作卧铺，并经常舔尝苦胆，以时时警惕自己不忘所受苦难的故事，后形容人刻苦自励，发奋图强。

问题：
你知道吗：中国古代有哪些名剑？

答案：湛卢剑、巨阙剑、干将剑、莫邪剑、鱼肠剑、纯钧剑、承影剑、龙渊剑、泰阿剑、工布剑。

军事装备 – 钢铁剑

青铜因为质地软,砍到硬物容易卷刃,而且还容易折断,因此随着冶炼技术的发展,硬度和韧性更好的铁剑与钢剑迅速取代了青铜剑。

尺寸 长38cm

诗中有"剑"
宝剑锋从磨砺出,梅花香自苦寒来。
《警世通言》 明·冯梦龙

西周玉柄铁剑 ▶
玉柄铁剑是中国目前发现年代最早的铁剑。
剑身由块炼铁经过长时间渗碳,反复锻打而成,剑柄中空,由和田青玉制成,里面插有铜制的芯,连接剑身和剑柄。

尺寸 长34.2cm
剑身长22cm 叶宽3.8cm

◀ 春秋楚钢剑
这是迄今在中国发现最早的钢剑,铁在炭火中反复加热、锻打可以变为硬度更高的钢。

尺寸 长73.5cm

◀ 西汉铁剑
由于汉代冶铁业的发展突破了青铜剑的长度限制,汉剑剑体日益轻薄窄长且剑锋更尖锐,西汉早期钢铁就已取代青铜剑广泛应用于军事中。

西汉玉格铁剑 ▶
尺寸 长87cm
宽5cm

剑,早期是匕首式短剑,剑和刀一类,区别只在于单刃和双刃。春秋末年,开始流行长剑。长剑便于战斗,短剑利于护身,还可以用于刺杀。

在中国古代,剑被称作"百兵之君",常常被当作一种高贵的装饰品,从皇帝到文人都喜欢佩剑以显示身份。

诗中有"剑"
十年磨一剑,霜刃未曾试。
今日把示君,谁有不平事?
《剑客》 唐·贾岛

中国在商代开始有制剑的史料记载,一般呈柳叶或锐三角形,初为铜制。当时通常是作为长兵器之下的辅助武器。

尚方宝剑
皇帝御用的宝剑,持有尚方宝剑的大臣,具有先斩后奏等代表皇权的权力。比喻上级特许的权力。

词中有"剑"
醉里挑灯看剑,梦回吹角连营。
《破阵子·为陈同甫赋壮词以寄之》
宋·辛弃疾

尺寸　长 30cm

削铁如泥
砍削铁器就像削碎泥巴一样。形容刀、剑等兵器极其锋利。

尺寸　长 97.4cm　剑长 79.2cm
　　　柄长 18.2cm　鞘长 83.2cm

明代郑和钢剑▶
这把剑为郑和下西洋时留在印度尼西亚爪哇岛的遗物。

明代钢剑▶
明代以后火器逐渐登上历史舞台，但是宝剑仍然是有效的近身格斗兵器，同时也是军官地位与身份的象征。

尺寸　全长 81cm

刀剑在第一次使用前先磨利，称为"开刃"。

清太祖努尔哈赤御用龙虎将军剑▶
这是一把没有开刃的宝剑，明朝曾封努尔哈赤为"龙虎将军"，这把剑象征努尔哈赤是女真各部中官阶最高、职衔最显的首领。

◀清乾隆御用鲨鱼皮嵌珠石柄铜边鞘神锋剑
尺寸　长 63cm

清乾隆御用铁柄鲨鱼皮鞘出云剑▶
尺寸　长 100cm

军事人物　曹操
曹操（155~220），黄巾起义后，曹操起兵，分化诱降黄巾军三十余万，编为青州军，自此兵力大振，先后击败袁术、陶谦、吕布等部。迎汉献帝至许（今河南许昌），"挟天子以令诸侯"，在官渡之战中大败袁绍主力，统一中国北方。著有兵法《孟德新书》。

望梅止渴
有一次曹操带兵打仗，士兵干渴难耐，曹操对士兵们说"前面有片梅林"，士兵们一想梅子口子就流出来了，马上不渴了。比喻从不切实际的空想中来宽慰自己。

军事人物　诸葛亮
诸葛亮（181~234），向刘备提出占据荆州、益州，联合孙权共同对抗曹操的"隆中对"，刘备根据诸葛亮的策略，成功建立蜀汉政权，与孙权、曹操形成三足鼎立之势。曾五次北伐中原，积劳成疾，病逝于五丈原（今陕西省宝鸡市）。著有《兵书二十四篇》。

三国时期，三大著名战役分别是：官渡之战、赤壁之战和夷陵之战。

问题：
努尔哈赤的龙虎将军剑为什么不开刃？

答案：因为这把剑只是身份的象征，并非用于战场上的军事武器。

军事装备 - 刀

在原始社会，古人类就用石头、蚌壳、兽骨打制成各种形状的刀，随着金属冶炼技术的发展，刀成为了古代的主要兵器之一。

◀ **商代三銎刀**
尺寸　长 26.7cm　宽 6.7cm
　　　厚 2.5cm

尺寸　长 12.5cm　宽 2.4cm
时间　距今 5300~4700 年

马家窑文化青铜刀 ▶

马家窑文化青铜刀是迄今中国发现最早的青铜器，此时尚处于青铜冶炼的萌芽期。直到距今约 4100 年前的夏朝，中国才正式进入青铜时代。

尺寸　长 67.9cm　宽 9cm

商代蝉纹青铜刀 ▶

古人认为蝉有灵性，常以蝉纹作为装饰。蝉从幼虫、蛹蜕变成长翅的成虫，是一个生命蜕变的过程。

> **杀鸡焉用牛刀**
> 杀只鸡何必用宰牛的刀。比喻办小事情用不着花大气力。

> **磨刀不误砍柴工**
> 磨刀花费时间，但不耽误砍柴。比喻事先充分做好准备，就能使工作加快。

◀ **商末周初卷首铜大刀**
尺寸　长 24cm　宽 6cm

尺寸　长 24cm

◀ **西周青铜刀**
尺寸　长 28.1cm

> **宝刀不老**
> 比喻虽然年龄已大或脱离本行已久，但功夫或技术并没减退。

◀ **西周铜大刀**
因"毁兵"葬俗而毁坏的青铜大刀。

战国魏国铁刀 ▶
尺寸　长 20.2cm
　　　最大宽 1.3cm

> **诗中有"刀"**
> 我自横刀向天笑，
> 去留肝胆两昆仑。
> 《狱中题》清·谭嗣同

尺寸　长 23.3cm　宽 3.9cm

西汉羊首铜刀 ▶
这是西汉时期生活于伊犁河流域的古乌孙族刀具，羊是游牧民族的信仰图腾之一。

在原始社会，古人类就用石头、蚌壳、兽骨打制成各种形状的刀。石刀是很好的砍劈工具，蚌刀、骨刀则适于削切器物。

◀"万历十年登州戚氏"军刀

戚家军成军于浙江义乌，总兵力四千人，因为主帅戚继光得名，戚家军军纪严明，是明朝抗击倭寇的主力军。

尺寸　长 89cm
　　　柄长 16cm

尺寸　残长 67cm
　　　剑身宽 3cm
　　　剑格宽 5.5cm

快刀斩乱麻
比喻做事干脆、利索，能迅速有效地解决复杂的问题。

唐代的主战兵器是陌刀，陌刀是长柄尖锋两刃刀，通长一丈（约一人高），军中设有陌刀队，利于斩马。

◀西汉环首铜刀

环首刀是汉刀的别称，这种刀经过反复折叠锻打和淬火，是当时世界上最先进、杀伤力最强的近身冷兵器之一。

尺寸　通长 50.5cm
　　　刀长 46cm　刃宽 2.6cm
　　　鞘长 23.5cm　高 9cm

诗中有"刀"
抽刀断水水更流，举杯消愁愁更愁。
《宣州谢朓楼饯别校书叔云》唐·李白

清乾隆御用玉柄金桃皮鞘寒锋腰刀 ▼

尺寸　长 96cm

清代腰刀 ▶

这是一把藏民的佩刀，刀身为铁质，刀柄用象牙镶银制成，刀鞘为银质外镶红珊瑚和绿松石，制作精美的腰刀不仅是实用兵器，也是身份与地位的象征。

◀清皇太极御用腰刀

这把刀由精钢原料打造，刀背加厚，用以增加砍杀力度。刀柄、刀鞘为木质，外包鲨鱼皮。

尺寸　长 95cm

问题：
你知道吗：历史上有哪些名刀？

答案：鱼肠剑、干将、莫邪。

军事装备 – 匕首

匕首是一种比剑更短小的刺砍两用兵器,本质上就是短剑。由于它短小易藏,多是作为近身格斗和刺杀的武器。

◀ 商代铃首曲柄青铜短剑
这种短剑无论是在外形还是在结构上都迥异于中原兵器,尤其是柄首的铃铛。

尺寸　长 22cm

◀ 商代铃首青铜刀
柄部底端镂空,内置一铜球,使用时会发现声响,日常生活中游牧民族用它切割肉类。

尺寸　长 19.1cm

尺寸　长 33.5cm

◀ 西周鹰首短剑
用动物形象装饰武器也是游牧民族的特色之一。

尺寸　长 25cm

西周马首匕 ▶
马是游牧民族最显著的标志,也是游牧民族崇拜的图腾之一。

尺寸　长 24cm
剑鞘长 19cm

西周青铜短剑 ▶
因西周"毁兵"葬俗而毁坏的短剑。

> **诗中有"匕首"**
>
> 十步杀一人,千里不留行。
> 事了拂衣去,深藏身与名。
> 《侠客行》 唐·李白

尺寸　长 9.3cm

◀ 春秋几何纹短剑
中原地区的宝剑通常采用复杂、精美的装饰,草原民族的装饰则简洁、精巧。

尺寸　长 34.3cm

◀ 春秋卧虎柄青铜剑
剑柄与剑身一起铸造是游牧民族青铜剑的特征之一。

春秋东胡立人柄青铜短剑 ▶

东胡是中国东北的古老游牧民族。自商代初年到西汉，东胡存在大约1300年。

尺寸　通长22cm

尺寸　剑长30cm　鞘长29.2cm
　　　鞘宽12.6cm

战国蜀国带鞘铜双剑 ▶

这是双股剑或者鸳鸯剑的原型，《三国演义》中刘备曾使用类似兵器。

◀ 战国燕国镂空柄铜匕首

尺寸　长26cm
　　　宽约4.5cm

军事人物　廉颇

廉颇（前327~前243），廉颇是赵国名将，曾带领赵军长驱深入齐国，攻取阳晋（今山东郓城），威震诸侯。长平之战后，赵国元气大伤，燕王派出两千辆战车进攻赵国。廉颇领兵反击，大败燕军，之后又包围了燕国都城，最后燕国割让五座城求和。

军事人物　李牧

李牧（？~前229）是赵国名将。驻守雁门郡（今山西朔州市）时，匈奴10万进犯，李牧以战车正面迎战，弓弩兵随后轮番发射，骑兵、步兵在两侧包围，全歼匈奴主力。公元前233年，秦军逼近赵国首都邯郸，李牧以逸待劳防守反击，大破秦军。

词中有"廉颇"

廉颇老矣，尚能饭否？
《永遇乐·京口北固亭怀古》
宋·辛弃疾

廉颇年老的时候，赵王派人去问他胃口还好吗？表达了赵王想起用廉颇为赵国出征，重新起用老人的想法。

图穷匕见

燕国刺客荆轲曾在地图中藏了一把匕首用于刺杀秦王，图全部展开以后匕首就露出来了。比喻真相显露出来了。

尺寸　长28cm

清代七星匕首 ▶

尺寸　长28cm

西汉滇国猎首剑 ▶

剑柄是猎首的纹饰，象征勇武。云南古滇国人有猎头的习俗，作战时杀死敌人后，割下人头作为战功记录，也常用来祭祀。

问题：

你知道吗：匕最早是用来做什么的？

答案：餐具，勺子。

军事装备 – 非常规武器

斧钺早期主要作为权力的象征,随着装甲的发展,特别是重甲骑兵、重甲步兵的出现,普通的武器很难造成伤害。对于重甲需要用大斧、狼牙棒、锏等重武器。

尺寸　钺长 16.3cm　宽 13cm

良渚文化玉钺(yuè)▲

钺在中国古代是权力的象征,周武王伐商时,手持一柄大钺指挥军队作战。

尺寸　高 25cm　宽 17cm

◀ 商代饕(tāo)餮(tiè)纹钺

商周时期的青铜钺是象征权力、象征威严的礼仪用物。据记载,商王武丁的妻子妇好,常常手持大钺征战四方。

尺寸　高 32.5cm　宽 34.5cm

◀ 商代"亚醜"钺

亚丑钺因正反两面有"亚醜"二字铭文得名,是薄姑氏部族古老文明的遗留。钺是由石斧等工具演变而来,整体形象是圆刃大斧。

> 饕餮是中国古代神话传说中的一种凶恶贪食的野兽,据《山海经》记载:饕餮其形状如羊身人面,其目在腋下,虎齿人爪,其音如婴儿。是贪欲的象征,常用来形容贪食或贪婪的人。

尺寸　高 9.8cm　宽 12.1cm

▸ 战国越国"羽人竞渡"纹铜钺

铜钺上的"羽人",反映了百越民族的"鸟神"崇拜。铜钺的下部以弧线为舟,上坐一排四人,皆头戴高高的羽毛冠,双手持桨作奋力划船状,是划龙舟的最早雏形。

尺寸　长 9.2cm　宽 11.9cm

战国人物纹靴形铜钺 ▾

这把钺与中原地区讲究地称的风格不同,钺上人物光脚与动作都表现出南方的特点,是中国古越族青铜器的代表性作品。

军事人物　妇好

妇好是商王武丁(约公元前1250~前1192)的妻子,是中国历史上有据可查(甲骨文)的第一位女性军事统帅,妇好多次受命代商王武丁出征,参加并指挥对土方、巴方、夷方等重大作战,曾统兵1.3万人攻羌方,俘获大批羌人。

◣ 商代青铜斧

尺寸　高 16cm　宽 14cm

尺寸　长 16.7cm　宽 9.5cm

西汉蝉纹鎏铜斧 ▸

在古代云南,斧的用途除生产工具和作战兵器外,也可用于表示王者权威的仪仗器。此斧是专作祭祀或仪仗等用的礼仪器。

斧钺汤镬

斧钺汤镬(huò)本义是古代的四种刑罚,后指各种酷刑。

文明之戎　军事装备

铜属于短兵器，常常配合重型长兵器来使用，用于克制重型铠甲。在民间传说中，铜是铁面无私、公平公正的象征。

◀ 宋"靖康六年李纲制"铜

李纲是北宋抗金将领，在金兵进攻开封时，击退了金兵。铜是一种非常规兵器，长而无刃，有四棱，主要用于对付重装骑兵。

尺寸　长 96.5cm　厚 0.4cm

撒手铜，也称杀手铜，指战斗过程中出其不意地用铜投掷敌手的招数，比喻最关键的时刻使出的最拿手的本领。

尺寸　长 31.2cm

据说，成吉思汗在征讨西夏时，坐骑被火蒺藜击中。马受伤后，成吉思汗被掀下马来，身受重伤，在撤军途中病逝。

汉铁蒺藜 ▶

在古代战争中，将铁蒺藜撒布在道路或浅水中，用以迟滞敌人军马的行动。

班门弄斧

在鲁班门前舞弄斧子。比喻在行家面前卖弄本领，不自量力。

投鞭断流

苻坚在进攻东晋之前，说要是把所有人的马鞭投到江里，就能截断水流。比喻人马众多，兵力强大。

【军事战争】**淝水之战**

淝水之战是公元383年东晋和前秦之间发生在淝水（今安徽省寿县）的一场战争，东晋以八万军力大胜八十余万（实则仅二十多万）前秦军。淝水之战后，北方陷入分裂，南方相对稳定发展，而中国也从此进入了南北朝的长期分裂。

尺寸　长 16cm

◀ 西夏火蒺藜

火蒺藜由陶瓷制成，表面有尖刺，中空，可以装入火药进行引爆造成伤害，同时吓阻敌军骑兵。

尺寸　长 53cm　棒径 4.8cm　刺高约 1.7cm

商代铜銎斧 ◢

尺寸　长 14.9cm　宽 5cm　厚 2.4cm

◀ 西汉立犬铜狼牙棒

这是目前中国发现最早的狼牙棒，宋以后多有使用，用以对付装备重甲的步、骑兵。

【军事战争】**靖康之战**

北宋末年，爆发了方腊起义，金军趁机南下。北宋大臣寄希望于议和而疏于防范，为了表达议和诚意甚至阻扰各地勤王军来救援。1127年，金军攻陷首都东京（今河南开封），掳走宋徽宗、宋钦宗二帝。北宋灭亡后，南宋在临安（今杭州）建都，中国经济重心继续南移。

尺寸　长 12cm　宽 11cm

北朝铁斧 ▶

南北朝时期已经出现重甲骑兵，普通兵器无法穿透装甲，笨重的铁斧可以对骑兵的重甲造成破坏和伤害。

问题：

你知道吗：撒手铜是什么招数？

答案：出其不意甩锏伤害敌人。

军事装备 - 防具

甲，指铠甲；胄（zhòu），指头盔。甲胄就是盔甲的意思，春秋战国时期已经出现重甲部队，即甲士。北魏以后又给马配备了重甲，称为重甲骑兵。

商代兽面纹青铜头盔

尺寸　高 19cm
重量　重 5.5kg

商代青铜十分贵重，只有高级将领才可能装备青铜头盔，除了防护作用之外，也是权力的象征。

春秋条纹青铜头盔

盔顶有方钮，可系羽毛装饰，盔上有使用过的条纹痕迹。

尺寸　高 24cm
　　　下宽 19.2cm

战国素面铜胄 ▶

尺寸　高 19.5cm　长 22cm
　　　宽 19cm

战国秦石胄 ▶

石片制作的头盔，可以保护头部的灵活转动，同时还能有效保护颈部。

尺寸　高 31.5cm

军事人物 王翦

王翦（? ~约前 210），是秦国名将。王翦率军攻破赵国都城邯郸，扫平三晋地区，攻破燕国都城蓟，又消灭楚国。王翦和他的儿子王贲（bēn）是秦始皇统一六国、开疆扩土的最大功臣。

丢盔弃甲
跑得连盔甲都丢了，形容打败仗后逃跑的狼狈相。

军事兵种 藤甲兵
《三国演义》记载了藤甲兵，藤甲由藤条入水浸泡半月，取出晾晒干后涂以桐油编制而成。藤甲轻便结实，可以抵御刀剑劈砍攻击，最终被诸葛亮用火攻击败。

战国秦国石铠甲 ▼

甲是春秋时期主要的防护兵器，一般由皮革制成小甲皮再串联而成，石甲比皮甲有更高的防护力。

军事兵种 玄甲军
汉武帝拥有一支铁甲军，称为"玄甲军"。玄甲是黑色的铠甲"的意思，这是因为铁制铠甲涂上了一层防锈的黑漆。

尺寸　长 75cm

◀ 清代彝（yí）族彩绘牛皮甲

皮甲十分轻便，也有很好的防御力，缺点是怕火，因此古人经常使用火攻来对付皮甲、藤甲这类的甲兵。

纸上谈兵

这个成语出自赵括,他熟读兵书,爱夸夸其谈,却在长平之战中导致赵军45万精锐被秦军坑杀。比喻空谈理论,不能解决实际问题。

蓝色缎铜钉顺治帝御用棉甲

棉甲是在两层棉布的中间镶嵌铁甲片,外面再用铜钉固定,适合在北方寒冷地带使用。

尺寸　上衣73cm　下裳71cm
　　　铁盔高32cm　直径22cm

尺寸　长22cm

黄色缎绣金龙纹铜钉康熙帝御用棉甲 ▶

尺寸　上衣长75.5cm
　　　下裳长71cm

战国铜臂甲 ▲

臂甲的使用说明战国时期的盔甲是全副武装,不仅保护头、胸,还保护四肢。

诗中有"甲"

待到秋来九月八,我花开后百花杀。
冲天香阵透长安,满城尽带黄金甲。
《不第后赋菊》 唐·黄巢

尺寸　长46.8cm
　　　宽34cm

军事兵种 魏武卒

魏武卒是战国名将吴起为魏国训练的重装步兵,是当时最精锐的步兵兵种。

军事兵种 陷阵营

陷阵营的统帅是吕布手下的大将高顺,配备精良的铠甲,攻无不破,称为"陷阵营"。

战国彩绘龙凤纹漆盾 ▶

中国古代盾牌以藤、木或皮盾为主,这样的盾容易腐朽,保存下来的较少。

战国秦国铜盾 ▼

这是一种适用于近战格斗的小盾。

尺寸　高36cm　底宽24cm

尺寸　长91cm　宽49cm

◀ 战国楚国漆盾

这是一面大盾,可用于抵挡弓弩的远程攻击。

问题:
你知道吗:中国古代有哪些知名的重甲步兵?

答案:战国魏武卒、三国陷阵营。

军事装备 - 车骑

车兵和骑兵是古代的陆战王牌军战，车兵在先秦时期是主力兵种，而汉代、唐代以后，骑兵兼具机动能力和杀伤力，都一直担当着主力。

河南安阳殷墟车马坑

河南安阳殷墟车马坑出土的商代战车是中国最早的战车实物。

西汉执戟铜骑士
尺寸　马高 39.7cm　长 34.9cm
　　　俑高 28cm

军事兵种｜战车

中国古代的战车每车驾 2 匹或 4 匹马，一般配备甲士 3 人，中间一人负责驾车，左边一人负责远距离射击，右边一人负责近距离格斗。

诗中有"匈奴"

亡我祁连山，使我六畜不繁息；
失我焉支山，使我妇女无颜色。
《匈奴歌》两汉·佚名

▼ 战国秦国铜车马

军事战争｜漠北之战

公元前 119 年，为了彻底消除匈奴的威胁，卫青和霍去病统帅 14 万骑兵，分东西两路向漠北进发，寻歼匈奴主力。霍去病率军北进两千多里，与匈奴左贤王部接战，歼敌七万人，乘胜追杀至狼居胥山（今蒙古国首都乌兰巴托），举行了祭天封礼。此战后，匈奴再也没有恢复到往日的强大。公元前 51 年，汉宣帝时期，北匈奴被彻底消亡，南匈奴归附称臣，从此匈奴退出了中国的历史舞台。

军事战争｜河西之战

公元前 121 年，河西走廊是位于黄河以西，是中原地区通往西域的咽喉要道，汉初由匈奴控制。汉武帝派霍去病两次西征，第一次歼敌近万人，第二次歼敌约三万人。河西之战获胜后，汉武帝设置了武威、张掖、酒泉、敦煌四郡，史称"河西四郡"，从此丝绸之路得以开辟。

军事战争｜吐谷浑之战

634 年由于吐谷浑王慕容伏允拒绝朝贡，唐太宗派军队征讨。唐军老将李靖高龄挂帅出征，在猛将侯君集、李道宗等人的配合下，唐军大破吐谷浑，吐谷浑全国投降于唐朝，伏允自缢而死。此役为唐军在西北各部族树立了威信，也向西扩大了唐朝疆域的实际控制范围。

千乘之国

千乘（shèng）之国指拥有许多兵马的国家，春秋时期，国家的强弱用车辆的数目来计算。

封狼居胥

西汉骠骑将军霍去病击败匈奴后，积土为坛于狼居胥山，祭天以告成功。比喻建立显赫功绩。

尺寸　高 38cm

◀ 北魏骑马武士陶俑

重装骑兵是指人马均装备有防护性能良好的盔甲的骑兵，具备强大的冲击力和优秀的防御力。鲜卑重装骑兵的战斗力极强，正是依靠这些骑兵，鲜卑拓跋氏建立北魏统一了中国北方。

隋重装骑兵陶俑 ▼

重装骑兵是隋军的主力，它帮助隋文帝杨坚结束了中国 200 多年的分裂局面，又一次走向统一。

尺寸　高 33~35cm　长 30~32cm

唐重装骑兵陶俑 ▲

唐重装骑兵沿袭隋朝，是唐军主力部队，马面、马颈、胸部、腹部都有马甲防护，骑士有头盔、护臂、胸甲保护。

诗中有"铁马"

僵卧孤村不自哀，尚思为国戍轮台。
夜阑卧听风吹雨，铁马冰河入梦来。
《十一月四日风雨大作》 宋·陆游

尺寸　长 21cm　高 27cm

军事人物　卫青

卫青（？~前 106），在汉匈战争中直捣龙城（匈奴祭扫天地祖先的地方），收复河套地区（今内蒙古鄂尔多斯），将西汉的北部边防线北推至黄河沿岸。北征大漠，一生七次出击匈奴，迫使匈奴向西北迁徙，无南下之力。

军事人物　霍去病

霍去病（前 140~前 117），18 岁率领八百骑兵深入大漠，两次功冠全军，封冠军侯。19 岁指挥两次河西之战，歼灭和招降河西匈奴近十万人，直取祁连山，占领河西走廊。与卫青率军深入漠北，于漠北之战中消灭匈奴左贤王部主力七万余人，追击匈奴军直至狼居胥山，祭祀天地。

军事人物　李靖

李靖（571~649），驻守唐朝北疆，一举灭亡东突厥，使唐朝疆域自阴山北直抵大漠。635 年，统军西破吐谷浑，控制了祁连山脉和青海的黄河上游谷地以及凉州地区，树立了唐朝在西域的威信。

尺寸　俑高 29cm　马高 27cm

元牵马俑 ↘

元代的蒙古马比唐代的马体型矮小，但是耐力好，适应性强，能够长途奔袭。凭借这种马，蒙古人曾经横扫欧亚大陆。蒙古骑兵的一大特点是以骑射为主。

汉执矛铜骑士 ▶

汉朝凭借武器、护甲的优势建立了当时世界上最强大的骑兵之一，在霍去病、卫青的率领下，匈奴远遁大漠。

尺寸　马高 39cm　长 33.5cm　俑高 27.7cm

军事兵种　铁浮屠

铁浮屠是金国大将完颜兀术的重装骑兵，人马都穿着重盔甲，用于冲击敌军阵营，战斗力十分强悍。

军事兵种　铁鹞子

铁鹞子是西夏最著名的重装骑兵，作战时用于奔袭冲击，步兵紧随其后作战，战术类似于现代战争中的步兵坦克联合作战。

诗中有"骑"

月黑雁飞高，
单于夜遁逃。
欲将轻骑逐，
大雪满弓刀。
《和张仆射塞下曲》
唐·卢纶

军事兵种　关宁铁骑

关宁铁骑由袁崇焕所组建，配备有盔甲、弓箭、马刀和蒙古马，是明末最精锐的骑兵。

问题：

你知道吗：中国古代著名重甲骑兵有哪些？

答案：铁浮屠、铁鹞子

军事装备 – 火器

火药是中国的四大发明之一，宋代已经出现了霹雳炮、震天雷这样的武器。元代铜火铳是当时世界领先的火炮，常见弹丸有铁弹、铅弹和石弹等，是中国早期热兵器的主流。

> **诗中有"爆竹"**
> 爆竹声中一岁除，春风送暖入屠苏。
> 千门万户曈曈日，总把新桃换旧符。
> 《元日》 宋·王安石

尺寸　长43cm
时间　"至元元年" 1335年

▲ 元"至元元年"单兵铜火铳

南宋时期发明了用竹筒作为炮筒的突火枪，元代火铳以筒管作为炮筒，提升了杀伤力，火器逐渐成为战场的重要角色。

尺寸　长35.3cm　口径10.5cm
时间　"至顺三年"款

军事兵种 神机营

永乐五年（1407），明代建立了当时世界上最先进的火器部队——神机营，装备有当时最先进的火器，作战时火铳、火炮在前，骑兵随后。

◀ 明代三眼铜铳
尺寸　长34cm

尺寸　母铳长64cm　子铳长16cm
时间　"嘉靖二十四年"款

明代1545年子母铜铳 ▲

此铳由母铳和子铳两部分组成，其中母铳内部有子铳4枝。

▼ 元代"至顺三年" 1332年青铜火炮

这种是较为原始的火炮，本质上是大口径的铳，常用于守城、攻城和水战。

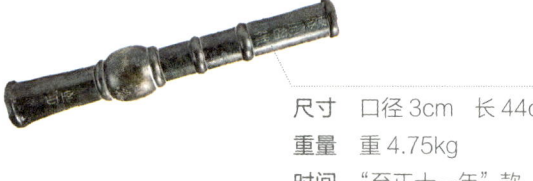

尺寸　口径3cm　长44cm
重量　重4.75kg
时间　"至正十一年"款

尺寸　长26cm
　　　口径10cm
时间　"景泰元年"款

▲ 明代1450年铜炮

炮身装填满火药后，将石、铁、铅等作为弹丸放在炮口处发射。

▼ 清军在虎门炮台抗击英军时使用的火药缸

火药的发明使得人类的战争进入到冷兵器与热兵器混用的时代，当然，也产生了两个副产品，那就是爆竹和烟花。

▲ 元"至正十一年" 1351年单兵铜火铳

此铳为单兵使用，尾部安装木柄，以手持发射。球形部位为装火药的药室，有小圆孔用以点燃引信。

尺寸　高37.5cm
　　　口径30cm

1840年，英国以林则徐虎门销烟为借口，对中国发动第一次鸦片战争，虎门炮台被英国攻陷。

尺寸　长276cm

◀ 清代"道光十五年"款1835年虎门铁炮

广东水师提督关天培曾将这门大炮部署在虎门炮台，在英军进攻虎门要塞时，关天培战死殉国。

军事战争 土木堡之役

1449年瓦剌部落统一蒙古各部后，不断袭扰明朝边境。明英宗朱祁镇率领20万大军御驾亲征，被瓦剌部落首领也先围困于土木堡（河北省张家口市怀来县），明军全军覆没，朱祁镇被俘，52名跟随的官员死于混战中。在于谦的带领下，明军打赢了北京保卫战，避免了明朝灭亡的历史。此战后，明朝从巅峰走向衰落。

军事战争 鸦片战争

1839年，由于英国将鸦片大量输入中国，给社会带来的严重危害，清政府决定禁烟。钦差大臣林则徐在广东虎门销烟，1840年鸦片战争随之爆发。英国派出舰队封锁广州、厦门等出海口，攻占了定海（今浙江省舟山市），然后北上天津，直逼北京。清政府被迫议和，中英双方签订《南京条约》，中方割让香港岛给英国，并赔偿2100万两白银。鸦片战争是中国历史上第一次与西方军队作战，以失败告终。此后，世界强国掀起瓜分中国利益的狂潮，1840年~1945年的这一段历史为中国的百年屈辱史。

鸟枪换炮

形容情况或条件有很大的好转。

▶ 清康熙御用铁交枪

燧发枪是用燧石撞击产生的火花来点火药，这种枪大大提升发射的精准度和使用的便利性。

尺寸　长135.5cm

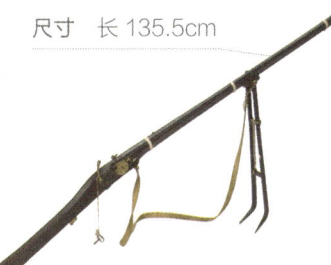

尺寸　长113cm　口径10cm

◀ 太平天国1856年铁炮

中国古代的炮最早是用机械发射石头的，称为"砲"（pào）。火药发明后，改为用火药发射铁弹丸。

清1884年加特林机枪"光绪十年"款 ▼

这是中国最早装备使用的自动枪械，子弹发射速度每分钟可达350发。

清乾隆御用铁管木托带叉奇准神枪 ▲

火绳枪顾名思义就是有一根缓慢燃烧的火绳，火绳用来点燃火药进行射击。

尺寸　长203cm

尺寸　长150cm
口径　6.5cm
时间　"崇祯六年"款

明1633年铁红夷型大炮 ▶

红夷大炮是欧洲发明的火炮，在明代后期传入中国，并很快被仿制，是当时明军的主力火炮。

问题：

你知道吗：火药除了作为火器的弹药，还能做什么用？

答案：爆竹、烟花。

军事令牌

虎符是中国古代传达命令、征调兵将以及用于各项事务的凭证，通常分为两半，左半交给将帅，右半由皇帝保存，两半虎符合并才可以调兵。

战国秦国阳陵虎符 ▼

此虎符由驻守阳陵（今陕西咸阳）的将领持有，另一半由秦王持有，军队的调动，需要两符验合。

尺寸　长8.9cm　高3.4cm　宽2.1cm

◀ 战国楚"王传命"铜虎节

这件虎符上有"王命命传赁"五个字，表示持有虎符的人是在执行楚王的命令。

尺寸　长12.4cm　高7cm　厚0.5cm

盛名之下　其实难副

名望很大的人，实际的才德常是很难跟名声相符。指名声常常可能大于实际。

尺寸　长19cm　高12cm

◀ 西汉南越王虎节

这件虎符上有"王命命车徒"五字，是南越王赵眜（mèi）用于调动车马的令符。

尺寸　长7.5cm　高4.5cm

西汉张掖太守虎符 ▶

"符合"的最初意思，就是左右两个兵符要一致。

尺寸　长5.6cm　高2.5cm

▲ 隋"大华府"虎符

这件虎符由"大华府"驻兵军官持有，另一半由隋朝皇帝持一半，调动部队需两符验合。隋代实行府兵制，平时种地，战时从军，武器和马匹自备。

◀ 唐代铜鱼符

唐高祖为避其祖父李虎的名讳，废止虎符，改用鱼符。鱼符中间刻有"同"字，因此，"符合"又称为"合同"。

尺寸　长5cm

尺寸　直径17cm

◀ 元"公务急速"夜行铜牌

元朝实行宵禁制度，夜晚禁止出行，紧急公务需要凭借令牌才能放行。

鄂君启金节 ▶

这是楚怀王颁发给儿子鄂君启运输货物的通行凭证，凭此节可通行楚国的水陆关卡。

尺寸　长31cm

明代"皇城校尉"铜牌

御林军是守卫皇宫的警备军队,这是御林军军官出入皇宫内城的通行证。

尺寸　宽 10.5cm　高 12.9cm

军事战争　山海关之役

1644年李自成率领大顺军进入北京后,镇守山海关的吴三桂因为小妾陈圆圆被李自成手下大将刘宗敏抢走,"冲冠一怒为红颜",投降了清军。李自成亲率大军征讨,在吴三桂军队与清摄政王多尔衮率领的八旗军合击之下战败。此战后,李自成放弃北京,而清得以从山海关入主中原,成为中国历史上最后一个封建王朝。

明锦衣卫象牙腰牌 ▶

锦衣卫是明朝皇帝的侍卫亲军和仪仗队,"东司房"是锦衣卫办公场所,腰牌是出入宫廷的通行证。

尺寸　宽 8cm　高 11cm

◀ 北宋"观察使"铜符牌

正面熙州即今甘肃临洮县,背面刻"牌入印出,印入牌出"。

尺寸　长 22.7cm

军事人物　努尔哈赤

努尔哈赤(1559~1626)是女真族首领,统一了松花江流域和长白山以北的女真诸部,建立八旗军制度,在萨尔浒(今辽宁抚顺)之战中,大败明军,势力进入辽河流域,相继攻克沈阳、辽阳和辽河以东七十余城,为满清入关奠定了基础。

诗中有"六军"

恸哭六军俱缟素,
冲冠一怒为红颜。
《圆圆曲》　清·吴伟业

尺寸　高 31cm　圆径 20cm

清皇太极信牌 ▲

这是皇太极用于传达皇帝诏谕、派遣八旗官兵的信牌。

尺寸　长 14cm　宽 10cm

清代乌兰察布盟长贝子乘马牌 ▶

清朝对蒙古各部实行盟旗制度,战时可征调马匹、壮丁出征,此牌为征调马匹的令牌。

问题:

你知道吗:唐代的鱼符是什么鱼?

答:唐代的鱼符是鲤鱼,"鲤"与"李"同音。

246
医学

250
计量 > 量

254
计时工具

248
计量 > 度

252
计量 > 衡

256
星象占卜

文明之智

258
天文仪器与立法

中国古代有着许多的科技创造，例如前面章节已有所提及的四大发明（造纸术、印刷术、指南针、火药）。事实上，本书每一页的内容几乎都涉及古人的创造与发明，尽管如此，我们涉及的内容仍然只是冰山一角。

本章节我们将主要向你介绍古代医学、度量衡、天文历法，限于篇幅，我们仍然只能选择很少的一部分来做简单介绍。

从医学角度来看，中国的针灸、中草药都有着数千年的历史传承和经验积累，诺贝尔生理学或医学奖获得者屠呦呦对青蒿（hāo）素的发现也得益于中草药的启发。

从商朝开始，中国便开始颁布历法服务于农业生产，并由此产生了二十四节气。

天文对于中国古代的帝王是十分重要的，当时的人们普遍认为，天上发生的事情可以预兆人间的一切大小事务。

最后，古代天文的范畴比我们现在所说的天文学的范畴要广得多，它包括占卜、农业、计时等诸多方面。

医学

早在石器时代，古人已学会用火来消毒处理伤口的简单医术，及至炎帝神农尝百草、以茶解毒，已涉及草药学，而《黄帝内经》标志着古代医学理论已经形成。

> 中国古典四大医书是《黄帝内经》《难经》《伤寒杂病论》《神农本草经》。

汉代医书

医书共由78枚简和14枚牍构成，记载了30多个药方以及相关疾病的症状、服药时间、服药方式以及注意事项等内容。

尺寸　长20cm

商代砭(biān)镰

砭镰是中国古代的医疗器具，由石镰演变发展而来，用来切割脓包。后来，砭镰逐步由石器发展为金属制成的多种镰状医疗工具。

针砭时弊　意思是像医生给人看病一样，指出时代和社会问题和错误。

> 扁鹊是战国时期的名医，已使用望、闻、问、切等方式诊断病症，并使用砭石、针灸、汤药等不同的治病方式。

尺寸　长6.6cm

尺寸　高91.5cm　宽94.5cm　厚24cm

◀东汉针灸画像石拓片局部

图中的鸟身人物为战国时期的名医扁鹊，他正在给病人针灸治疗。

西汉金医针▲

针灸在汉代已渐趋成熟，是中国古人在医疗实践中独创的一种治病方式。

西汉银医针▼

这是目前已知中国最早的针灸医针，银离子可以杀死微生物，具有较强的杀菌能力。

尺寸　残长5.4cm

> 华佗是东汉末年著名的医学家，精通内、妇、儿、针灸各科，被誉为"神医"，尤其擅长外科手术，发明了麻醉剂（麻沸散）为病人麻醉手术。

尺寸　高213cm

明仿宋针灸铜人▶

中国古代医学经络学说认为，经络遍布人体各个部位，穴位则是经络系统的控制机关，刺激穴位可以起到调节经络系统的作用。

华佗再世　医术就像华佗一样高明，形容医术高超。

> 经络学说是中医基础理论的重要组成部分，该理论认为人体除了脏腑外，还有许多经络，分经脉和络脉，人体通过这些经络把内外各部组织器官联系起来，构成一个整体。

文明之智

天文仪器与立法

中国古代有着许多的科技创造，例如前面章节已有所提及的四大发明（造纸术、印刷术、指南针、火药）。事实上，本书每一页的内容几乎都涉及古人的创造与发明，尽管如此，我们涉及的内容仍然只是冰山一角。

本章节我们将主要向你介绍古代医学、度量衡、天文历法，限于篇幅，我们仍然只能选择很少的一部分来做简单介绍。

从医学角度来看，中国的针灸、中草药都有着数千年的历史传承和经验积累，诺贝尔生理学或医学奖获得者屠呦呦对青蒿（hāo）素的发现也得益于中草药的启发。

从商朝开始，中国便开始颁布历法服务于农业生产，并由此产生了二十四节气。

天文对于中国古代的帝王是十分重要的，当时的人们普遍认为，天上发生的事情可以预兆人间的一切大小事务。

最后，古代天文的范畴比我们现在所说的天文学的范畴要广得多，它包括占卜、农业、计时等诸多方面。

医学

早在石器时代，古人已学会用火来消毒处理伤口的简单医术，及至炎帝神农尝百草、以茶解毒，已涉及草药学，而《黄帝内经》标志着古代医学理论已经形成。

中国古典四大医书是《黄帝内经》《难经》《伤寒杂病论》《神农本草经》。

汉代医书 ▶

医书共由78枚简和14枚牍构成，记载了30多个药方以及相关疾病的症状、服药时间、服药方式以及注意事项等内容。

尺寸 长20cm

商代砭（biān）镰 ▲

砭镰是中国古代的医疗器具，由石镰演变发展而来，用来切割脓包。后来，砭镰逐步由石器发展为金属制成的多种镰状医疗工具。

针砭时弊
意思是像医生给人看病一样，指出时代和社会问题和错误。

扁鹊是战国时期的名医，已使用望、闻、问、切等方式诊断病症，并使用砭石、针灸、汤药等不同的治病方式。

尺寸 高91.5cm 宽94.5cm 厚24cm

◀ 东汉针灸画像石拓片局部

图中的鸟身人物为战国时期的名医扁鹊，他正在给病人针灸治疗。

西汉金医针 ▲

针灸在汉代已渐趋成熟，是中国古人在医疗实践中独创的一种治病方式。

尺寸 长6.6cm

西汉银医针 ▼

这是目前已知中国最早的针灸医针，银离子可以杀死微生物，具有较强的杀菌能力。

尺寸 高213cm

华佗是东汉末年著名的医学家，精通内、妇、儿、针灸各科，被誉为"神医"，尤其擅长外科手术，发明了麻醉剂（麻沸散）为病人麻醉手术。

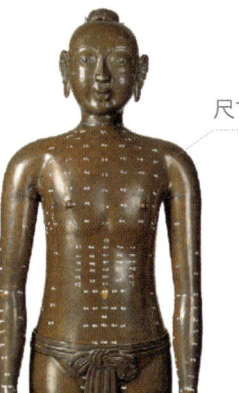

尺寸 残长5.4cm

明仿宋针灸铜人 ▶

中国古代医学经络学说认为，经络遍布人体各个部位，穴位则是经络系统的控制机关，刺激穴位可以起到调节经络系统的作用。

华佗再世
医术就像华佗一样高明，形容医术高超。

经络学说是中医基础理论的重要组成部分，该理论认为人体除了脏腑外，还有许多经络，分经脉和络脉，人体通过这些经络把内外各部组织器官联系起来，构成一个整体。

西汉铜药臼、药杵、药匙

铜臼与铜杵用于将药物研磨捣碎，药匙用于将药取出。

尺寸　臼高 18cm　口径 16cm
　　　杵长 57cm　铜匙长 13、17cm

西汉长流银盒

这件文物出土于河北满城汉墓，是中山靖王刘胜生前的灌药器。中草药是中国古代医学的精华，服用时用水煎煮成汤液，对于虚弱的病人，需要借助灌药器协助喂服。

尺寸　高 3cm　长 7cm

张仲景被后人尊称为"医圣"，著有《伤寒杂病论》，它确立的"辨证论治"原则，是中医临床的基本原则。

西汉"医工"盆

这是一个西汉医疗器皿，盆沿有铭文"医工"两字，医工原指官医，也是古人对医生的称呼。

尺寸　高 8.3cm　口径 27.6cm
　　　底径 14cm

晋代青釉灌药器

灌药器也用于给猪、牛、犬类牲畜喂药，底部孔置于牲畜口中，上方圆孔加药。

尺寸　长 25cm

孙思邈是隋唐时期养生学和医学相结合的集大成者，被后人尊称为"药王"。他所创作的《千金要方》总结了唐代以前医学成就，孙思邈认为生命的价值贵于千金，而一个处方能救人于危殆，因而用《千金要方》作为书名。

尺寸　高 95cm
　　　横 80cm　纵 57cm
时间　1573~1620 年

明万历款黑漆描金龙纹药柜

药柜的中心为八方转动式抽屉，每面十个抽屉，两侧又各有一列十个抽屉（内分三个），药柜一共可盛放药品一百四十种。

明嘉靖三十五年（1556 年）李时珍被推荐到太医院工作，授"太医院判"职务。太医院的工作经历，为编写《本草纲目》打下了基础，被后世尊为"药圣"。

尺寸　高 2.9cm
　　　径 4.3cm

唐代银药盒

唐代盛行将丹药盛放在金银器之中，认为染上金银之气可以提高药效，达到长生不老的目的。由于丹药含有重金属，唐代有多位皇帝因服用丹药而死亡。

问题：
你知道吗：华佗擅长的医术是什么？

答案：华佗擅长外科手术，并且发明了麻沸散。

计量 - 度

商周以前，人们使用身体的部位来测量长短，这些字包括指、拃（zhǎ）、庹（tuǒ）、步、尺、丈等。由于每个人的身体部位存在差异，尺寸也会存在差异，因此很长一段时间内是混乱的，秦始皇统一中国后才统一了度量衡。

尺寸　长 23cm　宽 2cm　厚 0.35cm

尺寸　长 23cm　宽 2cm　厚 0.3cm

◀ **战国铜尺**

战国时期的一尺约为 23 厘米，这个标准一直沿用至汉代。

东汉动物纹尺 ▲

汉代形容"七尺男儿"，七尺是一个约数，大概是 161 厘米。

诗中有"尺"

尺有所短，寸有所长，物有所不足。
《卜居》楚·屈原

尺寸　长 23.2cm　宽 1.2cm

西汉错金云纹铁尺 ▶

铁尺的长度为汉代一尺，尺子上有 10 寸、9 寸、7 寸、5 寸、3 寸、1 寸的刻度标记。

东汉几何纹铜尺 ▶

尺寸　长 23.2cm

三寸之舌
形容能说会道，善于辞令的口才。

《三国志》记载诸葛亮身高八尺，大约是 184 厘米。

尺寸　长 30.9cm

◀ **西汉穿孔木尺**

汉代十尺等于一丈，一丈约为现在的 230 厘米。

尺寸　长 23cm　宽 1.2cm　厚 0.1~0.2cm

三国魏国骨尺 ◣

尺寸　长 23.7cm　宽 1.6cm　厚 0.1cm

北魏青铜尺 ▲

北魏的主要税收是布帛和粮食，北魏官员为了征收更多的税收，将传统的一尺的长度增加了近 8 厘米。

◀ 唐代鎏银花卉用尺

尺寸　长 31cm　宽 2.2cm

唐代一尺是 31 厘米，百尺高 31 米，相当地现在的 9 层楼那么高。

诗中有"尺"

危楼高百尺，手可摘星辰。
不敢高声语，恐惊天上人。
《夜宿山寺》 唐·李白

北宋一尺三寸木尺 ▶

尺寸　长 42.8cm　宽 2.7cm

这把长尺的刻度共有一尺三寸，由此计算宋代一尺约为 33 厘米。

▲ 东汉卡尺

尺寸　长 13.3cm

卡尺由主尺和活动尺组成，整体结构与现代游标卡相差并不大。使用时，通过活动尺的左右移动，可测量器物的直径、深度以及长、宽、厚。

由于年代久远，这件卡尺上的刻度已经无法读取。

清代铜镀金折叠矩尺 ◢

铜镀金折叠矩尺的阿拉伯读数是 5.4 寸，由此可以计算出一寸大约是 3.24 厘米，一尺是 32.4 厘米。

尺寸　长 17.5cm　宽 2.7cm　厚 0.3cm

咫尺天涯

八寸为咫，十寸为尺。咫尺天涯比喻距离虽近但很难相见，像在很远的天边一样。

问题：
你知道吗：史书记载关羽身高九尺，按现代标准是多少厘米？

答案：9×23=207 厘米。

指 ★
成人食指的长度。

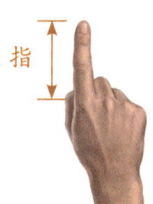

拃 ★
成人张开大拇指和中指，两个指尖之间的距离。

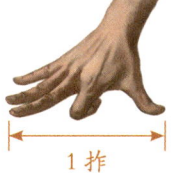

庹 ★
成人两臂左右平伸时两手之间的距离。

步 ★
成人行走时两脚之间的距离。

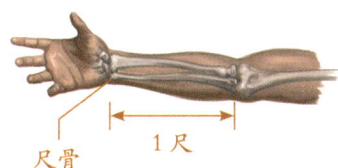

尺 ★
从手掌边缘到曲肘部的长度为一尺，所对应的手臂骨叫尺骨。

丈 ★
一个成年人的高度称为一丈，古代男子 20 岁被称为"丈夫"，这也是男子汉大丈夫的由来。

计量 - 量

量在古代的主要作用是纳税和发放俸禄。

《孙子算经》体积和容积的基本单位是一颗粟的体积：六粟为一圭（guī），十圭为一抄，十抄为一撮（cuō），十撮为一勺，十勺为一合，十合为一升，十升为一斗，十斗为一斛（hú）。

粟 ★

一粒粟的体积是容量和体积的最小单位：1圭=6粟。

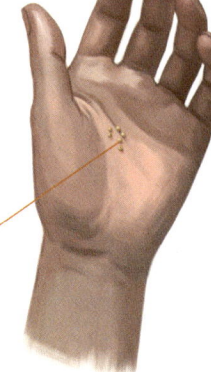

1粒粟

战国齐国"子禾子"青铜釜 ▶

"子禾子"青铜釜，是中国现存最早的量器之一。"釜"是齐国的量制之一，一釜等于百升。根据这件釜可以算出齐国一升约205毫升。

齐国量制单位有釜、区、豆、升，1釜=5区，1区=5豆，1豆=4升。

尺寸　高38.5cm　口径22.3cm
　　　腹径31.8cm　容积约20460ml

◀ 战国楚国"燕客"铜量

"燕客"斗量的容量为一斗，现今测得约2300毫升。按照楚国的量制1斗=10升，根据这具斗量可以算出楚国的一升约为230毫升。

尺寸　高13cm　口径15cm
　　　容积约2300ml

人不可貌相　海水不可斗量

人的才能、品质不能从外貌上判断，海水的体积也是不可能用斗就可以测量出来的。比喻不可根据某人的现状就低估他的未来。

战国秦国商鞅方升 ▲

商鞅方升（5.4寸*3寸*1寸）容积为秦国一升，它规定了长度和容量的关系，即1升等于16.2立方寸。秦统一六国后，也采用了这一标准。根据商鞅方升可以算出秦国的一升约为202毫升。

尺寸　通长18.7cm
　　　内口长12.5cm
　　　宽7cm　高2.3cm
　　　容积约202ml

> 商鞅变法是战国时期秦孝公即位以后，采取了商鞅提出的废井田、重农桑、奖军功、实行统一度量和建立县制等强国策略，于公元前356年和公元前350年两次实行变法，为秦统一中国奠定了基础。

尺寸　通长18.7cm　长12.5cm
　　　宽6.9cm　高2.5cm
　　　容积约215.65ml

秦始皇诏方升 ▶

外壁铸有"秦始皇二十六年统一度量衡"的诏书铭文，表示这是官方的法定标准。公元前221年，秦始皇采用商鞅制定的标准统一度量衡，因此秦始皇诏方升和商鞅方升的尺寸、容积是一样的。

尺寸　高9.4cm　径20.4cm
　　　容积约2000ml

◀ 秦始皇陶量

秦始皇陶斗量外壁的诏书铭文是秦始皇统一度量衡的标志，容量为一斗，现今测得约2000毫升。秦代一斗等于十升，算得秦代一升约200毫升，与商鞅量的容积201毫升误差不到1%。

尺寸　高6.6cm　通长23.3cm
　　　宽10.1cm　容积约650ml

秦两诏椭升 ▶

量器上的铭文为秦二世诏书。公元前210年，秦始皇去世后，秦二世继位，仍然延续秦始皇统一度量衡的标准继续推行。

尺寸　高4.5cm　口径9.2cm
　　　全长16cm　容积约200ml

◀ 西汉"上林共府升"

"上林共府升"的容积相当于西汉时期的一升，现今测得为200毫升。

尺寸　高9.7cm　口径26.2cm
　　　底径15.6cm　容积约3600ml

西汉一斗八升陈仓匜 ▶

陈仓匜的外壁有铭文"容一斗八升"，即西汉时期的十八升，现今测得容量为3600毫升，由此可以知道西汉的一升相当于现在的200毫升，延续了秦始皇统一的度量衡标准。

匜（yí）是中国先秦时代礼器之一，用于沃盥（guàn）之礼，为客人洗手所用。

▲ 王莽新朝青铜方斗

铜方斗的容积是一斗，相当于十升，王莽也延续了秦始皇统一后的度量衡制。

尺寸　高11cm　通长23.9cm
　　　容量约1940ml

不为五斗米折腰

原指不会为了五斗米的俸禄而屈服，后比喻为人有骨气，不为利禄所动。

问题：
你知道吗：用量来计算粮食精准吗？

答案：不精准。因为粮食有大小之间存在空隙。

计量－衡

《孙子算经》以黍作为重量的最小单位，10 黍 =1 絫（lěi），10 絫 =1 铢，24 铢 =1 两，16 两 =1 斤，30 斤 =1 均，4 钧 =1 石。

黍 ★

黍（shǔ）是一种粮食作物，与稻类相似，俗称黄米，比粟粒大。黍是重量的最小单位，1 絫 =10 黍。

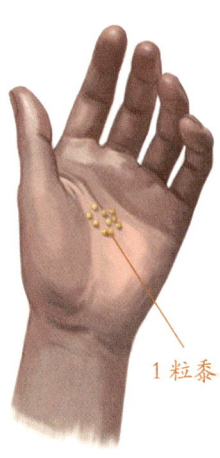

1 粒黍

◂ 战国楚国天平

战国时期，楚国的衡制是最为发达的。按照楚国的衡制标准，六枚青铜砝码依次重 6 铢、12 铢、1 两、2 两、4 两、8 两（即半斤）。

尺寸　木衡长 14cm　铜盘直径 8cm

汉代环形青铜权 ▴

按照西汉的衡制，重量依次为 6 铢、12 铢、1 两、2 两、4 两、8 两（半斤）、1 斤。

诗中有"衡"

苦称量之不审兮，
同权概而就衡。
《惜誓》汉·贾谊

意思是称重时要仔细观察，否则就会轻重不分。

以秤称重时，只有两端重量相等，秤杆才能平衡，"衡"引申为重量的衡量。

尺寸　盘直径 17.6cm　高 4.7cm
秤杆长 43.4cm

清代戥（děng）子 ▴

戥秤是一种小秤，用来称贵重物品，如金银药品，最大单位是两。

尺寸　长 12cm

唐代铜秤 ▴

公元 621 年，唐代废除了衡制中的"铢"，采用"钱"制，"钱"成为重量的最小单位，并规定 1 两 =10 钱，1 斤 =16 两。

杆秤是利用杠杆原理来称质量的衡器，由秤杆、秤锤、提纽、秤钩或秤盘等组成，至今仍在使用。

半斤八两

旧制一斤为十六两，半斤与八两轻重相等。比喻彼此一样，不相上下。

尺寸　长 12cm

清代银号秤 ▸

银号是清代大型的钱庄，银号秤用于称量黄金、白银等贵重金属。

清代红木大杆秤 ▴

大杆秤可称量上百斤重的物品，使用时用扁担穿过提纽，两人合力将重物抬起，然后称重。

尺寸　直径 6cm　长 213cm

元朝禁止民间私自制造度量衡器，秤和秤锤均由各级地方政府监督制造。

元"至元二十年"铜权

这件重达 10.75 公斤的超大号秤锤铸于 1283 年，能称重几百斤重的货物，反映了元代商品经济的发达与称重技术的先进。

尺寸 高22cm 底径13cm
重量 重10.75kg

权衡利弊

权，秤砣。衡，秤杆。比较一下哪一个有利哪一个有害。

尺寸 高15cm
重量 重30.35kg

尺寸 高17.2cm
重量 重30.75kg

战国晋国一石（dàn）青铜权

战国时期，一石相当于一百二十斤，这枚铜权现今测得 30350 克，由此可以得知晋国的一斤为 253 克。

▲ 秦高奴禾石（dàn）铜权

这枚一石（一百二十斤）重的铜权现今测得 30750 克，由此可以得知秦国的一斤为 256 克。

这件铜权共有三次铭文：

公元前 249 年，秦昭王三年铸造时的铭文以及公元前 221 年秦始皇诏书和公元前 209 年秦二世诏书铭文。

自从商鞅变法确定秦国的度量衡标准以后，秦国的度量衡制度一直保持着稳定性和延续性。

▲ 两诏铜斤权

这枚一斤重的铜权上有秦始皇和秦二世的两次诏文，是官方规定的一斤标准，现今测得为 255 克。

尺寸 高7cm
重量 重0.255kg

斤斤计较

每一斤都要计较，形容过分计较无关紧要的事情。

王莽新朝青铜环权 ▶

铜权上有铭文"律石权重四钧"，意思是这枚铜权重四钧，合一石。现今测得一石重 29950 克，由此可知一钧重 7488 克。又由于一钧等三十斤，因此新朝时一斤重 249.6 克，与秦始皇统一的度量衡基本一致。

尺寸 外径28.05cm
孔径9.6cm
重量 重29.95kg

"权重"本义是度量衡器的平衡重物，"权重高"表示一个物体或者事情有更高的重要性。

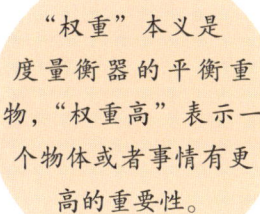

尺寸 高33cm
重量 重62.5kg

▲ 北宋"壹佰斤"铜权

根据铜权上的铭文"壹佰斤"，可知宋代一斤约为现在的 625 克。

千钧一发

一根头发上吊着千钧的重物，比喻非常危急。

尺寸 高30cm 厚20cm
重量 64kg

北宋"嘉祐"青铜则 ▲

青铜则有铭文"壹佰斤"，是官府颁发的用来衡量重量的标准器。根据这件铜则，北宋一斤约为现在的 640 克。

"则"字原义是指用刀在青铜鼎上刻字。古代通常将律法规章刻于大鼎以示庄严，因此"则"有标准、准则的意思。

问题：

你知道吗：多少粒黍重 1 铢？

答案：100粒，1铢=10黍，1黍=10粟。

计时工具

太阳和月亮是人们最早用来确定时间的参照物。圭（guī）表是古代通过测量观察太阳影子长短的变化来确定时间的计时工具，日晷则是借助太阳影子在一天内位置的变化来读取时间的计时工具。在没有太阳、月亮的时候则需要借助计时工具来掌握时间，古代主要计时工具是漏壶。

> 日晷的使用需要太阳光的照射，在阴雨天气或者晚上都无法使用。因此，古代的主要计时工具是漏壶，但是漏壶由于滴速快慢的变化，造成计时不准，因此需要用日晷进行校正。

东汉仪征铜圭表

仪征铜圭表是中国现存最早的圭表，表是直立的竿，用于投影；圭是平卧的尺，用于读数。

尺寸　长 35cm　宽 3cm

尺寸　边长 27.4cm　厚 3.5cm

清华日晷

原为圆明园遗物，由 1920 届毕业生捐给清华大学。日晷借助太阳光投影来读取时间，指针的上端正指北极，下端正指南极。

尺寸　盘径 60cm

汉代大理石日晷（guǐ）

这是中国现存最早的日晷，用于太阳投影的晷针已遗失。

> 日晷由圭表发展而来，"日"指"太阳"，"晷"表示"影子"。

清代铜镀金方月晷仪

月晷仪是利用月光来观测时刻的仪器，这件月晷仪在设计上以圆形的晷盘代表天，以方形的木座象征地，寓意"天圆地方"。

尺寸　通高 20cm　盘径 18cm

汉代青铜漏壶

漏壶是古代计时器，水从漏壶孔流出，漏壶中的浮箭随水面下降，浮箭上的刻度指示时间。

据《周礼》记载，西周时已有专门掌管漏壶计时的官员。

尺寸　高 48.3cm　直径 19.2cm

尺寸　直径 40.9cm　底座宽 36.7cm

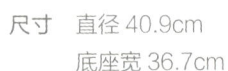

▲ 清康熙指针式赤道日晷铜仪

晷盘分为十二个时辰，每个时辰分为 8 个刻度，共 96 刻，一刻等于 15 分钟。

> 古代将一昼夜分为十二个时辰，每个时辰相当于现在 2 小时，分别是子、丑、寅（yín）、卯（mǎo）、辰（chén）、巳（sì）、午、未、申、酉、戌（xū）、亥（hài）。

◂ 汉代铜漏壶

这是一个便携式小型漏壶，可用于军事、仪式活动中计时。

尺寸　高 11cm　直径 10cm

光阴似箭
时间的像射出去的箭，比喻时间流逝迅速。

漏壶上读取时间的刻度尺称为"箭尺"。箭尺一般安装在小舟上，水位上升，箭尺抬升，从而指向不同的时间刻度。

冬天在寒冷的北方，滴水成冰，漏壶要用炭盆加热防止结冰。

元代复式铜壶滴漏 ◂

这套铜壶滴漏铸造于 1316 年，一直使用至 1900 年前后，是中国现在最大、最早、最完整的铜壶滴漏。

滴漏由日壶、月壶、星壶和受水壶组成。四个铜壶的结构用于确保水流、水压的恒定，提高计时精准性。

尺寸　高 51cm　上口径 32cm

◂ 清代兽耳八卦铜壶滴漏

这件滴漏的刻度尺上共有 96 个刻度，每刻为 15 分钟。滴漏内部设有活塞，可将流出的水重新抽回滴漏中循环使用。

清代铜镀金珐琅人物画钟 ▸

18 世纪以后，由于中欧贸易与文化交流，西洋钟表开始大量传入清朝宫廷，漏壶逐渐退出历史舞台，而日晷仍可用于时间的校对。

尺寸　高 28.5cm　宽 21.8cm
　　　厚 18cm

诗中有"钟"
姑苏城外寒山寺，
夜半钟声到客船。
《枫桥夜泊》唐·张继

尺寸　高 247cm
　　　口径 165cm
重量　重 6000kg

景云钟 ▸

该钟铸于唐睿宗李旦景云二年（711），故称景云钟，曾悬挂于西安钟楼。铭文共 18 行、292 字，是唐代第五个皇帝唐睿宗李旦撰文并书写的。

问题：
你知道吗：古人用烧香计时，"一炷香"是多久？

答案：不同的香燃烧的周期不一样，大约 15 分钟至 1 小时。

星象占卜

古代的人们普遍认为，天上发生的事情可以预兆人间的一切大小事务。而古代天文它的范畴比我们现在所说的天文学的范畴要广得多，它包括占卜、农业、计时等等诸多方面。

> "天人合一"的哲学思想在古代天文应用中的体现便是占卜。古人认为不同的天文现象意味不同的"天意"，解读"天意"可作为行事的标准与依据。

◀ 商代日食刻辞牛骨

商代天文历法已经达到很高水平，这块牛骨的卜辞记载了商人对即将发生的日食的准确预测。

尺寸　长12cm

◀ 商代刻"干支表"牛骨

牛骨上刻有商代干支表，天干、地支相配共60种组合，例如甲子、乙丑、丙寅、丁卯等等，这种纪日法至今仍在中国阴历中使用。

尺寸　长22.5cm　宽7.4cm

> 天干是指"甲、乙、丙、丁、戊（wù）、己、庚（gēng）、辛、壬、癸（guǐ）"。地支是指"子、丑、寅、卯、辰、巳（sì）、午、未、申、酉（yǒu）、戌（xū）、亥"。

◀ 西汉《五星占》

在汉代，以观察天象变化来占测吉凶、趋利避害的占星术十分流行。《五星占》便是以五星行度的异常和云气星彗的变化来占卜吉凶的术数类帛书。记录了从秦王政元年（前246）到汉文帝三年（前177）70年间木星、土星、金星的位置。

"五星出东方利中国"汉代织锦护臂 ▶

"五星出东方"指金、木、水、火、土五颗行星同时出现于东方天空，即"五星连珠"的天文现象，古人认为是吉祥的征兆。

未卜先知
没有占卜便能事先知道，形容有预见。

尺寸　长18.5cm　宽12.5cm

尺寸　天盘径6cm　地盘边长9cm
　　　厚1cm

◀ 汉代漆栻（shì）盘

栻盘是古人用来占卜的仪器，圆形代表天，方形代表地，后演变为看风水的罗盘。

◀ 西汉《阴阳五行》帛书

古代用占卜确定"天机",《阴阳五行》记载的占卜事宜包括出行、嫁娶、选日、攻战、祭祀、禁忌、举事等。

尺寸　长 20cm　宽 22cm

五行是古人认识世界的方法论,即世界由金木水火土五种物质构成。阴阳是古代中国哲学理论,即世界存在阴与阳的对立,如天与地、男与女、日与月。

尺寸　长 150cm　宽 48cm

彗星的出现在古代往往被视作不祥之兆,由于彗星样子像扫把,也被形象地称为"扫把星"。

西汉《天文气象杂占》部分 ▶

《天文气象杂占》中有一部分专门描述彗星,这是目前世界上保存最早关于彗星描述的文献资料。

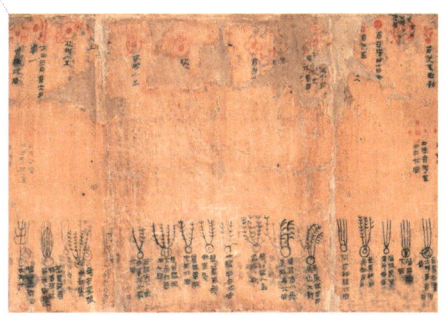

尺寸　长 394cm　宽 24.4cm

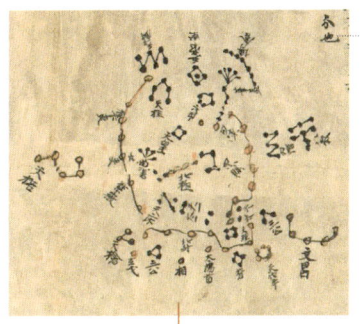

《敦煌星图》局部

◀ 唐《敦煌星图》

敦煌星图约绘制于唐中宗时期(684~710),全图按圆圈、黑点和圆圈涂黄三种方式绘出了 1350 多颗星,是世界上最早的星图。

星图是恒星观测的一种形象记录,它是天文学上用来认星和指示位置的一种重要工具。

尺寸　高 216cm　宽 106cm

南宋石刻天文图 ▶

南宋石刻天文图刻制于 1247 年。星图以北极为中心,画三个大小不等的同心圆,小圆代表北极圈,中圆代表赤道,大圆代表南天可以看见的界线,共记录了 1440 颗恒星。

明赤道南北两总星图 ▼

该图制于明崇祯七年(1634),由明礼部尚书、文渊阁大学士徐光启主持测绘,德国传教士汤若望等参与设计绘制。

半球图直径约 160 厘米,外圈标有赤道和黄道 12 宫,图上的星大小不一,既有星座,也有星云。是现存于世的时间最早、尺寸最大的东方皇家御用星图原图。

尺寸　长 452cm　高 200cm

问题:

你知道吗:汉代记录木星、金星、火星的位置主要目的是什么?

答案:占卜。

天文仪器与历法

天文最开始的出现伴随着的是历法的颁布，历法的主要作用是指导农业耕种，"仰望星空"是人类探索文明的开始也是进行时，中国形容事情的大小用"天"来形容，天文从某种意义上也就是"天大"之事，因此，中国历朝历代都在天文领域留下了宝贵的遗产。

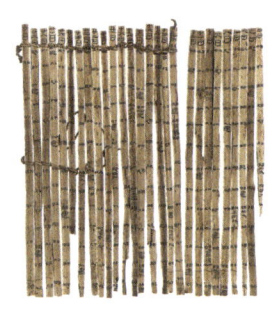

西汉历谱 ▲

历谱是由竹木简编排出的年月日的表，相当于古代的挂历。

历谱最为重要的功能是指导农业生产。汉代历谱上一般只标注二十四节气中的八个重要节气，即二至（夏至、冬至）、二分（春分、秋分）、四立（立春、立夏、立秋、立冬）。

◀ 唐代雕版印本历书

唐僖宗乾符四年（877）刻印的《历书》为迄今发现中国最早的雕版印刷的历书，由于是皇帝颁布的，所以人们又称它为"皇历"。1911年辛亥革命推翻帝制以后，"皇历"改写成了"黄历"。

黄历里面不但包括了天文气象、时令季节，而且还包含了人民在日常生活中要遵守的一些禁忌，其内容主要指导中国劳动农民耕种时机，故又称农民历。

二十四节气：
立春、雨水、惊蛰、春分、清明、谷雨、立夏、小满、芒种、夏至、小暑、大暑、立秋、处暑、白露、秋分、寒露、霜降、立冬、小雪、大雪、冬至、小寒、大寒。

时间　距今4500~4000年

◀ 龙山文化陶寺古观象台

陶寺古观象台位于山西省襄汾县陶寺城遗址，距今约4700年。它由13根夯土柱组成，呈半圆形。考古队在原址复制模型进行模拟实测，从第二个狭缝看到日出为冬至日，第12个狭缝看到日出为夏至日，第7个狭缝看到日出为春、秋分。

北京观象台 ▲

北京观象台建于1442年，是世界上现存最古老的天文台之一，同时也是中国明清两代的皇家天文台。台上陈设有简仪、浑仪和浑象等大型天文仪器，台下陈设有圭表和漏壶。

◀ 告成观星台

告成观星台，位于登封市告成镇，大约始建于1276年，由元代天文学家郭守敬设计和建造。

观星台的圭表可用于测定冬至日及一年的长度，郭守敬制定的《授时历》是当时世界上最先进的一种历法。《授时历》为公元1281年元朝实施的历法名，以365.2425日为一年，距近代观测值365.2422仅差25.92秒，精度与公历（指1582年《格里高利历》）相当，但比西方早采用了300多年。

◀ 明代浑天仪

浑天仪是由许多同心圆环组成的一种仪器，因其用于观测天体的位置。在17世纪望远镜发明之前，它是天文学家在测定天体方位时必不可少的仪器。

明代简仪 ▶

元代天文学家郭守敬将观测天体的浑天仪进行了简化，因此称为简仪。这件简仪造于1437年，在明清两代都曾使用。

> 天文钟是一种特别设计的、能用多种形式来表达天体时空运行的仪器，它可以显示太阳、月亮、星座在该时刻的相对位置。

尺寸　高12m　底宽7m

清代英国伦敦制造铜镀金反射望远镜 ▼

明清时期的国家天文台称为钦天监，许多知名的西方传教士曾在这个部门任职，如利玛窦、汤若望、南怀仁等，他们带来欧洲最新的天文学知识，极大地促进了中国天文学的发展。

北宋水运仪象台（1:1复原）▶

水运仪象台是北宋时期苏颂、韩公廉等人发明制造的以漏刻水力驱动的，集天文观测、天文演示和报时系统为一体的大型自动化天文仪器，也是世界上最古老的天文钟。

紫漆描金花反射望远镜 ▼

这件望远镜由清宫造办处制造，据记载，雍正十年（1732），总管内务府大臣海望奉命制作了二十件玻璃千里眼、二件水晶千里眼、一件茶晶千里眼，千里眼是古人对望远镜的雅称。

尺寸　长74cm　筒径11cm

尺寸　长23cm　大口径5cm　小口径3.7cm

▲ 清乾隆铜镀金嵌珐琅望远镜

18世纪，在与欧洲的贸易交流中，西方先进的天文仪器开始传入中国，这件望远镜为单筒式折射望远镜，系清乾隆时期进口，并由广东官员进贡内廷。

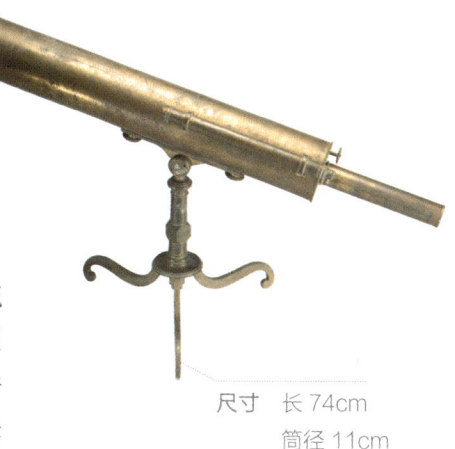

尺寸　长81cm　筒径11.5cm

问题：

你知道吗：中国古代历法中二十四节气的主要作用是什么？

答案：指导农业生产。

史前文明年表 ……○

西汉南越王虎节

中国朝代表 ……○

元代景德镇窑青花双凤纹玉壶春瓶

附录

千家博物馆推荐

四鸾衔绶纹金银平脱镜
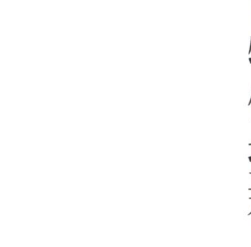

西晋青釉熏炉

史前文明年表

- 北京猿人 — 旧石器文明…距今约 70 万~20 万年
- 山西许家窑文化 — 旧石器中期文明…距今约 10 万年
- 北京山顶洞人 — 早期新石器文明…距今约 3 万年
- 河北虎头梁文化 — 早期新石器文明…距今约 15000 年
- 浙江上山文化 — 新石器时代钱塘江流域文明…距今约 10000 年
- 河南贾湖遗址（裴李岗文化）— 新石器时代淮河上游文明…距今约 9000~7500 年
- 浙江井头山遗址 — 新石器时代宁波湾文明…距今约 8300~7800 年
- 湖南彭头山文化 — 新石器时代长江中游文明…距今约 8200~7800 年
- 河北磁山文化 — 新石器时代华北地区文明…距今约 8000~7600 年
- 浙江跨湖桥文化 — 新石器时代长江下游文明…距今约 8000~7000 年
- 河南裴李岗文化 — 新石器时代黄河中游地区文明…距今约 8000~7000 年
- 甘肃省大地湾遗址（仰韶文化）— 新石器时代黄河中游地区文明…距今约 7800~4800 年
- 安徽双墩文化 — 新石器时代淮河中游文明…距今约 7300 年
- 辽宁新乐文化 — 新石器时代辽河下游文明…距今约 7200 年
- 浙江马家浜文化 — 新石器时代长江下游文明…距今约 7000~6000 年
- 浙江河姆渡文化 — 新石器时代长江下游文明…距今约 7000~5000 年
- 河南仰韶文化 — 新石器时代黄河中游地区文明…距今约 7000~5000 年
- 吉林左家山遗址（红山文化）— 新石器时代辽河流域文明…距今约 7000~4800 年
- 陕西半坡遗址（仰韶文化）— 新石器时代黄河中游地区文明（属仰韶文化）…距今约 6800~6300 年

仰韶文化鱼纹彩陶盆

新乐文化石网坠

上山文化大口盆

红山文化红陶女神像

史前文明年表

马家窑文化石雕人面像

良渚文化扁足陶鼎

- 上海马桥文化 — 商周时期长江下游文明…距今约 3300~2700 年
- 甘肃辛店文化 — 商周时期西北文明…距今约 3400~2800 年
- 河南二里头文化 — 夏商中原文明…距今约 3800~3500 年
- 甘肃齐家文化 — 夏商时期河西走廊青铜文明…距今约 4200~3500 年
- 内蒙古夏家店下层文化 — 夏商时期北方青铜文明…距今约 4100~3700 年
- 云南宾川白羊村遗址 — 新石器时代云南文化遗址…距今约 4200~4000 年
- 山西陶寺遗址（龙山文化）— 新石器时代晚期黄河中下游文明…距今约 4300~3900 年
- 浙江钱山漾遗址（良渚文化）— 新石器时代晚期长江下游环太湖地区文明…距今约 4400~4200 年
- 河南三里桥遗址（龙山文化）— 新石器时代晚期黄河中下游文明…距今约 4500~4000 年
- 山东龙山文化 — 新石器时代晚期黄河中下游文明…距今约 4500~4000 年
- 陕西客省庄文化 — 新石器时代渭河流域文明…距今约 4600~4000 年
- 四川三星堆遗址 — 古蜀国文明…距今约 4800~3100 年
- 湖北石家河文化 — 新石器时代中国长江中游地区文明…距今约 4800~4400 年
- 浙江良渚文化 — 新石器时代长江下游文明（太湖、钱塘江一带）…距今约 5000~3700 年
- 甘肃马家窑文化 — 新石器时代黄河上游地区文明…距今约 5300~4000 年
- 湖北屈家岭文化 — 新石器时代中国长江中游地区文明…距今约 5300~4600 年
- 福建昙石山文化 — 新石器时代闽江下游文明…距今约 5500~4000 年
- 内蒙古赤峰红山文化 — 新石器时代辽河流域文明…距今约 6000~5000 年
- 上海崧泽文化 — 新石器时代长三角地区文明…距今约 6000~5200 年
- 山东大汶口文化 — 新石器时代晚期黄河中下游文明…距今约 6500~4500 年

大汶口文化八角星纹彩陶豆

商青铜兽面具

中国朝代表

夏 马家窑文化彩陶舞蹈纹盆

商 "王为般卜"刻辞龟甲

三国 三国吴青瓷羊尊烛台

- 夏　　　定都……商丘、洛阳……前2070～前1600年
- 商　　　定都……商丘、洛阳、郑州、安阳……前1600年～前1046年
- 西周　　定都……西安……前1046年～前771年
- 东周　　定都……洛阳……前770年～前221年
- 东周春秋　前770年～前476年
- 东周战国　前475年～前221年
- 秦　　　定都……咸阳、西安……前221年～前206年
- 西汉　　定都……西安……前202～公元8年
- 王莽新朝　定都……西安……公元8年～23年
- 东汉　　定都……洛阳……25年～220年
- 三国　　220年～280年
- 三国魏　定都……洛阳……220年～265年
- 三国蜀　定都……成都……221年～263年
- 三国吴　定都……鄂州、南京……222年～280年

秦 秦铜车马二号车

晋 西晋灰陶牛车

中国朝代表

北窑湾唐墓出土彩绘伎乐俑 — 唐

宋官窑青釉贯耳瓶尊 — 宋

朝代	定都	年代
晋	—	265～420年
西晋	洛阳、西安	265年～316年
东晋	南京	317年～420年
南北朝	—	420年～589年
隋	西安、洛阳	581年～618年
唐	西安、洛阳	618年～907年
五代十国	—	907～979年
辽	赤峰	907年～1125年
宋	—	960年～1279年
北宋	开封	960年～1127年
西夏	银川	1038年～1227年
金	北京	1115年～1234年
南宋	杭州	1127年～1279年
元	北京	1271年～1368年
明	南京、北京	1368年～1644年
清	北京	1636年～1911年

元掐丝珐琅缠枝莲纹象耳炉 — 元

明孝端皇后凤冠 — 明

清乾隆金瓯永固杯 — 清

千家博物馆推荐

北京市

故宫博物院
中国国家博物馆
北京鲁迅博物馆（北京新文化运动纪念馆）
中国地质博物馆
中国农业博物馆
中国人民抗日战争纪念馆
中国科学技术馆
中国人民革命军事博物馆（中国民兵武器装备陈列馆）
中国航空博物馆
北京自然博物馆
北京天文馆（北京古观象台）
首都博物馆
周口店北京人遗址博物馆
文化和旅游部恭王府博物馆
大钟寺古钟博物馆
北京古代建筑博物馆
明十三陵博物馆
中国电信博物馆
中国铁道博物馆（中国铁道博物馆正阳门馆）
孔庙和国子监博物馆
北京汽车博物馆
中国园林博物馆
北京石刻艺术博物馆
中国长城博物馆
北京市西周燕都遗址博物馆
北京辽金城垣博物馆
北京市大葆台西汉墓博物馆
詹天佑纪念馆
北京文博交流馆
北京民俗博物馆
中国传媒大学传媒博物馆

天津市

天津博物馆（天津美术馆、李叔同故居纪念馆）
周恩来邓颖超纪念馆
天津自然博物馆（北疆博物院）
平津战役纪念馆
元明清天妃宫遗址博物馆

河北省

河北博物院
西柏坡纪念馆
邯郸市博物馆
河北美术馆
河北省科学技术馆
石家庄市博物馆
张家口市博物馆
承德市避暑山庄博物馆
秦皇岛市山海关长城博物馆
唐山博物馆
乐亭县李大钊纪念馆
廊坊博物馆
沧州市博物馆
武强年画博物馆
八路军一二九师纪念馆
磁州窑博物馆
泥河湾博物馆
滦平县博物馆
隆化民族博物馆
平泉市博物馆
丰宁满族自治县满族博物馆
承德县博物馆
保定直隶总督署博物馆
莲池书院博物馆
留法勤工俭学运动纪念馆
涿州市博物馆
安国市中药文化博物馆
黄骅市博物馆（河北海盐博物馆）
中国人民抗日军政大学陈列馆
峰峰磁州窑历史博物馆（峰峰磁州窑富田窑址博物馆、峰峰磁州窑盐店窑址博物馆）
定州市博物馆

山西省

山西博物院
中国煤炭博物馆
八路军太行纪念馆
山西省艺术博物馆
山西省民俗博物馆
彭真生平暨中共太原支部旧址纪念馆
大同市博物馆
河边民俗博物馆
祁县乔家大院民俗博物馆

吕梁市汉画像石博物馆
红军东征纪念馆
太原市晋祠博物馆
榆社县化石博物馆
晋城博物馆
长治市博物馆
运城博物馆
马邑博物馆
山西国民师范旧址革命活动纪念馆
祁县晋商文化博物馆
平遥县博物馆
平遥县票号博物馆
平遥县双林寺彩塑艺术馆
麻田八路军总部纪念馆
八路军总部旧址王家峪纪念馆
侯马晋国古都博物馆
万荣县博物馆
盐湖区博物馆

内蒙古自治区

内蒙古博物院
鄂尔多斯博物馆
内蒙古包头博物馆
内蒙古自治区将军衙署博物院
呼和浩特博物馆（公主府专题馆）
呼伦贝尔民族博物院
通辽市博物馆
赤峰市博物馆
巴林右旗博物馆
鄂尔多斯青铜器博物馆
阿拉善博物馆
兴安盟博物馆
科尔沁右翼中旗博物馆（科右中旗非遗博物馆）

科右前旗博物馆
库伦旗宗教博物馆（安代博物馆）
乌兰察布市博物馆
扎兰屯市历史博物馆
莫力达瓦达斡尔民族博物馆
满洲里市博物馆（满洲里市沙俄监狱陈列馆、中共六大展览馆）
内蒙古史前文化博物馆
辽中京博物馆
内蒙古河套文化博物院
乌海市博物馆
鄂伦春自治旗民族博物馆
喀喇沁旗王府博物馆
奈曼旗王府博物馆
扎赉诺尔博物馆
巴林左旗辽上京博物馆

辽宁省

辽宁省博物馆
沈阳"九·一八"历史博物馆
沈阳故宫博物馆
旅顺博物馆
大连博物馆
张氏帅府博物馆
沈阳新乐遗址博物馆
旅顺日俄监狱旧址博物馆
鞍山市博物馆
鞍钢集团博物馆
抗美援朝纪念馆（丹东博物馆）
锦州市博物馆
本溪市博物馆
凌海市萧军纪念馆
营口市博物馆
辽阳博物馆

铁岭市博物馆

吉林省

吉林省博物院（东北抗日联军纪念馆）
吉林省自然博物馆
伪满皇宫博物院
吉林市博物馆（吉林市陨石博物馆）
四平战役纪念馆
白城市博物馆
延边博物馆（延边朝鲜族民俗博物馆、延边朝鲜族革命纪念馆）
东北师范大学东北民族民俗博物馆
集安市博物馆
白山市长白山满族文化博物馆
抚松人参博物馆
靖宇火山矿泉群地质博物馆（靖宇博物馆）
镇赉县博物馆

黑龙江省

黑龙江省博物馆
东北烈士纪念馆（东北抗联博物馆、中共黑龙江历史纪念馆、革命领袖视察黑龙江纪念馆）
大庆市博物馆
大庆铁人王进喜纪念馆
黑河市瑷珲历史陈列馆
黑龙江省民族博物馆
侵华日军第七三一部队罪证陈列馆
哈尔滨市阿城区金上京历史博物馆
哈尔滨市建筑艺术馆
齐齐哈尔市博物馆
佳木斯市博物馆

侵华日军虎头要塞博物馆
伊春市博物馆
黑龙江流域博物馆
北安市庆华军工遗址博物馆
大兴安岭资源馆
哈尔滨市钱币博物馆（哈尔滨市博物馆、中共满洲省委机关旧址纪念馆）
北大荒博物馆
黑龙江北方民俗博物馆
大庆油田历史陈列馆
大庆石油科技馆
远东林木博物馆（中俄友好纪念馆）
汤原县博物馆
赫哲族博物馆
鸡西市博物馆
伊春森林博物馆
嘉荫神州恐龙博物馆
双鸭山市博物馆
绥化市博物馆
望奎县满族博物馆
鹤岗市博物馆
黑河知青博物馆
黑河博物馆
孙吴日本侵华罪证陈列馆（孙吴县侵华日军军人会馆遗址陈列馆）
图强林业博物馆
大兴安岭五六火灾纪念馆

上海市

上海科技馆
上海博物馆
中共一大会址纪念馆（中共代表团驻沪办事处纪念馆）
上海鲁迅纪念馆
陈云纪念馆
上海市历史博物馆（上海革命历史博物馆）
上海孙中山故居纪念馆
上海宋庆龄故居纪念馆
上海公安博物馆
嘉定博物馆（嘉定竹刻博物馆、顾维钧生平陈列馆）
上海市松江区博物馆
青浦区博物馆
浦东新区南汇博物馆
上海韬奋纪念馆
上海市银行博物馆
上海工艺美术博物馆
宋庆龄生平事迹陈列馆
上海纺织博物馆
上海淞沪抗战纪念馆
闵行区博物馆（张充仁纪念馆）
金山区博物馆（上海南社纪念馆）
故宫博物院

江苏省

南京博物院
南京市博物总馆（南京市博物馆、六朝博物馆、江宁织造博物馆、中共代表团梅园新村纪念馆、南京市民俗博物馆、太平天国历史博物馆、渡江胜利纪念馆）
侵华日军南京大屠杀遇难同胞纪念馆
常州博物馆
苏州博物馆（苏州民俗博物馆）
南通博物苑
扬州博物馆
南京地质博物馆
无锡博物院（无锡中国民族工商业博物馆、无锡碑刻陈列馆、程及美术馆、张闻天旧居、周怀民藏画馆）
江阴市博物馆（江阴市刘氏兄弟故居陈列馆、江阴市中医史陈列馆、江阴市高城墩良渚文化陈列馆）
徐州博物馆（徐州市文物考古研究所）
徐州汉画像石艺术馆
徐州汉兵马俑博物馆
苏州碑刻博物馆
常熟博物馆
连云港市博物馆
淮安市博物馆
周恩来纪念馆
新四军纪念馆
镇江博物馆
南京城墙博物馆
求雨山文化名人纪念馆
南京市江宁区文化遗产保护中心（南京市江宁区博物馆）
南京云锦博物馆
新沂市博物馆
邳州市博物馆
常州市金坛区博物馆
新四军江南指挥部纪念馆
苏州丝绸博物馆
苏州戏曲博物馆（中国昆曲博物馆、苏州评弹博物馆）
吴江博物馆
张家港博物馆（长江文化博物馆）
南通中国珠算博物馆
苏皖边区政府旧址纪念馆
淮安市楚州博物馆
史可法纪念馆
扬州市蜀冈唐子城风景区管理处（扬

州唐城遗址博物馆、扬州汉广陵王墓博物馆、崔致远纪念馆）
仪征市博物馆
镇江焦山碑刻博物馆
兴化市博物馆
宿迁市博物馆

浙江省

浙江省博物馆
浙江自然博物院
中国丝绸博物馆
杭州博物馆
宁波博物馆
温州博物馆
杭州西湖博物馆（西湖学研究院、杭州西湖风景名胜区档案馆）
中国茶叶博物馆
杭州南宋官窑博物馆
杭州工艺美术博物馆（杭州刀剪剑博物馆、杭州扇业博物馆、杭州伞业博物馆）
西溪湿地博物馆
余杭博物馆
杭州市萧山区博物馆
杭州胡庆余堂中药博物馆
宁波市天一阁博物馆（浙东学术文化陈列馆、银台第官宅博物馆、冯孟颛纪念馆）
宁波帮博物馆
宁波中国港口博物馆
宁波市保国寺古建筑博物馆
余姚市河姆渡遗址博物馆
余姚博物馆
湖州市博物馆

嘉兴博物馆
嘉兴南湖革命纪念馆
绍兴博物馆
鲁迅纪念馆
上虞博物馆
永康市博物馆
衢州市博物馆
丽水市博物馆
桐庐博物馆
浙东海事民俗博物馆
宁海县十里红妆博物馆
柔石纪念馆
慈溪市博物馆
镇海口海防历史纪念馆
溪口博物馆
乐清市博物馆
瑞安市博物馆
德清县博物馆
吴昌硕纪念馆
长兴县博物馆
长兴县新四军苏浙军区纪念馆
李叔同纪念馆
平湖市莫氏庄园陈列馆
海盐县博物馆
海宁市博物馆
桐乡市博物馆
桐乡市茅盾纪念馆
君匋艺术院
桐乡市丰子恺纪念馆
桐乡市钟旭洲钱币艺术博物馆
诸暨市博物馆
越剧博物馆
东阳市博物馆（东阳木雕博物馆）
兰溪市博物馆
浦江博物馆

江山市博物馆
舟山博物馆
龙泉市博物馆
庆元县香菇博物馆
缙云县博物馆
景宁畲族自治县畲族博物馆

安徽省

安徽博物院
安徽中国徽州文化博物馆
安徽省地质博物馆
淮北市博物馆
宿州市博物馆
蚌埠市博物馆
阜阳市博物馆
淮南市博物馆
寿县博物馆
皖西博物馆
马鞍山市博物馆
新四军军部旧址纪念馆
安庆市博物馆（安徽中国黄梅戏博物馆、安庆市革命文物陈列馆）
歙县博物馆
合肥市李鸿章故居陈列馆
巢湖市博物馆
渡江战役总前委旧址纪念馆
淮北市刘开渠纪念馆
中共淮海战役总前委旧址纪念馆
亳州市博物馆
萧县博物馆
天长市博物馆
金寨县革命博物馆
马鞍山市三国朱然家族墓地博物馆
宣城市博物馆

铜陵市博物馆
秀山门博物馆
安徽中国桐城文化博物馆
潜山市博物馆
黄山区博物馆
祁门县博物馆
广德市博物馆

福建省

福建博物院
中国闽台缘博物馆
泉州海外交通史博物馆
古田会议纪念馆
中央苏区（闽西）历史博物馆
福建省革命历史纪念馆
福建省昙石山遗址博物馆
福州市博物馆
福州市长乐区博物馆
厦门市博物馆
华侨博物院
漳州市博物馆
泉州市博物馆
德化县陶瓷博物馆
晋江市博物馆
三明市博物馆
龙岩市博物馆
毛泽东才溪乡调查纪念馆
上杭县博物馆
福建闽越王城博物馆
福建民俗博物馆
中国船政文化博物馆
东山县博物馆
毛主席率领红军攻克漳州纪念馆
泉州华侨历史博物馆

南安市博物馆
安溪县博物馆
泰宁县博物馆
建宁县中央苏区反"围剿"纪念馆
将乐县博物馆
莆田市博物馆
邵武市博物馆
龙岩博物馆
福建土楼博物馆
客家族谱博物馆
连城县博物馆
武平县博物馆
长汀县博物馆
漳平市博物馆
宁德市博物馆（闽东畲族博物馆）

江西省

江西省博物馆
南昌八一起义纪念馆
井冈山革命博物馆
瑞金中央革命根据地纪念馆
安源路矿工人运动纪念馆
八大山人纪念馆
九江市博物馆
江西省庐山博物馆（庐山石刻博物馆、庐山地质博物馆、庐山诗词博物馆、庐山宗教文化博物馆）
婺源博物馆
上饶集中营革命烈士纪念馆
宜春市博物馆（宜春市袁州地方时间博物馆）
赣州市博物馆
江西客家博物院
景德镇中国陶瓷博物馆

萍乡博物馆
南昌县博物馆
秋收起义修水纪念馆（瑞昌市博物馆）
方志敏纪念馆
抚州市博物馆
乐安县博物馆
秋收起义铜鼓纪念馆
万载湘鄂赣革命纪念馆
樟树市博物馆
高安市博物馆（高安元青花博物馆）
吉安市博物馆
吉水县博物馆
永新湘赣革命纪念馆（三湾改编纪念馆、贺子珍纪念馆）
新干县博物馆（大洋洲商代青铜博物馆）
吉安县博物馆（吉州窑博物馆）
兴国革命纪念馆
于都中央红军长征出发地历史博物馆（于都县博物馆）
景德镇陶瓷民俗博物馆
景德镇民窑博物馆
新余市博物馆
鹰潭市博物馆（江西道教文化博物馆）

山东省

山东博物馆
青岛市博物馆
烟台市博物馆
潍坊市博物馆
青州市博物馆
中国甲午战争博物院
济南市博物馆
济南市章丘区博物馆
山东大学博物馆

中国海军博物馆
青岛海产博物馆
青岛啤酒博物馆
淄博市博物馆
齐文化博物馆（临淄足球博物馆、临淄中国古车博物馆）
东营市历史博物馆
张裕酒文化博物馆
山东临朐山旺古生物化石博物馆
诸城市博物馆
泰安市博物馆
威海市文登区博物馆
莒县博物馆
聊城中国运河文化博物馆
孔繁森同志纪念馆
临沂市博物馆
济南市长清区博物馆
青岛德国总督楼旧址博物馆
青岛消防博物馆
青岛市即墨区博物馆
胶州市博物馆（青岛大沽河博物馆）
蒲松龄纪念馆
淄博市陶瓷博物馆
枣庄市博物馆
滕州市博物馆
滕州市汉画像石馆
烟台市福山区王懿荣纪念馆
登州博物馆
龙口市博物馆
寿光市博物馆
高密市博物馆
济宁市博物馆
济宁市兖州区博物馆
曲阜市孔子博物院（曲阜市汉魏碑刻陈列馆、曲阜市孟母教子馆、曲阜市颜子博物馆）
邹城博物馆
东平县博物馆
威海市博物馆
荣成博物馆
日照市博物馆
博兴县博物馆
德州市博物馆
临沂市银雀山汉墓竹简博物馆
沂水县博物馆
菏泽市博物馆

河南省

河南博物院
郑州博物馆
开封市博物馆
洛阳博物馆
南阳市汉画馆
鄂豫皖苏区首府革命博物馆
郑州二七纪念馆
郑州市大河村遗址博物馆
新郑市博物馆
洛阳周王城天子驾六博物馆
洛阳古代艺术博物馆（河南古代壁画馆）
洛阳民俗博物馆（洛阳匾额博物馆、洛阳老子纪念馆、洛阳契约文书博物馆）
新安县千唐志斋博物馆（张钫纪念馆）
洛阳龙门博物馆
平顶山博物馆
安阳博物馆
鹤壁市博物馆
许昌市博物馆
三门峡市虢国博物馆
三门峡市博物馆
南阳市博物馆
内乡县衙博物馆
鄂豫皖革命纪念馆
信阳博物馆
周口市博物馆
驻马店市博物馆
巩义市博物馆
郑州大象陶瓷博物馆
八路军驻洛办事处纪念馆
洛阳隋唐大运河博物馆
偃师商城博物馆
新安县博物馆
安阳民俗博物馆
林州市博物馆
汤阴县岳飞纪念馆
新乡市博物馆
焦作市博物馆
沁阳市博物馆
濮阳市博物馆
南阳知府衙门博物馆
方城县博物馆
镇平县彭雪枫纪念馆
新县许世友将军纪念馆（吴焕先故居纪念馆）
淮滨县淮河博物馆
光山茶具博物馆
光山县佛教艺术博物馆
周口市关帝庙民俗博物馆
周口华威民俗文化博物苑
济源市博物馆
兰考县焦裕禄纪念馆
汝州市汝瓷博物馆
固始县博物馆（固始县根亲博物馆）

湖北省

湖北省博物馆
辛亥革命武昌起义纪念馆
武汉博物馆
武汉市中山舰博物馆
荆州博物馆
湖北明清古建筑博物馆
武汉革命博物馆
黄石市博物馆
十堰市博物馆
武当博物馆
襄阳市博物馆（襄阳市文物考古研究所、襄阳市文物修复中心）
宜昌博物馆
鄂州市博物馆
空降兵军史馆
黄冈市博物馆
随州市博物馆
恩施土家族苗族自治州博物馆
八路军武汉办事处旧址纪念馆
湖北地质博物馆
中南民族大学民族学博物馆
武汉二七纪念馆
中国地质大学（武汉）逸夫博物馆
丹江口市博物馆
郧阳博物馆
宜城市博物馆
宜都市博物馆
枝江市博物馆
屈原纪念馆
监利县革命历史博物馆（周老嘴湘鄂西革命根据地纪念馆）
荆门市博物馆
钟祥市博物馆
京山市博物馆
孝感市博物馆
大悟县革命博物馆
黄麻起义和鄂豫皖苏区革命纪念馆
蕲春县李时珍纪念馆
罗田县博物馆
麻城市革命博物馆
武穴市博物馆
浠水县闻一多纪念馆
浠水县博物馆
咸宁市博物馆
赤壁市博物馆
天门市博物馆
潜江市博物馆
潜江市曹禺纪念馆

湖南省

湖南省博物馆
刘少奇同志纪念馆
长沙简牍博物馆
韶山毛泽东同志纪念馆
长沙市博物馆
胡耀邦同志纪念馆
株洲市博物馆
湘潭市博物馆
彭德怀纪念馆
任弼时纪念馆
岳阳市博物馆
常德博物馆
益阳市博物馆
郴州市博物馆
中国人民抗日战争胜利受降纪念馆
龙山县里耶古城（秦简）博物馆
醴陵市博物馆（毛泽东考察湖南农民运动纪念馆）
攸县博物馆（谭震林生平业绩陈列馆）
衡阳市博物馆
临澧县博物馆
慈利县博物馆
永州市博物馆
湘西剿匪史料陈列馆（辰溪县博物馆）
怀化市博物馆
蔡和森纪念馆
湘西土家族苗族自治州博物馆

广东省

广东省博物馆
西汉南越王博物馆
广州博物馆
广东民间工艺博物馆
深圳博物馆
孙中山故居纪念馆
广东革命历史博物馆（广州近代史博物馆、毛泽东同志主办农民运动讲习所旧址纪念馆）
广州艺术博物院
孙中山大元帅府纪念馆
番禺博物馆
中山大学生物博物馆
广东中医药博物馆
南越王宫博物馆
辛亥革命纪念馆
珠海市博物馆
佛山市顺德区博物馆
韶关市博物馆
河源市博物馆
广东中国客家博物馆
惠州市博物馆

东莞市博物馆
东莞展览馆
鸦片战争博物馆
东莞市可园博物馆
江门市博物馆（江门五邑华侨华人博物馆）
广东海上丝绸之路博物馆
肇庆市博物馆（叶挺独立团团部旧址纪念馆）
潮州市博物馆
云浮市博物馆
邓世昌纪念馆（海珠博物馆）
广州市花都区洪秀全纪念馆（广州市花都区博物馆）
广州市越秀区博物馆
深圳市中英街历史博物馆
深圳（宝安）劳务工博物馆
深圳市大鹏新区大鹏古城博物馆
深圳市南山博物馆
深圳古生物博物馆
汕头市博物馆
佛山市祖庙博物馆
佛山市南海区博物馆
南雄市博物馆
大埔县博物馆
惠东县博物馆
博罗县博物馆
海丰县博物馆
中山市博物馆
江门市新会区博物馆
台山市博物馆
湛江市博物馆
雷州市博物馆
茂名市博物馆
广东瑶族博物馆

揭阳市博物馆
丁日昌纪念馆
罗定市博物馆
新兴县博物馆

广西壮族自治区

广西壮族自治区博物馆
广西民族博物馆
广西壮族自治区自然博物馆
南宁博物馆
柳州市博物馆
桂林博物馆
桂海碑林博物馆
梧州市博物馆
百色起义纪念馆
横县博物馆
广西地质博物馆（广西国土资源博物馆）
八路军桂林办事处纪念馆
桂林甑皮岩遗址博物馆
桂林市靖江王陵博物馆
兴安县博物馆
合浦县博物馆
容县博物馆
博白县博物馆
右江民族博物馆
田东县博物馆
右江革命纪念馆
靖西市壮族博物馆
贺州市博物馆
金秀瑶族自治县瑶族博物馆
中国红军第八军革命纪念馆
崇左市壮族博物馆

海南省

海南省博物馆

重庆市

重庆中国三峡博物馆（重庆白鹤梁水下博物馆）
重庆红岩革命历史博物馆（红岩革命纪念馆、歌乐山革命纪念馆）
重庆自然博物馆
重庆三峡移民纪念馆（重庆市万州区博物馆）
云阳县博物馆
巫山博物馆
重庆大韩民国临时政府旧址陈列馆
重庆市北碚区博物馆（卢作孚纪念馆、四世同堂纪念馆、梁实秋纪念馆、抗战时期荣誉军人自治实验区陈列馆、晏阳初纪念馆、国立复旦大学重庆旧址校史纪念馆）
重庆巴渝民俗博物馆
聂荣臻元帅陈列馆
钓鱼城古战场遗址博物馆（重庆市合川钓鱼城研究院）
铜梁区博物馆
杨闇公杨尚昆旧居陈列馆
刘伯承同志纪念馆
重庆市开州博物馆
奉节县白帝城博物馆

贵州省

遵义会议纪念馆
贵州省博物馆

贵州省民族博物馆
四渡赤水纪念馆
黔东南州民族博物馆
贵州茶文化生态博物馆
遵义市博物馆（贵州酒文化博物馆）
奢香博物馆
黔南州民族博物馆（黔南州博物馆）

四川省

四川博物院
成都杜甫草堂博物馆
成都武侯祠博物馆
成都金沙遗址博物馆
自贡恐龙博物馆
自贡市盐业历史博物馆
四川广汉三星堆博物馆
邓小平故居陈列馆
成都永陵博物馆
新都杨升庵博物馆
四川省建川博物馆
成都华希昆虫博物馆
泸州市博物馆（泸顺起义陈列馆、况场朱德旧居陈列馆）
四川宋瓷博物馆（遂宁市博物馆）
朱德同志故居纪念馆
宜宾市博物院
眉山三苏祠博物馆（眉山三苏纪念馆）
彭州市博物馆
大邑刘氏庄园博物馆
成都川菜博物馆
四川易园园林艺术博物馆
什邡市博物馆
5·12汶川特大地震纪念馆
皇泽寺博物馆

射洪县书画博物馆
内江市张大千纪念馆
宜宾市赵一曼纪念馆
达州市博物馆
渠县历史博物馆
川陕革命根据地博物馆（川陕苏区将帅碑林纪念馆）
红四方面军总指挥部旧址纪念馆
南江县博物馆
荥经县博物馆
陈毅纪念馆
汶川县博物馆
"5·12"汶川特大地震映秀震中纪念馆
凉山彝族奴隶社会博物馆

云南省

云南省博物馆
云南民族博物馆
昆明市博物馆
昆明动物博物馆
玉溪市博物馆（玉溪市聂耳纪念馆）
楚雄彝族自治州博物馆
红河哈尼族彝族自治州博物馆
大理白族自治州博物馆
云南李家山青铜器博物馆
保山市博物馆
丽江市博物院
普洱市博物馆
孟连县民族历史博物馆
元谋人博物馆
禄丰县恐龙博物馆
广南县民族博物馆
大理市博物馆
迪庆州博物馆

西藏自治区

西藏博物院

陕西省

陕西历史博物馆
秦始皇帝陵博物院
西安碑林博物馆
汉景帝阳陵博物院
西安博物院
西安半坡博物馆
西安大唐西市博物馆
宝鸡青铜器博物院
延安革命纪念馆
西安事变纪念馆
八路军西安办事处纪念馆
陕西自然博物馆
咸阳博物院
乾陵博物馆
昭陵博物馆
茂陵博物馆
宝鸡周原博物院
法门寺博物馆
耀州窑博物馆
汉中市博物馆
安康博物馆
西北农林科技大学农林博物院（植物博物馆、动物博物馆、中国农业历史博物馆、昆虫博物馆、土壤博物馆、于右任思想教育博物馆）
临潼区博物馆
西安唐皇城墙含光门遗址博物馆（西安中国书法艺术博物馆）
三原县博物馆

扶风县博物馆
凤翔县博物馆
蒲城县博物馆
铜川市玉华博物馆
延安新闻纪念馆
洛川县博物馆
洛川会议纪念馆
米脂县博物馆
绥德县博物馆
汉中民俗博物馆
勉县武侯祠博物馆
旬阳县博物馆
商洛市博物馆
韩城市博物馆

甘肃省

甘肃省博物馆
敦煌研究院
天水市博物馆
⼈州市博物馆
⼈州区博物馆
平凉市博物馆
临夏州博物馆
和政古动物化石博物馆
嘉峪关长城博物馆
红军长征胜利纪念馆
会宁县博物馆
靖远县博物馆
秦安县博物馆
高台县博物馆
山丹县博物馆
玉门市博物馆
敦煌市博物馆
灵台县博物馆

庄浪县博物馆
静宁县博物馆
庆阳市博物馆
陇东民俗博物馆
庆城县博物馆
镇原县博物馆
环县博物馆

青海省

青海省博物馆
青海柳湾彩陶博物馆
青海藏医药文化博物馆
海南州民族博物馆
黄南州民族博物馆
湟中县博物馆
互助土族自治县博物馆

宁夏回族自治区

宁夏回族自治区博物馆
宁夏回族自治区固原博物馆
西北农耕博物馆
石嘴山市博物馆
吴忠市博物馆
盐池县博物馆（毛泽民纪念馆、历史文化名人馆、苏维埃纪念馆、滩羊馆、盐池县张家场博物馆、宁夏长城博物馆）
回族博物馆（银川民俗园）
贺兰山自然博物馆
西夏博物馆
自治区地质博物馆

新疆维吾尔自治区

新疆维吾尔自治区博物馆
吐鲁番博物馆
巴音郭楞蒙古自治州博物馆
新疆生产建设兵团军垦博物馆
乌鲁木齐市博物馆（八路军驻新疆办事处纪念馆、毛泽民故居、中国工农红军西路军总支队纪念馆、乌鲁木齐文庙）
伊犁哈萨克自治州博物馆（伊犁林则徐纪念馆）
哈密市博物馆
博尔塔拉蒙古自治州博物馆
阿克苏地区文博院（博物馆）
喀什地区博物馆

数据来源：《国家文物局关于公布2019年度全国博物馆名录的通知》，本书选择了其中的一、二、三级博物馆。
发文机关：文物局
发文字号：文物博发〔2020〕9号

图书在版编目（CIP）数据

何以华夏：1500 件文物里的华夏文明 / 温而新团队编著．—上海：上海科学技术文献出版社，2024
ISBN 978-7-5439-9036-4

Ⅰ.①何… Ⅱ.①温… Ⅲ.①文物—介绍—中国 Ⅳ.①K87

中国国家版本馆CIP数据核字（2024）第071846号

书稿统筹：张　树
责任编辑：王　珺
特约审校：王瑞祥
封面设计：留白文化
（本书部分图片由故宫博物院提供）

何以华夏：1500 件文物里的华夏文明

HEYI HUAXIA: 1500 JIAN WENWU LI DE HUAXIA WENMING

温而新团队　编著
出版发行：上海科学技术文献出版社
地　　址：上海市淮海中路1329号4楼
邮政编码：200031
经　　销：全国新华书店
印　　刷：商务印书馆上海印刷有限公司
开　　本：889mm×1194mm　1/16
印　　张：18
版　　次：2024年6月第1版　2024年6月第1次印刷
书　　号：ISBN 978-7-5439-9036-4
定　　价：148.00元
http://www.sstlp.com